好父母全

敏感期教育

【意】蒙台梭利　著

成墨初　岳敬喜　编译

WUHAN UNIVERSITY PRESS
武汉大学出版社

图书在版编目（CIP）数据

敏感期教育 /（意）蒙台梭利著；成墨初，岳敬喜编译． — 武汉：
武汉大学出版社，2018.10（2022.3重印）
（好父母全书）
ISBN 978-7-307-20212-2

Ⅰ．敏⋯　Ⅱ．①蒙⋯　②成⋯　③岳⋯　Ⅲ．家庭教育
Ⅳ．G78

中国版本图书馆 CIP 数据核字 (2018) 第 106555 号

责任编辑：黄朝昉 孟令玲　责任校对：牟丹　版式设计：苗薇

出版发行：**武汉大学出版社**（430072　武昌　珞珈山）
　　　　　（电子邮件：cbs22@whu.edu.cn 网址：www.wdp.com.cn）
印刷：北京一鑫印务有限责任公司
开本：880×1230　1/32　印张：6.5　字数：160 千字
版次：2018 年 10 月第 1 版　2022 年 3 月第 2 次印刷
ISBN 978-7-307-20212-2　定价：36.00 元

序言

　　蒙台梭利是意大利著名的教育家、哲学家和医生，她凭借革命性的教育方法在儿童教育领域占有重要地位，也因此闻名于世。

　　蒙台梭利受过专业的教育。1890 年，她进入罗马大学医学院学习，成为意大利历史上第一位女医学博士。毕业后，她成为罗马大学附属精神病诊所的助理医生，开始关注弱智儿童，后在为弱智儿童服务的学校担任教师。

　　不久之后，蒙台梭利又进入罗马大学学习心理学、教育学、哲学，然后创办了世界上第一个"儿童之家"，开始从事对正常儿童的研究和教育。

　　由于蒙台梭利贡献巨大，美国公众将其视为"非凡的教育工作者"，而美国著名的教育家杜威这样称赞蒙台梭利："她是历史上最伟大的女教育家。"

　　蒙台梭利在从事教育工作时，系统地学习了著名教育家裴斯泰洛齐、福禄贝尔和卢梭等人的教育理论，对教育家伊

塔德和爱德华·塞昆等人的思想也非常熟悉。

同时，蒙台梭利结合自己多年的教育经验，通过给予孩子充分的自由和不打扰孩子的观察方法，她终于揭开了儿童心理发展的秘密，为世界教育带来了革命性的影响。《西方教育史》称她是二十世纪赢得欧洲和世界承认的最伟大的科学与进步的教育家。

1907年，蒙台梭利创办了第一所"儿童之家"后，就开始把自己的教育理念用于实践，她一直很重视生命及个性的自发成长，这让她收获很大。

在第一所"儿童之家"里，那些来自罗马最贫困地区的3~6岁的孩子，让蒙台梭利有了更大的进步。

蒙台梭利为这些孩子提供了适合他们成长的环境，让他们可以自由行动，并且保证成年人不会干扰他们，这就给了孩子充分的自由。

几个月后，在那些原本一身毛病的孩子身上，发生了奇迹。他们身上那些不文明、没有修养的行为几乎消失了，取而代之的是良好的修养。

通过不断的实验，蒙台梭利的教育理念不断取得好成绩，很快就在意大利掀起教育改革的热潮；而其他国家和地区，对她的教育方法也是异常推崇。

　　为了更好地帮助儿童，蒙台梭利开始到各地进行演讲，还将自己的教育理念汇集成册，进行出版。至今，这些教育书籍已经被翻译成四十多种语言，畅销全球。

　　《童年的秘密》是蒙台梭利众多教育经典中的一本，从书名我们也可以看出，本书揭示了儿童成长中的秘密，生动论述了儿童在成长过程中的特点和表现。

　　在本书中，蒙台梭利揭示了儿童的心理发展，提出了"敏感期"这一教育理念。敏感期是指儿童在智力、运动、工作、节奏、行走、秩序感等方面的发展都有敏感期。

　　在敏感期的儿童会受到"敏感性"的支配，用自身所特有的方式从周围环境中吸收、学习。如果父母可以抓住这一重要的时期，就能更好地促进儿童的发展，使之拥有更美好的未来。

　　与此同时，本书还指出了父母在教育孩子时所犯下的错误，引导父母反省自己的行为。书中告诫父母不要干扰孩子，而只能以观察者的身份存在，给孩子充分的自由。

　　在对本书进行编译时，我们尽可能地忠实于原著，同时用最简洁的语言把其中的观念准确地表述出来，便于读者理解。

　　本书语言通俗易懂，观点博大精深，操作性强，更适合中国父母阅读，是教育儿童必不可少的经典。

"好父母全书"系列简介

"好父母全书"是根据世界上公认的最伟大的五位教育家亲身的教育实践编著而成的。尽管时代在变迁，人们重新赋予了教育新的概念，但教育的本质却是恒久不变的。重读经典，重新审视为人父母者的初心是什么，孩子最需要什么样的教育？这样的思考是我们对于来到这个世界上的孩子的最起码的尊重。

这也是我们结集出版这套涵盖全面权威的教育理念的书籍的初衷。希望能启发您一次深深的思考，究竟该用什么样的方式对待身边的这个小生命？因为您的教育方式将决定孩子的一生。

本套图书的书名重新意译为最直观的书名，包括书中内容的翻译也以您最容易理解的方式呈现，"好父母全书"是一次好父母学堂浓缩精华的体验之旅，它等待您的起航，您的孩子等待您智慧的陪伴。无论您的孩子有多大，只要您开始思考如何去做一个好父母，永远都不算晚。

第一章　发现童年的秘密

童年的经历影响一生

关于儿童的心理分析

近年来，我们在儿童护理和教育方面取得了很大成就，其原因不仅仅是人们生活水平的提高，更主要的是人们的心灵开始了有意识的觉醒。

早在 19 世纪 90 年代，对儿童健康状况的研究就已经取得了很大进步，之后人们更加清楚地认识到，对儿童个性的研究非常重要。

儿童不仅仅是一种简单的肉体存在，更是一种精神存在，它可以为人类的发展提供强大的动力。儿童的精神决定了人类进步的程度，或许在未来它还可以引导人类进入一种更高层次的文明。

瑞典诗人和作家爱伦·凯曾经说过："未来的世纪将是儿童的世界。"那些非常熟悉古代书籍的人，一定知道维克托·伊曼纽尔三世在他的第一次演讲中提到过类似说法。那

次演讲时间在 1990 年，他提到的新世纪就是 20 世纪，这个世纪也被称为"儿童的世纪"。

这些预言表明：20 世纪末的儿童科学引发了人们的思考。那个时候，人们真正意识到传染病对儿童的危害极大，儿童的死亡率要比成年人高 10 倍以上。同时儿童在学校里也忍受着苛刻责罚带来的痛苦。

尽管如此，还是没人能准确断定儿童本身是否隐藏着一些重要秘密。揭开这些秘密，便能揭开人类心灵神秘的面纱。还有，儿童的精神世界中还蕴藏着很大的力量，这种力量能够帮助成年人解决自身和自身在社会中的问题。

只有顺利找出这些秘密和神秘的力量，才能奠定"儿童科学研究"的基础，从而影响社会的发展。

儿童心理分析开启了迄今为止心理分析的新局面，能帮助我们及时探索潜意识里的奥秘。虽然它不能及时解决生活中急需解决的问题，但它为我们理解神秘的儿童世界做出了重大贡献。

心理学研究已经突破了前人一直认为无法突破的意识层，即通过意识来分析人心中的秘密，这就好比人类到达了曾经被古人称为"世界终极"的海格力斯石柱。

20 世纪，精神病学者查科特发现了潜意识。他发现，严重的精神病患者会把这种潜意识表露无遗。那情形就好像看到火山爆发一样，带给人的震撼非常大。在当时，潜意识和显意识所表现出的不同，只被当作一种疾病的象征。

后来，弗洛伊德在此基础上又前进了一步，他利用一种复杂的技术，发现了一种进入潜意识的方法。但遗憾的是，他当初所找的研究对象都是精神失常的人。

心理刺激是个非常痛苦的过程，试想，正常人谁会愿意接受一次不亚于做手术的痛苦刺激呢？因此，弗洛伊德只是在分析病例的时候提出了潜意识的心理学理论，这只是来源于他的个人经验。

最终，弗洛伊德只留下了对精神病人的潜意识分析。他好不容易发现了通向潜意识的道路，但却没有对它进行探索，仅仅把它描绘成一个危险山谷。

这就是为什么弗洛伊德的理论不是很完善，治疗精神病的技术也不高超，而且病人的病情容易出现反复的原因。各种社会传统，古代经验的积累，让弗洛伊德在概括某些理论的时候有了阻碍。显而易见，只有临床分析技术和理论推测是不能正确认识潜意识的。

童年里被隐藏的大秘密

心理学研究有一惊人的发现：精神病患者得病的原因可以追溯到婴儿时期。从潜意识中唤醒的往事表明：儿童是被莫名其妙的痛苦纠缠的牺牲品。这个发现让很多人震惊不安，因为它的存在有悖于人们之前的错误认知。

童年时期受到的创伤是缓慢而持续的，它对人的影响会一直存在。然而，人们却没认识到它是成年精神病人的潜在

病因。施加这种伤害的对象都是父母，尤其是那些喜欢对孩子发号施令，给他们压力的父母。父母与孩子的关系越亲密，这种伤害造成的影响就越大。

心理分析的探究应该详细分为两个方面：一方面是比较浅显的，它是指一个人的本能与所处环境的冲突；另一方面则是更深层次的心理问题，需要不断探索。

第一种心理疾病出现的根本原因是儿童的本能不能与所处的环境相适应，或者说是因为他的欲望与所处的环境有矛盾。然而这种冲突是比较容易解决的。把这些心里不安的潜在原因上升到潜意识，并不是困难的事。

第二种心理疾病的出现是因为儿童与他的母亲或跟亲近的成年人之间产生矛盾。至今，这种矛盾的心理冲突依然被忽视，很少有人会去分析这类案例，当然也很难找到良好的解决办法。这种现象更多时候都只是被看作一种并发症状。

现在，越来越多的人意识到，不论是生理疾病还是心理疾病，在治病过程中都不能忽视患者的童年经历。尤其是那些在童年时期受到创伤的病人，一般都是最难治愈的患者。童年的经历对人的影响缓慢但却深刻持久。其实成年人的生活模式在很小的时候早已成定局了。

生理疾病和护养让医学上又出现了一些更加具体的分支，例如，胎教和新生儿保健。但是，精神疾病方面却没有很大的发展。越来越多的人认识到，现在的不幸或心理疾病都跟童年的经历有关，但人们却没有尝试着去解决这种心理矛盾。

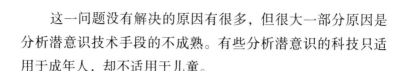

这一问题没有解决的原因有很多，但很大一部分原因是分析潜意识技术手段的不成熟。有些分析潜意识的科技只适用于成年人，却不适用于儿童。

因为人们无法对孩子说 "回忆一下你的童年生活吧"，因为他们依然还是个孩子，依然在过着童年生活。因此，要想解决儿童的问题，就必须学会观察。要从心理角度进行观察，通过与孩子打交道来了解他的内心，来发现他与成年人相处时所遭受的心理冲突。

很明显，这种举动不需要借助各种先进的科学技术，只需要采用"观察"的角度来分析儿童和他所处的环境。

这种探究方法不包括对儿童心理疾病的艰难分析，只需要观察儿童世界里的现实生活究竟是什么样的。这个过程包括从出生到至今。有些可惜的是，人类的心灵探索史还没有谱写成功。

因为这种研究针对的是正常人群，通过分析，能提前预防导致心理疾病的各种冲突，做到防患于未然。心理分析的最根本目标同样是精神疾病的防治。

最终，一个探索儿童心理世界的新领域诞生了。它跟精神分析既相似又不同。它所研究的主要对象是正常人，针对的并不是心理疾病患者，说它探视儿童的精神世界更科学。

它的主要研究目的是希望成年人能够更好地了解儿童的精神世界，意识到那些因为自身潜意识造成的错误，从而促进儿童健康成长。

请停止"压制"儿童

儿童受到成年人的压制

弗洛伊德曾用"压抑"来形容成年人那种根深蒂固的心理障碍。看到这样一个词，我们也不难发现产生心理障碍的原因。

通常一个儿童不能健康地成长和发育，根本原因就是成年人给予了压抑。"成年人"是比较抽象的，不是指特定的某个人。

儿童的成长过程，往往与世界是隔离的，他们受到身边成年人的影响，就会潜移默化地向他们学习，变成一个奇怪的"成年人"。越是与儿童亲近的成年人，对儿童的影响就会越大，例如父母和老师。

但是，社会赋予成年人对儿童的权利却是巨大的。成年人有权决定儿童的教育方式和成长环境，成为他们的塑造者。

直到现在，人类的思想进步到一定程度之后，我们才意识到，那些原始的守护者和施舍者，都应该为自己的言行受到控告。大多数的父母，都是守护者的身份，他们全部都应该受到控告。

同时，对儿童有教育作用的社会，也不能逃脱被控告的罪行。这个惊世骇俗的控告不是空穴来风，而是一件神圣又值得敬畏的事情。这个最终审判应该由上帝来问："我把孩子托付给你们，可你们是怎样对他们的？"

成年人听到控告后的第一反应就是赶紧为自己分辩："我

们怎么会有错？我们竭尽全力地照顾孩子，尽自己最大的努力为他们付出，甚至牺牲自己的幸福，这难道还有错吗？"

成年人虽然不甘心地为自己辩论，但他们同样感到迷茫和矛盾。其实这种辩论我们早已听过不少，但我们对辩论者是谁一点也不感兴趣，相反，我们感兴趣的是控告本身。

这种控告是真实存在的。尽管被控告的成年人不愿意承认，但他们还是会发现，就算竭尽全力地照顾孩子，还是会不得章法。就好像陷入了一个迷雾重重的森林，找不到出口，只能在原地干着急。

出现这些迷惑的原因不是别人造成的，恰恰是成年人本人为自己设下的迷宫。

所有为儿童谋福利的人，都可以对成年人的不当教育提出控告，并且应该坚持自己的做法。相信这种观念的出现，一定会吸引不少人的目光，引起大家的好奇心。

这种指控不是指那些成年人所犯的具体错误，而是指他们在不知不觉中犯下的错误。这种指责不会让成年人感到丢人，而能帮助他们更好地、更深刻地了解自己。

通过对儿童精神世界的理解，来提高自己的觉悟。这种自我发现和对未知的利用，都会让人类不断进步。回头看一下人类的进步史，不都是如此吗？

往往人们对有意识犯下的错误会自责难受，而对无意识犯下的错误则既好奇又难懂，总之是充满了疑惑。然而，这种无意识的错误隐藏着非常奇妙的巨大能量，人们一旦弄明白并超

越了它，就会成为了不起的巨人，个人的智慧和认识也会得到进一步的提高。

人们怀着好奇心去听别人对自己的控告，被点拨之后，又会聚在一起接受指责，同时承认自己的错误，这的确是非常有意思的事情。

其实，正是这些看似尖锐又残酷的指责，把人们的潜意识唤醒了。人类精神思想的不断进步，就是因为某种力量把不自觉变成自觉，把无意识变成有意识。发现新的思想，征服自己的旧思想，这就是人类文明不断进步的原动力。

对成年人进行彻底变革

现在，要想正确地教育儿童，不再重走旧路，就必须进行一次深刻的思想变革，让成年人从内在的冲突与错误的思想中解放出来。只要能做到，那么一切都会产生新的变化，会收到意想不到的结果。

这种变革主要针对成年人。他们自认为为了儿童的成长付出了很多心血和精力，甚至牺牲了自己的幸福。但他们不得不承认，纵然如此，在儿童的教育问题上，依然面临着许多无法解决的难题。现在的思维方式和智慧不能将其解决，那么必然要从新的方面着手。

所以，我们必须不断学习，不断去发现和理解。这些是为了儿童心灵健康发展，发现儿童心灵秘密的成年人必须要做的事。

我们要怀着激情和牺牲精神去新领域探索，就如同那些热衷于出海探寻宝藏的人一样，带着梦想去远航。不论国籍，不论宗教，不论社会地位，大家都应该积极参与，一起为人类的精神文明做贡献。

成年人至今走不进儿童和青少年的精神世界，不断与他们发生这样或那样的冲突，原因不是成年人掌握的文化知识不够，而是理解的出发点不一样。只有找到完全不同的出发点，才能意识到在无意中犯下的错误，才能打破阻碍，正确理解儿童的错误观念和意识。

如果成年人不肯妥协，不愿做好纠正错误的心态和准备，那么他就不可能真正理解儿童。

不懂儿童心理的成年人，在与儿童交往时，会以自我为中心，会变得越来越自私。

成年人喜欢站在自己的角度上看待儿童的一切，这样和儿童交流只会增加误会，并使矛盾越来越多。也正是因为这种心态，成年人才变得有些无知，才习惯把儿童当作内心空白，需要被填充的对象。

因为成年人把儿童当作一个空白没思维能力的对象，所以会主动帮助他们做决定；因为成年人感觉儿童没有思想信仰，所以会站在一旁按照自己的思维指点迷津。

总而言之，成年人总喜欢把自己当作儿童的塑造者，喜欢站在自己的立场上，按照自己的思维来评判儿童的好坏和善恶。

成年人还喜欢凭借经验来教育儿童，他认为自己是完美的，

只有按照自己的意愿塑造出来的儿童才是完美的。只要儿童的行为偏离了成年人的方式，那么就会被认为是错误的，是不能原谅的，会被要求立即改正。

这就是成年人教育儿童的方式。纵然他们说自己为儿童付出了巨大的心血和努力，甚至牺牲了自己的幸福，实际上这种所谓的付出式教育压抑了儿童的个性发展。

新生命所具有的神奇本能

沃尔夫发现了生殖细胞分裂，他向世界展示了生命是如何形成和发育的。同时，还给我们展示了一个生物体内蕴含的巨大神秘力量，是如何趋向于完成一个既定目标的成长过程。

沃尔夫的这一发现，推翻了莱布尼兹和斯帕兰札尼等人的生物学观点，即受精卵形式就是成年人的雏形。

胚胎与其他细胞是完全一样的，由细胞核、细胞质和外层细胞膜组成。其实，每个生物都是从几乎一模一样最基本的细胞中分化而来的。种子中的胚胎是由生殖细胞分裂而来，一旦被栽种，外界条件良好，就能逐渐成长。

生殖细胞与其他的细胞不同，它可以根据既定的生长分裂模式不断地快速分裂，但里面却丝毫没有任何提示分裂的迹象，只蕴藏了一个非常特别小的物质，就是大家非常熟悉的，具有遗传特征的染色体，它决定了生物的发展方向。

降临的小生命绝不是一个简单的物质存在，它跟神奇的

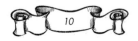

生殖细胞一样，有自己的思想和准则。小生命不仅仅是通过各个器官和组织来发挥自身的功能，它具有一种非常独特的本能。本能不会在单个的细胞中发生，而是通过整个机体来作用。

就好像每个受精卵包含了所有的建造蓝图一样。不管什么样的物种，只要它成熟以后，就会有与众不同的本能来适应复杂的环境，让自己生活得更好，就连最低级的物种也不会例外。

例如，蜜蜂只有在长大之后，才会有非常复杂的本领，才能在不同的环境中生存。在受精卵时期或者非常小的时候，这种本能是无法发挥作用的。还有，鸟儿要想飞翔，就必须等到羽翼丰满之时。

一个新的生命降临时，它本身就包含了神秘的主导本能。这个本能会告诉它，在以后的生活中要如何活动，会形成什么样的性格特征，要怎样去适应复杂的环境。

动物所置身的自然环境，不仅为它们提供了生理生存的环境和手段，还为它们提供了刺激和挑战。不论什么动物，都有最适合的生活环境，都有最擅长的生存手段。

一个动物所处的位置和性情，一出生就已经决定了。例如：羊羔性情温顺，狮子性情暴虐，小蚂蚁是勤劳者的象征，而蝉则是孤独歌唱家的角色。

新生儿跟所有的低等动物一样，也是有着奇特的心理发展规律的。如果理所当然地认为人类的心理活动是非常高级、超出动物百倍的，因此就不需要经历心理发展的过程，这种

想法是极其愚昧的。

与动物不一样，儿童的心理本能是不会立即表现出来的。儿童不受既定本能支配，这个事实证明，他有更宽阔、更自由的发展空间。每个儿童以后的发展都不相同，这跟他们所处的外界环境有非常紧密的关系。

为了让儿童良好地成长，成年人要精心策划周围的环境，这是非常必要的。环境是儿童成长的外在影响因素，儿童心理中的神秘之处是主观因素。

随着心灵的不断成长，这种神秘会慢慢表现出来。就像不停分裂又遵循某种特定模式的生殖细胞一样，深藏的秘密，在以后的发展中会慢慢被发现，被大家认知。

这就是为什么我们会说只有儿童才能揭开人类发展的秘密。这种发展过程看似是自发完成的，其实内在一直在遵循着某种既定的发展规律，不会轻易出错。

第二章　科学护理的秘密

如何科学地护理新生儿

新生儿面临的环境

新生儿出生之前，父母会尽自己最大的努力营造一个他们认为适合新生儿生存的环境。所以，新生儿出生时所面临的环境是人们已经创造好的环境。为了让自己生活得更方便，人们创造了一个安逸的生活环境，而这种被创造的环境却和自然环境有着本质区别。

其实从始至今，人们对新生儿的关注并不少。但人们究竟是如何关心的呢？

当说起新生儿的时候，人们首先提到的就是母亲十月怀胎的艰辛和不易。当新生儿诞生的那一刻，所有人想到的都是他的母亲受苦了，所有人都担心母亲是否受到强光、噪音的干扰，却忽视了婴儿所受的苦。

婴儿本来在母亲的身体内成长，在那个恒温的液体环境中，没有光线，没有声音，静谧而幽暗。可就在一瞬间，他

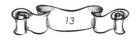

所处的环境发生了翻天覆地的变化，他娇嫩的身体被粗糙的硬物触碰着，被人们粗心大意地对待着。

婴儿在来到人间的那一刻拼命地哭泣，可是没有人当回事。很多人还认为哭泣是对身体非常有好处的呢。如此娇小脆弱的身体使满屋的人都不敢抱他，只好把这个幼小的生命交给有经验的人照料。

但是他们也只是用一双强有力的大手紧紧抱住婴儿，并没有对婴儿进行特殊照料。陈旧的经验显然已经不适合做如此精细的工作。

婴儿还没出生前，大人们早已准备好各种厚薄不同的毯子、被子，还有各种样式的衣服。当他出生的那一刻，就会被紧紧地包裹着。不久之后，就会被包裹在襁褓中。

实际上，婴儿在母亲身体里是裸露着的，他出生后是无需穿任何衣服的，在出生的第一个月也是不需要的。随着社会的进步，人们对这方面的认识有所提高。在婴儿出生时给他们穿上轻薄的衣服。

婴儿从母亲身体刚刚出来时，对他的保暖必不可少。可是衣服只能保存婴儿本身的热量，却不能为他提供额外的热量。给婴儿的温暖应该来自于外界。

这个道理在动物身上也能体现出来，很多动物在生下自己的孩子时总是用自己的身体温暖着他们，甚至当小动物身上已经长出绒毛，它们还是会这样。

帮助新生儿的心理适应环境

其实任何一个人都非常关心自己的孩子，特别是对婴儿的关心尤其多。如果我可以和美国、德国或者英国的父母聊天，他们都会告诉我，自己是怎么关心婴儿的。

他们用自己的语言告诉我，他们在照顾婴儿方面有很大的进步，只是我不了解而已。确实，世界上很多国家在照顾婴儿方面有了很大进展。但是到目前为止，还没有任何一个国家能重视婴儿的真正需要。

保护新生儿，不仅是要保护他的身体，还要保护他的心理。让他的身体不受到伤害的同时，也要让他的心理适应外界的环境。当人们更好更深入地了解了新生儿后，自然会找到更加合适并且正确的方法来照顾他。

家庭富裕的父母会为孩子提供优质的物质条件。华丽的婴儿床，绣着花边的婴儿衣等。依照这个道理，如果现在仍流行鞭笞，父母肯定会买条金把手的鞭子。然而这种奢侈并不符合婴儿的心理需要。

婴儿和母亲一样刚刚解脱，幸运地来到人间。他是脆弱的，有时候会出现很多问题。我们不能拿新生婴儿和成年病人来同等对待，婴儿的需要是身体和心理双方面的，最迫切的就是尽快适应新的环境。

生命是神圣的，对婴儿，我们应该怀着一种崇敬的态度，神圣地对待这个幼小而神秘的生命。

婴儿和母亲同时被照顾着，可是照顾的方式却差异太大。

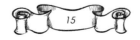

母亲生下孩子后，便拥有安静的环境休息。为了不去打扰她，人们甚至都会把孩子抱走，只有喂奶的时候才抱回来。但婴儿却被人们抱来抱去，时不时地给他换上漂亮的衣服。

这些行为都让他不得安宁，无异于让一个刚分娩的母亲立刻下床，去参加宴会。我们把婴儿从一个人的手里抱到另一个人的手里，从床上到肩上，这种折腾无疑是对婴儿的伤害。

没有人会认为这样做是错误的，因为婴儿无法表达自身的感受。

如果我们面对的是不省人事、危在旦夕的成年人，我们就会明白，此刻的成年人需要的是身体上的照顾，而不是精神上的关心和安慰。

可是，如果我们用这种方法对待婴儿，就未免有些可笑了。对婴儿来说，他不仅需要身体上的照顾，也需要成年人给予感情上的关心和爱护。

庆幸的是，虽然我们对婴儿期的认识很不充分，但也逐渐认识到了这样做的重要性。

正如我们看到的那样，婴儿刚来到这个世界如果受到痛苦与压抑，对他以后的发展也是有影响的。如果我们能在儿童身上找到个体成长所需的东西，也就能在儿童身上找到人类幸福的源泉。

我们太不关心婴儿了，当婴儿来到人世间时，我们却不知道怎样去照顾他。孩子身上有着让生活更加美好的力量。

将母性的天赋本能最大化

通常，在辛苦的哺乳阶段，哺乳动物都有尽心照顾后代的本能。比如家猫，它们会把新生的后代藏在黑暗的地方，不愿意让人看到。它们随时保持警惕，保护新生猫咪不被侵害。直到新生猫咪变得成熟有活力了，才会让它们出来走动。

在这段时间里，母亲不仅是幼崽的妈妈，还是它们的佣人。母亲会想尽各种办法，为幼崽创造良好的生活环境，避免光线和噪音的打扰，并时刻防御侵略者的袭击。

虽然通常幼崽天生就有直立和行走的能力，但母亲还是会选择把它们与群体分开一段时间。直到它们拥有更大的力量或适应能力时，才会被带回群体。这样，它们来到群体，正式成为群体的一员后，才能很好地融入有亲属关系的群体中。

大多数的哺乳动物，比如马、野牛、野猪、狼、老虎等，它们对后代的照料方式是非常令人感动的，所表现出的母爱也基本相同。

从哺乳动物的天性中不难看出，当幼崽接触新环境之后，的确需要一段时间的特别照顾。在经过特别照顾之后，它们后天的各种能力才会慢慢苏醒，才会顺利经历各种考验，然后进入群体之中。刚进入群体之后，幼崽同样还需要一段时间的特殊照顾。

当然，雌性动物除了关心幼崽的身体健康之外，同样也很重视它们天赋本能的发展。一个幼崽的出生，代表这个群体中又一个新个体形成了。

要想让幼崽的天赋本能发展得更好，就需要安静、光线柔和的环境。在这个环境中，幼崽会慢慢成长，等它的腿长得有力时，它就会识别和跟随自己的母亲，外形也会变得越来越强壮。

在哺乳动物中，母马在小马的成长过程中，不允许任何人接触幼崽，直到它完全变成一匹小马之后才会放行。同样的，母猫在幼崽睁开眼行走之前，也不允许别人观察它。

神奇的大自然随时观察着动物的发展。当雌性动物努力激发出幼崽的各种潜能时，所体现的绝不仅仅只是关心它们的身体发展。

同理证明，成年人要想让新生儿茁壮成长，除了要关心他们的健康，好好照顾他们之外，更需要满足他们的心理需求。

滋养儿童的"精神胚胎"

新生儿的"实体化"

新生儿的精神生活应该引起我们的高度重视，如果让他们一出生就拥有良好的精神生活，那么长大之后的精神世界肯定会变得异常强大。

很多人说儿童的教育是从出生开始的。如果我们把这个过程理解为心理发展，而不是智力发展，那么确实可以这么说。

意识和潜意识的区别，为我们判断儿童是否有精神生活提供了证据。尽管我们有时会被比较明确和基础的观念束缚，

但我们不得不承认，儿童的本能对他身体的发展和各种心理功能的发挥都起着非常重要的作用。

对没有理性的动物来说，这种作用仅仅是一个物种所具有的特征而已。但对新生儿却不能同日而语。新生儿要比其他动物成长发育慢很多。他可以通过感观对外界有所感应，然后做出各种反应。但这个过程却不明显。

新生儿扮演着非常弱小的角色，他不能保护自己，需要成年人照顾很长一段时间。这段时间里他不能说话、不能行走，完全是一种被动的存在。他们需要帮助时，只能用哭喊来引起外界的注意，然后让成年人帮助他解决各种问题。

这种状态需要持续好几个月，甚至一年的时间，他们才能站立和行走。要想通过语言与外界交流，那么需要的时间就更长了。

其实不难理解，"实体化"就好比一种神秘的力量，它可以促进柔弱的新生儿不断良好地发育，让他们的生理和心理都不断成熟起来。这个使新生儿不断完美发展的过程，就是"实体化"的重要体现。

儿童创造了自己

让人感到很奇怪的是，人类新生儿会经历很长一段时间的软弱无力，但其他动物的幼崽却不这样，它们很快就能站立行走，寻找自己的母亲，同时能通过各自物种独有的语言与母亲交流。

动物的本能被一些人认为是过去物种不断积累经验的结果造成的，它作为一种遗传形式慢慢传给下一代。但是为什么人类在接受这种遗传时会显得这么缓慢呢？人类也希望为后代遗传一些好的基因。

关于这种现象，有一种愚蠢的解释：人类的精神生活要比其他动物高级很多，因为人类是唯一不受心理发展模式约束的物种。

人类的特殊性背后肯定隐藏着某种不轻易被发现的真理，这点是毋庸置疑的。通常，新生儿的精神会深深地隐藏着，这就是为什么新生儿不会像其他动物那样展示自己，为什么不受固定和预定主导本能的束缚。

新生儿具有天生的自由权利，这可以通过一个生活中的例子来说明。生活中有些东西是成批生产的，加工出来后几乎都是一个样子。而另一些东西则是手工制作的，它们制作得比较慢，而且都不相同。

手工制作的物品有很多优点，不仅带着作者独有的印记，同时表达了作者的技能水平或艺术才能。

我们可以把这个对比扩大到整个生物群。其实动物跟人类的精神区别就好比，动物是成批生产的，而人类则是手工制作的。

动物都具有其物种的特定特征，但人类却是迥然不同的个体，他们表现出来的感觉完全不相同。他们需要创造自己的精神世界，让自己成为独一无二的艺术品。

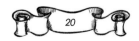

人类并不是单纯、简单的复制品，而是内在富有积极创造力的产物。当人类这个产品完成时，他就是一件令人叹为观止的物品。

总之，这个过程就像完成一幅杰作，包含了作者很多心血。在作品完成之前，它会一直藏在画室里，等着被公众认知的那一天。

新生儿似乎是最神秘的存在，我们知道，他有着最丰富的潜力，但没人知道他将来会成为什么样的人。他必须通过锻炼，才能成为"实体化"的人。而这个过程是个秘密工作。

我们所说的肉体通常是指"随意肌"的复合体。意志是驱使肉体的原本动力。要是人类没有这些与精神生活关系密切的肌肉，纵然意志再强，也不会有所成就。如果没有具有运动的媒介，即使肌肉具有强大的本能，也不能运动。

肌肉是人活动的最根本媒介之一。不同肌肉共同工作，经历最复杂的变化，才能让人正常活动。肌肉的活动有些是主动的，有些是被动的，因为这些差异，它们会有时工作，也会有时对抗。

一种抑制总会伴随着一种对它有某种纠正能力的驱动力。很多肌肉一起工作，才能让人类的动作尽善尽美，才能完成很多高难度的细微动作。

但由于人类的主导本能是作为一种个人力量蕴藏在新生儿体内的，所以人类不太愿意信任这种人体本能。新生儿的精神生活是独立于、优先于和激发于外部活动的。

　　如果仅仅因为新生儿不能站立，不能流畅自然地运动，就说他的肌肉软弱无力，这是非常错误的认识。

　　新生儿可以随意移动自己的手脚，这就证明他的肌肉是非常有力量的。除此之外，吞咽也是一个需要很多肌肉配合的复杂活动，但新生儿同样能完成这些。

　　虽然如此，由新生儿本能所支配的动作不能占主导地位。新生儿的肌肉变得越来越有力，等他的意志力变成熟之后，肌肉才能更好地被支配。

　　新生儿作为人类的成员，不断成长发展着。在肌肉和意志力配合默契之后，他最终能学会直立行走、言语交流，同时把自己鲜明的个性展现出来。

　　新生儿最初的学习能力都是从模仿开始的。他聚精会神地观察、倾听周围的环境，模仿别人的发音、语言。先从简单的词语开始，最后到能说出流畅的句子。

　　这些都是新生儿运用自己的意志力来不断学习的结果。自己的各种能力和爱好，都是靠自己来创造。新生儿才是自己的主观创造者。

　　父母给予孩子的帮助

　　哲学家们一直对新生儿那种脆弱的状态很好奇，但老师和医生似乎却依然漠不关心。像被隐藏在某种潜意识里的东西一样，他们仅仅认为新生儿的那种状态是完全没有任何特殊意义的。

这种错误的想法只会危害儿童的精神世界。拥有这种想法的人认为，新生儿的肌肉是完全不活动的，新生儿是软弱迟钝的，完全没有独立的精神世界。

结果，成年人就会采取错误的方式来激发儿童的各种潜能。他们认为，通过外界的改造和帮助来教育儿童是自己的责任，儿童性格的形成与精神领域的建立必须由他们来刻意为之。这种想法和做法让成年人从外部完成了对儿童感情、智力、意志的建立。

儿童自身的成长对其个性的发展起着关键作用。这个过程要想良好发展，就必须遵守某种规律和服从某个进程。这是一个非常微妙的过程。

成年人随意生硬的干扰和阻碍会影响这种力量的发挥。从远古时代人类出现开始，就潜移默化地受这种外界教育的影响。最终，阻碍了上帝对人类的计划，让人的本性发生了扭曲。

人们最困惑、最无知的地方就是他们意识不到儿童同样有乐观向上的精神生活，虽然儿童当时表现不出来，但这种精神生活的提升变化，也一直在慢慢完善，只是这需要很长的一段时间才能完成。

因为成年人不明白什么是"实体化"，自然不会了解它，也不会等待它，导致新生儿在实体化的过程中，会遇到各种有意无意的阻碍和伤害。

进行实体化的儿童需要一个积极的环境，只有如此他才能让精神世界变得丰富。就比如，胚胎只有在子宫里才能得

到最自然、最好的照顾。

精神胚胎同样需要特殊的环境来保护。最理想的环境就是外界充满温暖，周围的一切都会喜欢他，愿意接受他，而不是极力排斥和伤害他。

当我们认识到这点时，我们肯定会改变对新生儿的态度。用客观的眼光把他们看作一个正在进行精神实体化的载体。我们的责任不是改造他们，而是用欣赏的眼光看待这个过程。

这时，我们会对这个蕴藏着无限力量的小生命充满敬畏。当我们在他身上倾注了所有关爱时，我们就会真正理解罗马诗人朱维诺尔所说的话："应该向新生儿致以最崇高的敬意。"

新生儿的实体化过程是伴随着一种神秘又巨大的力量产生的，这种创造性的成就至今无人把它写进书里。除了人类，其他动物都没体验过这种过程。

一个小小的生命，通过自身的不断变化，不停地尝试着一种自我觉醒。在不断地促使自我实现的过程里，他会通过感观去感受外部环境，通过肌肤去接触外界，然后慢慢与环境发生融合。

在心灵的引导下，新生儿不断长大，然后慢慢学会从事各种复杂的活动。虽然心灵具有强烈的引导作用，但一定要时刻保持心灵的警惕，不断让它下达命令，维护它的绝对统治权。

这样才能避免懒惰而丧失活力，或者因为退化而陷入混乱之中，才能为精神实体化不断做出积极的影响。

胚胎长成儿童，儿童长成成年人，这些过程证明，人的个性要经过自己的努力才能塑造完成。

反过来我们再想想，父母在儿童生长过程中有着怎样的作用呢？首先，父亲提供了一个细胞，母亲在提供细胞的同时，还为受精卵提供了合适的环境，让它成长。在这个适宜的环境里，胚胎形成，最终变成小孩。

与其说是父母造就了儿童，还不如说"儿童是成年之父"。

我们要把新生儿这种成长的力量看作一种非常神圣的东西，要努力帮助他充分展现出来。正是因为有这个创造性的过程，每个新生儿才能顺利形成不同的个性。

正是因为如此，我们必须科学地研究新生儿的精神世界和心理需求，同时为其准备好最适宜的成长环境。

虽然现在我们处在这门科学的初创期，但我们始终相信科学一定会不断进步。只要我们全心付出，专心致力于研究，相信经过不断地努力，一定会取得巨大成功，将人类发展的秘密认识得更加通透。

第三章 儿童发展的奥秘——敏感期

成长关键期——敏感期

儿童的心理发展

即使刚出生的婴儿，也拥有人类本身就具有的知觉和感觉，也能刺激心理的发展，只是，我们成年人还没有注意到这一点。

实际上，婴儿身上的潜质是巨大的，尤其是掌握语言的能力。婴儿的大脑或是内心深处都有着一种创造的本能，这是一种对以后发展能起积极作用的潜质。这种潜质在婴儿其他精神活动中也都存在着。

婴儿借助赖以生存的外界环境加上利用这种与生俱来的潜能，就会构建起一个属于自己的精神世界。

在这一点上，"敏感期"与儿童的成长密切相关，有值得人们思考的价值，可以为儿童能力的秘密发展提供合理的解释。

人们看到孩子从小长到大，个子高了，体重增加了，以为这就是所谓的生长发育。其实这种生长发育只是表面的现象。

直到最近，人们才开始探索内部机制。

现代科学针对这一点给我们的研究提供了两种手段。一是研究腺体和内分泌系统，由于对身体的健康有着重要的作用，这方面已经研究得比较成熟。二是研究敏感期，这能帮助我们了解儿童心理的发展。

最早的敏感期是荷兰科学家德弗利斯在昆虫身上发现的。随着科技的进步，这种敏感期也在儿童身上被发现。

敏感期是一段特殊的时期，是生物在初期生长发展的阶段所具有的特殊的敏感性。它是一种禀性，时隐时现。在个体想要获得某种特性时就会表现出来，一旦完全拥有了这种特性，其敏感性也会消失。

特性不是凭空产生的，而是依靠短暂的刺激或者通过一定的潜力激发得到的。

遗传是有模糊性的，生物的生长发育不能只依赖于上一代的遗传，后天的正确引导也是非常重要的。

起初，德弗利斯在昆虫身上关注这种敏感期。昆虫具有明显的发育期，每个时期都有不同的变异。

其实儿童和动物一样，拥有一种特有的本能，是他生长发育的一个重要推手，它会使儿童做出惊人之举。如果儿童在敏感期没有按照自己的敏感性指令行事，就会使这种敏感性减弱直至消失，这种天赋也会永远丧失。

敏感性促进儿童心理发展

我们对儿童表现出的惊人的征服力习以为常，使得我们对儿童身上发生的"奇迹"都熟视无睹。

我们都知道，一个成年人学习一门新语言是非常困难的，成年人去适应一个新的环境也是需要别人的帮助才行。那么一无所知的儿童如何适应新的环境呢？如何自然而然地学会说话，并且学会所有说话的细节呢?

成年人永远也不会像儿童一样愉快地充满活力地去学习一门语言，这与儿童的敏感期有关。儿童在这个时期不但会自学新的东西，而且会自我调节，就像电池，能源源不断地提供能量。

在敏感期，儿童对周围的一切事物都充满着好奇心。他们会不知疲惫、孜孜不倦地学习新的东西，一旦新的东西学会了，才会感觉疲劳和乏味。

儿童始终以一种轻松愉悦的态度来学习新的事物。当新的东西学会，对这个事物的激情也消失了。不过儿童会立马转向另一种新的东西，那么新的激情也随之而来。

在目标一个个实现的过程中，儿童不断去学习和征服。这个过程会让他感觉愉悦和幸福。正是这种激情，人们的精神世界才会有创造性，才会更加完美。

在这个敏感期过去以后，儿童要想在心智上有所进步和发展，就要靠主观的努力、不断的研究和思维的创造，而枯燥繁重的工作会让儿童觉得厌烦和疲惫，其实这就是儿童心理和成

年人心理最本质的区别。

儿童有特殊的敏感期，在这个时期内儿童会有充足的内在活力。它能让儿童轻松地征服事物，自然而然地掌握新的知识。但是如果这个时期里儿童的敏感性被阻碍，无法发挥出来，儿童的心理就不会正常发育。

儿童的心理会发生紊乱甚至是扭曲，造成心理上的重大创伤。但人们对这种心理上的伤害却了解很少。事实上，儿童心理的大多数伤痕是由于成年人的疏忽而不知不觉造成的。

由此可以看出，如果我们想要认识和帮助儿童，还要做更多的功课才行。

其实孩子在生长发育中所表现的这种特性是显而易见的。我们通过以往的经验得知，当儿童在充满活力的时候做一件事时，如果这种活力受到外界的阻止或破坏，他们就会沮丧或者愤怒。

从最初就帮助孩子

现在的心理学家越来越多，人们也越来越重视儿童的心理状态和心理发展。但是对儿童心理的研究还处于初级阶段。

心理本来就是秘密的地方，人类在研究的时候进展慢一些也实属正常。心理上的所有活动都是细致的，它的功能也是微妙的，而且本身也在不断完善。

外界是心理的载体，对儿童的心理有着一定的影响。如果

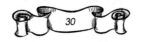

外界不给儿童提供支持和帮助，那么他的心理就会有一种失落感，这种心理的状态就会持续下去。

儿童的成长面临着各种困难、各种危险。心理的发展也是如此，在一次次的心理斗争和心理挣扎下，儿童的心理才会发展成长起来，而且这种斗争还会有失败的威胁。

心理本来就是内在的东西，并不易察觉。所以成年人也不知道儿童的心理需要什么，是哪些因素在发挥作用。因此，成年人想对儿童的心理提供帮助是很困难的。

很少会有人去注意儿童身上正在发生的那些反应，但不可否认的是，尽管它隐藏得很深，但确实在进行心灵的创造。

儿童的心理发展尤为重要，我们必须重视起来，学会从儿童的幼儿时期就给予心理帮助。

这种帮助是和儿童的内心相符合的，不是按照成年人的意愿去塑造儿童。因为儿童的天性是与生俱来的，不是客观的事物能改变的。至于儿童的天性如何，人类还无从知晓。

我们要观察儿童平时的表现，因为儿童的外在表现就是内心的反应。根据这种表现，为儿童提供必要的帮助，为儿童的发展提供外在的帮助。

如果那些隐藏起来的力量就是儿童健康的秘密，我们就可以推测出，那些无法和自己周围的事物和谐相处的儿童，是由于心理上的不满足或紊乱造成的。

事实上，对儿童的心理健康，我们还没有一个确切的计划，

不知道如何去做。儿童身边的事物不能保障和维护儿童的心理健康。

我们忽视了儿童精神世界的秘密因素，精神的不协调导致儿童身体的不健康，免疫力低下、发育缓慢、死亡等，同时还导致骄傲、贪婪、金钱权利欲望等心理问题。

就儿童身心健康作比较，我们在治疗儿童身体上的疾病的时候，要去联想儿童心理上的疾病，不要忽视儿童心灵上所受的创伤。

俗话说："失之毫厘，差之千里。"不要因为成年人的疏忽影响了儿童的发展。虽然儿童在一个与心理不和谐的环境中仍可以长大。

选择正确的方法

儿童都是爱运动的，儿童在运动过程中的反应是心理学家一直想弄懂的。因为运动时的反应有可能就是显示儿童在受到感官刺激时的心理变化。

心理学家对此进行了很多次的实验，但是婴儿的心理活动仍然得不到证明。不可否认的是，就算是最初级的心理活动，也会早于身体活动。

感觉提供了最初的刺激。莱文曾经用电影向我们展示，婴儿如果喜欢某个东西，他就会探出全身去拿。随着时间的推移，动作会逐步发展和协调。

　　另一个例子是在一个 4 个月大的婴儿身上发现的。当一个成年人正在讲话的时候，他会目不转睛地盯着那个说话人的嘴唇。这时候，婴儿会嚅动着嘴唇，固定头部姿态。这些行为说明，儿童对成年人的说话声是非常感兴趣的。

　　到了 6 个月大的时候，婴儿已经可以咿呀咿呀地哼声了。其实这也是心理活动的体现。因为在他自己说话之前，一直是别人的话在刺激着他，婴儿自己也在用心地听。

　　听，对婴儿来说就是一种刺激，他的发音器官在声音的刺激下会试着发音。这也说明了婴儿的心理已经有一种要说话的意识了。

　　这样的敏感性的确是存在的，但是从实验当中获得是非常难的，或许细致入微的观察更能发现这种敏感性。

　　在早期的时候，有的人也试着做一些有关婴儿心理方面的实验。由于使婴儿消耗过多的精力，让婴儿非常疲惫，损害了婴儿心理世界的正常工作。

　　后来又有人提出，想要对儿童的心理世界进行观察，用著名昆虫学家法布尔观察昆虫的办法会好一些。当昆虫非常忙碌地工作时，法布尔便会躲藏起来，不去打扰昆虫的工作。

　　相同的道理，我们观察儿童的时候，也应该在儿童的心理已经对外界物质环境有感觉的时候进行观察，并且避免任何打扰，以后他就会依靠着物质环境去自然地开始发展。

　　其实愿意给儿童提供帮助的那些人，不需要复杂的观察方法，也不需要毫无根据的解释。只要自己的心是真诚的，并

且知道一些有关儿童的常识就可以。

这种观察其实是非常简单的，在一些例子中就能够明显地看出来。

在婴儿还不会站立的时候，很多人都以为婴儿喜欢躺着。婴儿在自己生活的空间环境里，从上到下或从左到右，得到他对生活环境的第一感觉。但是，如果成年人总是让婴儿躺着，婴儿就只能盯着和床单一样洁白单调的天花板。

孩子应该看到一些能让他感兴趣的事物，这样才能促进儿童心理的成长。

很多时候，父母都会拿一些有趣的东西来逗孩子，就是为了儿童不再看着周围单调的事物。通常父母都会把有趣的玩意系在绳子上，不断地在婴儿头上晃动。

但是婴儿一直都在专注地观察外部的环境，由于不能灵活地转动头部，所以婴儿就只能用两只眼睛盯着那些晃来晃去的东西。

这样也有一个非常大的弊端，物体没有规律地晃来晃去，婴儿所做的运动是极其不自然的，会对婴儿造成伤害。

解决这个问题有很多非常好的办法。比如说在儿童身后垫一个厚点的被子，这样儿童的身体就斜一些，就能看见周围的一切了。

更直接的办法就是把婴儿抱出去，在花园里可以看见各种颜色的花朵，飞着的蝴蝶和蜜蜂，碧绿的草地和蔚蓝的天空。

不过在儿童常去的场所中，最好把儿童反复放在同一个位置，这样儿童就会重复地看到同一种东西。时间久了，他就会对这种东西进行识别，记住它的位置，了解有生命体和无生命体之间的区别。

不可错过的秩序敏感期

儿童对秩序敏感

前面说到了儿童有一个非常特殊的时期，叫作"敏感期"。其实在这个时期里的某一段时间，儿童会对秩序有着特别的敏感性。这个时期对我们和儿童来说都是神秘的，但是它的重要性却不可置疑。

一般来说，这种对秩序的敏感性大约出现在出生后的第一年，并持续到第二年。大多数人们都会认为儿童是没有秩序感的，所以当说起儿童对外界秩序有敏感性时，很多人都会觉得惊讶。

对儿童来说，基本上周围的环境都是封闭的，而且这个封闭的环境里会充斥着各种东西。

生活中总会有各种各样的事，难免会经常搬动一些物品，但是对于儿童来说，他理解不了这些东西的移动，更无法对移动后的事物做出任何的判断，内心便会产生混乱。

如果说儿童对于秩序的敏感期已经过去了，那么面前的这些混乱就会让他的心理多少有些紊乱，严重的话甚至会造

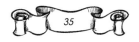

成心理发展的一个障碍。

心灵本来就是内在的一个东西，婴儿的心灵更是神秘的，照顾婴儿的成年人更是不了解婴儿的心理状态。

一个最典型的例子就是婴儿的啼哭。很多时候，婴儿总会莫名其妙地啼哭，无论成年人怎么哄都不管用。这就说明婴儿的一些需要没有得到满足，而这些需要是成年人必须满足他的。

如果认真观察的话，在第一个月里儿童就会表现出对于秩序的敏感性。秩序感虽然是内在的感觉，但是会通过外在的反应表现出来。

有时候我们把一些东西摆在一定的位置时，儿童看见后就会手舞足蹈，甚至是想伸手去拿那些东西；如果不这样做，儿童就会因为不安而哭闹不已，这就是对秩序有敏感性的明显表现。

爱发脾气的原因是秩序敏感

一般情况下，儿童发脾气都可能跟这种敏感性有关系。对于这一点，我可以举一些例子来说明。

其中有这样一个例子，有一个刚出生6个月大的小女孩。有天，她安静地待在房间里，这时候有一位妇女进来了，把伞放在了桌子上。

这时，小女孩开始挪动身体，显得焦躁不安。其实小女孩之所以这样，不是因为妇女的到来，而是因为伞放在了桌子上。

小女孩一直盯着桌子上的伞看，过了一会儿就开始放声大哭。妇女看她哭得厉害，以为她想要桌子上的伞，就去把伞拿来给她。没想到，小女孩推开了伞并且继续哭。

正当妇女不知道该怎么办的时候，小女孩的母亲拿起伞，把伞放到了其他房间。小女孩立刻安静了下来，不哭不闹，非常乖。

其实婴儿的记忆里对周围事物的秩序是有印象的。一旦打破这种秩序，就会给他的心理带来变化，就会表现得焦躁不安，甚至哭闹。

还有一个就是我曾经亲眼见过的家庭场面。

一个妇女感觉身体很不舒服，就靠在椅子上休息，在椅背上放了两个枕头。这时，她年仅一岁多点的小女儿跑过来，要求她讲故事。

母亲当然不会拒绝小女儿这样简单正常的要求，她虽然感觉身体很不舒服，但仍然开始给女儿讲故事。

讲着讲着，母亲疼得无法再继续讲下去，她让保姆扶着自己去卧室的床上躺着休息。可是那个小女孩却依旧站在椅子旁边，并且开始放声大哭。

人们都觉得，孩子是因为无法听故事而哭泣。保姆开始用各种各样的方法来哄她。可是一点起色也没有，无论怎么哄，女孩还是哭。

后来，保姆把椅子上的枕头拿去卧室的时候。这个小女孩

开始大喊大叫："不，枕头……。"或许她是想说，最起码留点东西在椅子上。

家人把女孩带到她母亲的床边。母亲虽然很难受，但看着哭泣的小女儿心中不免心疼。所以她强忍着继续给孩子讲故事，她以为这样就可以让女儿不哭。

但是这个小女孩还是拉着妈妈的手哭，她一边泪流满面一边抽泣地说："妈妈，椅子。"其实，她想告诉自己的妈妈应该在椅子上讲故事。妈妈应该坐在椅子上，而不应该躺在床上。

显然，此时的故事对小女孩来说已经没有吸引力了，椅子上的枕头和母亲都换了位置。故事的开始是在一个房间，结尾却是在另一个房间讲述的。这一切位置的变化都使得小女孩的心理变得紊乱，发生了强烈的冲突。所以，小女孩的哭闹也是必然的。

上述这些例子表明，儿童对于外在事物的秩序具有本能的记忆。但有一点人们都不知道的是，这种对秩序的敏感性在孩子很小的时候就会悄无声息地表现出来。

一个两岁的孩子就有对秩序的敏感性，只是表现得不易令人察觉。不过在他具有敏感性的这个时期内，这种人们察觉不到的敏感会指示这孩子行动。

学校里最有意思的一个现象也是因为这种关于秩序的敏感性。当某个物品被人们不小心放错位置时，第一个发现的大多数是儿童，并且还会自己把物品放回去。或许只有儿童会察觉到这些细小的位置变化吧。

在学校里细心观察不难发现，有些年纪稍微大一点的，差不多是三四岁的孩子，在用完自己的东西后，都会习惯性地把使用后的物品放回原处。而且，他们都爱做这个事情。

对于秩序的敏感性让孩子认识到物品应该处在外部环境的哪个位置上，并记住这些东西应该放在什么位置。儿童总会去适应自己所生活的环境，能从细节上进行支配。

心灵是身体的一部分，它和外部环境是相通的。就比如，失明的人依旧可以在房间内找到自己需要或想要的东西。或许他一摸就知道那是什么东西，伸伸手就能拿到。

心灵与环境是这样相协调的：一个人闭着眼睛也能到处走动，只要愿意，伸手就能拿到自己想拿的东西，这样有秩序的环境才能带来快乐和平静。

儿童对秩序感的热爱

我们可以明显地看出来，儿童和成年人对于秩序的感兴趣程度是不同的，秩序能带给成年人一种外在的愉悦。

对于儿童来说就不是只有外在那么简单了。秩序对于儿童来说就好像是动物的大地、鱼儿的水一样重要。秩序是儿童生活中非常重要的一部分。

儿童出生之后差不多一年的时间，都在适应他所生活的这个环境，找到支配环境的原则。由于环境对于儿童的发展具有重要的影响，必须有一个正确和坚定的原则来给予他指引。

秩序也是儿童快乐的源泉之一。从年龄很小的孩子的游戏当中我们就能看出来。这些游戏在我们看来非常单调无聊，而儿童为什么玩得那么开心呢？其实游戏通过让儿童在放置物品的地方找到物品，给儿童带来了乐趣。

捉迷藏这种游戏是儿童愿意玩的，基本上每个儿童都玩过。以前我亲眼看见过一群两三岁的孩子玩捉迷藏，不过他们玩的捉迷藏却让我非常吃惊。

我能真切地感觉到他们的快乐和对这种游戏的热爱，那欢快的笑声，喜悦的眼神，一举一动都在表达着儿童心中的愉悦。但是他们玩的方法却令人觉得奇怪。

首先是一群孩子在屋子里，看着一个孩子爬到桌子下面，在桌子上，盖着一张桌布，把孩子完整地藏在下面。

孩子们看见小伙伴藏好之后就出去了。不一会儿，他们重新回到屋子里，直接走到桌前，掀起桌布。

当看见桌子下面的小伙伴时，这一群孩子就会又跳又蹦，还会哈哈大笑，争着自己要藏，一遍遍地重复着同样的游戏。

后来，我又目睹了几个年龄稍大点的孩子和一个幼儿玩捉迷藏游戏。那个幼儿躲在一件家具后面，几个大一点的孩子虽然看见了，却假装没有看到他。

他们故意不去看那件家具的背面，而是找遍了房间的其他地方。这些大孩子认为，这样就能使幼儿快乐起来。

这时，幼儿大叫了起来："我在这儿啊，你们没看见吗？"

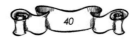

此时，幼儿似乎认为这些大孩子很愚蠢，而自己很聪明。

其实这种在我们成年人看来很幼稚无聊的游戏却是儿童最喜欢的。儿童喜欢做游戏是因为游戏能够带给他们快乐。在儿童对秩序敏感的时期内，在适当的位置找到适当的物品，能让儿童获得快乐。

按照儿童的思维去解释捉迷藏，"藏"就是在一个隐秘的地方放上一个物品或者找到一个物品。

这些例子都表明，儿童在某一时期对秩序具有敏感性是与生俱来的。这种感觉是内在的情绪和对外界的感知。这表明儿童不仅仅能够认识周围物品的样子和客观的状态，更能够认识周围物品和环境的位置关系。

用这样的敏感性去看周围的环境时，环境中的东西就不会割裂开，就能自然地成为一个整体。

其实环境中的每一个部分都不是独立存在的，它们有着密切的联系和不可分割的关系。如果一个人真的适应了环境，他就会根据自己大脑的指令活动，从而达到自己的目的。

童年是一个非常重要的时期，在这期间儿童会学到很多的东西，包括在未来的生活中自己该如何做才能更好。

人们适应环境是有一定的时间和过程的，没有人会一下子就适应了。儿童在敏感期的时候，大自然会给予儿童很多的礼物去帮助儿童适应环境。其中第一个礼物就是对秩序的敏感性。

这种对秩序的敏感性就像一个指南针，指引着生活的方

向，以便儿童能更好地适应周围的环境。就如同老师在教授学生知识之前先发给学生教学课本，从而让他们先有了知识的概念和学习知识的方向。

儿童和成年人一样会说话，这样的能力是大自然赋予的。人的智力不是在不知不觉的时候就来的，而是在后天的培养中慢慢积累的。这种智力的积累在儿童的敏感期尤为重要。

内在秩序

儿童拥有两种秩序感，一种是外部的，这种秩序感主要是儿童对生活环境的感知，能让儿童体验到事物之间的关系，以往我说到的例子都是这种秩序感的体现。

另外一种是内部秩序感，也被叫作"内部定位"。它可以使儿童认识到自己身体的各个部分，甚至是各个部分之间的位置关系。

对于"内部定位"，心理学家一直在精心研究。心理学家认为，人的肌肉中本来就存在一种感觉，这种感觉能够使人们认识到自己各个部分在身体上的分布，即明确各个部分的位置关系。

其实肌肉的感觉也是一种记忆，只是这种记忆比较特殊而已。一般都称它为"肌肉记忆"。

但是这种解释又具有一定的机械性，必须建立在有意识的活动和不断积累的经验基础上。

　　比如说，如果一个人用手拿东西，这个动作就会被肌肉感觉到并且被记住，当这个人再想拿东西时，就可以重复这个动作。此时，这个人已经有了无意识的和理性的经验，他就可以利用自己的理性做出判断：是移动右臂还是左臂？该往哪个方向转？

　　如果对儿童进行仔细观察就会发现，在儿童还不能自由做这些动作，也没有相应经验的时候，就已经对这些动作表现出了高度的兴趣，这就是儿童对动作的敏感性。也就是从儿童诞生的那一刻起，这种敏感性已经在他的身体里了。这一特殊的敏感性，使儿童能够敏锐地感觉到身体的各种姿势和位置。

　　以前关于这一点的研究也有很多，不过旧的理论是和神经系统的机制联系在一起的。其实这样有着很多不科学的地方，因为儿童的敏感性是和心理活动联系在一起的。

　　这种敏感性是儿童产生意识的前提，是人类的本能，关于洞察力的本能。这种敏感性是大自然赋予人类的天然的力量，它是在意识之前就已经存在了的。心理发展离不开这种敏感性，换句话说，这种敏感性是心理发展的第一步。

　　环境为儿童的心理发展提供各种物质条件和生活经验。但是环境中也有一些不和谐的因素，这些不和谐的因素也会影响儿童心理敏感性的正常发挥。我们也会看到很多关于儿童敏感性的反面例子。

　　在生活中，很多时候儿童在生病之前会乱发脾气，甚至

是哭闹和焦躁。只要是环境中存在不利于儿童敏感性的发展因素，这些疾病就不会消失。如果环境中不好的因素被消除，儿童焦躁不安和发脾气的现象也会随之消失。

下面举个有意思的例子来说明这个问题。

这个例子中的孩子还不到一岁半，生病时，他刚和父母进行了一次长途旅行，旅行结束时，孩子的情况变得非常糟糕。

父母说可能是因为孩子太小，长时间的旅行让孩子非常疲惫。不过他们还特别强调，说在旅行中孩子没有发生任何意外。

由于是长途旅行，父母每天晚上都会睡在最好的旅店里。旅店会为婴儿专门准备带栏杆的婴儿床和利于消化的婴儿食品。

结束旅行后，这家人回到了公寓。因为没有婴儿床，孩子就和母亲一起睡在一张大床上。开始的时候，孩子出现了失眠和反胃。到了晚上就会啼哭，母亲必须一整夜都把孩子抱在怀里。

他们以为孩子是因为胃不舒服才大声哭泣，于是就请来了专业的儿科医生来给孩子看病。之后医生根据孩子的症状提供了特殊的婴儿饮食，也有其他的一些辅助治疗的方法，像散步、日光浴，等等。

令人惊讶的是，用了这些方法后孩子仍然毫无好转。夜晚成了一家人最难熬的时间。后来，这个小孩开始抽搐，并不停地在床上打滚。有时候这种情况一天就要发生两到三次。

最后，孩子的父母没有办法了，就为孩子请来了一个非

常有威望的儿童神经病学专家，我也一同参与了这次治疗。

我一边听着孩子父母的描述，一边认真观察着这个孩子。看到孩子在床上痛苦不堪，我无意间得到了一些启发。我拿起两个枕头，把它们平行放在床上，中间隔着一点距离，这就成了一个垂直的护栏，就像旅店里带着护栏的小床一样。然后，我盖上床单和毯子。此时，这个临时搭建的小床就紧靠着孩子。孩子看到小床后，立刻不再哭闹，并且自己滚到了小床里，嘴里不停地说："凯玛、凯玛。"意思是摇篮。没过多久，孩子就睡着了。后来，这种情况再也没有发生过。

其实小孩的内心也是有感觉的，长时间的旅行让孩子习惯了身边的栏杆。当突然睡到大床上的时候，这种感觉就会消失。孩子没有了这种感觉，自然就会心理失调，所以哭闹生病也是正常的事情。

这个孩子的情况说明了敏感期的力量，这是个神奇的时期，这个时候大自然会不知不觉灌输给孩子强大的力量。这种力量会对孩子具有创造性的作用。

他们在小心翼翼地感知他们周围的物质环境。此时的儿童就像一张白纸，在慢慢成长的过程中，时间会让孩子感觉到成长中的艰辛。

而成年人就如同一个付出汗水和辛苦后获得丰富物质的富人，不能够理解那些汗水中的艰辛，也不能理解当中的辛苦，已经取得的社会地位使成年人变得麻木不仁。

对于理性、意志、肌肉，我们之所以可以熟练应用，是

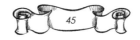

因为我们体验过成长的不易，这也让我们得以适应世界。我们现在拥有的经验，是从儿童时期不断积累而来的。

儿童时期就已经为我们将来的生活做好了铺垫。从一张洁白的纸到一幅五颜六色的画卷，其中的艰辛和无奈也只有自己知道。付出极大的努力后，我们才会懂得生活的道理。

儿童的一切行为都是为行动而行动，非常接近生活的真谛，这种创造性的方式，是我们成年人不了解，也无法重新记忆起来的。

儿童行为背后都有原因——环境的作用

儿童总是积极观察着

机械心理学家相信，智力是因为外部的作用缓慢地积累并发展起来的，这种观点对教育方面的理论和实践产生了很大的影响。

按照他们的理论来看，我们的大脑对外部的印象并不是大脑主观的行为，而是外部的环境刻意进入我们的大脑，并且让大脑记忆它们。几次后，这种印象就会存在于我们的心中。随着时间一点点地磨合，这些印象最终变得井然有序起来，形成了智力。

另一个看法和这个结论差不多，儿童在智力上是完全被动的，而且就像一个空瓶子，等着外界的填塞和塑造。

我们经验丰富，也自然不会忽视环境对于儿童的智力发

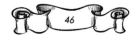

展的重要影响。我们的教育机制对儿童的生活环境是非常重视的，环境是教学的中心。

相对于其他的教育体系，我们尊重儿童对于外界事物的感觉，也重视儿童的生活环境。我们对儿童智力发展的认识，与那种认为儿童是被动者的观点，有着根本的差别。

我们注重儿童内心对于外界事物的敏感性。很多儿童的敏感期能从出生一直持续到五岁左右。这个时期是非常神奇的，儿童会用惊人的方式感知外界环境。

儿童是会自己去观察外界事物的，这种观察是出于主动的而不是被强制的。他会运用身体中一切能用到的感官感知其生活的环境，但是这只是一种观察，儿童也不会像镜子一样毫无选择地全盘接收。

内在的需求导致了儿童内在的冲动，因为这种冲动去观察才是真的观察。这种感觉或兴趣让儿童选择外部环境中自己感兴趣的事物。

心理学家詹姆士以前也提到过这种观点，他说没有一个人完整地看到物体的全貌，每一个人都只是看到了物体的其中一部分。换句话说，看到的那一部分正是看的人感兴趣的那一部分。其实就是说明了人们是根据自己的兴趣爱好来选择自己所看的物体的。

这样的话，如果描述同一个物体，不同的人会有不同的表达方式，描述也会不尽相同。

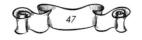

儿童的兴趣点

还有的人会问：到底什么东西才会让儿童产生特殊的兴趣，让他能在复杂的环境和无数的事物中选择出自己喜欢的？

事实上，并没有什么外部的因素和其他的一些动力，让儿童形成詹姆士说的这种特殊的兴趣。

儿童生下来的时候是什么都不懂的，但是会随着自己的成长，开始独立地向前发展。

儿童在敏感期有一定的理性，并且有充足的动力和能量。这种理性具有强大的创造力，并且会随着吸收的印象越多而更加自然地发展起来。

特殊兴趣最初的能量和力量都是由这种理性提供的，外界的各种印象会变得井然有序，这些印象是服务理性的。儿童根据主观的冲动所选择的印象也会对理性有一些帮助。

在某种意义上，儿童会如饥似渴地接收外界的印象，对自己感兴趣的印象更是贪婪吸收。比如，自然环境中很多事物都会让儿童产生极大的好奇心，光、色彩和声音等，很容易引起儿童的注意力。在获得满足的时候，儿童的心情也会变得非常愉快。

但不得不注意的一点是，这种自发运动的理性，就算是处于初级阶段，也仍然是一种内在的现象。

这就说明儿童的心理状态是非常奇妙的，值得我们深入挖掘和研究，并且为儿童的心理发展提供帮助。

理性是人类所特有并且与生俱来的一种奇妙品质，儿童从什么都不懂到慢慢地发展这种理性，甚至是在儿童还不能控制驾驭自己手脚的时候，他就已经沿着这条理性的道路开始发展了。

我们举一个例子，是一个稍微大一点的儿童。有一个六个月大的儿童坐在地板上玩枕头，枕头上有花朵和儿童的图案。

这个儿童开始用手轻轻地抚摸着靠垫上的花朵，而且用鼻子闻闻花香。后来看到可爱的儿童，又开始亲吻他。

照顾他的保姆不懂这方面的知识，也没有受过专门的训练。保姆看见儿童亲吻靠垫非常高兴，就认为让儿童亲吻其他的东西，他也会同样开心。于是，保姆就找了各种各样的玩具让儿童去亲吻。可是结果并不是保姆想的那样，儿童的心理此刻已经被保姆搞得凌乱了。

因为孩子亲吻枕头的过程就是一个对上面图案的记忆过程，孩子利用选择图案和自己原有的记忆对思想进行重新组织。这时候儿童在以一种安静、快乐、欣赏的状态构建自己的内在。

但是，在孩子为这种内心的和谐努力、快乐地探索自己感兴趣的东西时，却被成年人破坏了。而成年人却对儿童的心理一无所知，也对自己的错误行为一无所知。

当儿童的专注被成年人突然打断时，或者成年人企图让儿童分散注意力的时候，儿童心理的构建就会受到阻碍。

在孩子专注做事时，成年人喜欢摸摸儿童的头，拉着他

的手亲吻他或者让他睡觉，这些行为并没有考虑到儿童的心理状态和内心需求。成年人对于这部分知识的欠缺导致错误的行为，就会压抑儿童思想的成长和发展。

从别的方面来说，儿童对这种清晰印象的记忆是绝对必要的。因为只有记住这些清晰的印象，儿童才能在大脑里对这些印象进行感知并且区分。长此以往，慢慢地积累，儿童的智力才会慢慢地发展。

曾经有一位儿童营养专家做了一个非常有意思的实验。这位专家自己开了一个小门诊，他通过大量的实验，有了这样的结论：在给儿童提供饮食时，必须考虑不同儿童之间的差异。同一种食物，有的儿童吃是对他有好处的，而另一个儿童吃就有可能对他的健康不利。

同时，他也得出了另一个结论：儿童在特定的年龄阶段，有一种适合所有儿童的东西，那就是母乳。他的这一主张对还不到六个月的儿童来说很有效，对六个月以上的儿童却没有多大效果。

这对于人们来说仍然是一个理解不了的事情。因为在通常情况下，给还不到六个月的儿童喂饭确实是特别麻烦的一件事，而给六个月以上的儿童喂饭却显得容易得多。

由于家庭条件差，很多母亲不能够提供足够的母乳给孩子。因此，就去请教这位教授，希望教授能够给出一些建议。教授为此开了一个小门诊，指导这些母亲喂养孩子。

但是这些家庭条件差的孩子，却跟住在诊所里的其他孩

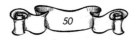

子不一样，六个月后，他们没有出现营养失调的状况。

教授为此进行了反复的观察和思考后，终于得出了结论。教授认为，住在诊所里六个月以上的孩子并不是无缘无故出现这种情况的，这背后肯定有心理的因素。换句话说，就是因为儿童的心理状况不佳身体才会生病。

针对这个状况，教授不再让那些儿童每天只在诊所的院子里散步，而是把他们带到以前从来没去过的地方，让他们接触更多新鲜事物，这样过了一段时间后，孩子都恢复了正常。

大量的资料和以往的经验都表明，儿童对于周围环境的清晰印象会在不到一岁的时候就形成，而且这种印象会被保存，见到图片的时候，儿童会自然地就认识。

但有一点是不得不说的，就是儿童一旦对感兴趣的事物形成印象并且记住了之后，他们就会很快地对这种事物失去兴趣。

第一年的时候，儿童对靓丽的颜色和漂亮的东西爱不释手。但是到了第二年，儿童对这些漂亮东西的兴趣就会减少许多，见到它们的时候也就不像以前那么高兴了。

这时候，儿童感兴趣的往往是我们平常不会注意的小东西。也可以说，他们感兴趣的东西基本上都是不起眼，我们都不会感觉到的小玩意儿。

我头一次发现儿童的这种敏感性是在一个差不多 15 个月大的小女孩身上。一次偶然的机会，我听见这个小女孩在花园里大声地笑，这令我非常惊讶，因为这对于儿童来说是不常见的。

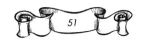

我看见小女孩坐在砖块上，带着一副憧憬的神态在看着什么。在小女孩附近，有一个种满了葵花的花坛，葵花在阳光的照射下娇艳无比。

奇怪的是，这个小女孩并没有盯着这些花朵看，而是用眼睛盯着地面。我很不理解小女孩的奇怪行为，同时又被她专注的眼神打动了。

我朝着小女孩的方向慢慢地走，仔细观察砖块，丝毫看不出有什么奇特的东西。

当我正纳闷的时候，这个小女孩郑重地对我说："快看，那里有个东西在动。"顺着她手指的方向，我看见了一个小得几乎看不见的昆虫。昆虫的颜色和砖块差不多，此刻，它正在砖块上移动着。显然，小女孩对这个微小的会跑的虫子产生了极大的兴趣。

根据上面的例子，我们认为，在孩子一岁左右的时候，儿童的智力发展会受到大自然的引导和帮助。这种引导会让孩子真正地获得知识。

我们平时也注意到了，儿童会被歌声、钟声、风中的彩旗、灯光所吸引。但这些东西所产生的吸引力都是外在的，而且都是一瞬间的。当短暂的吸引力过去以后，儿童的注意力就会被大量地分散，这样对于儿童来说是没有什么好处的。

这些现象和我们平时的行为方式也可以做一下对比。假如我们正在看一本充满趣味的书，突然听到外面传来响亮的乐队演奏的声音，我们就会放下书，跑到窗前去看看外面究

竟发生了什么事情。

生活中我们看到某个人这样做的时候，我们很难判断，这个人是不是很容易被响亮的声音吸引。然而，儿童这样做的时候，我们就会立刻得出结论。

这样来说，外界的东西可以强烈地刺激到儿童，也会自然地吸引儿童的注意力。但这只是一种每个人都会有的平常现象，和儿童的内心世界没有多少必然的联系。

对儿童发展起绝对作用的还是儿童的心理状态。儿童的精神世界是奇妙的，他们的心理也是独特的，就像儿童会全神贯注地观察那些毫不起眼的事物一样。

但是，当儿童被吸引并目不转睛地盯着一个微小的东西看时，这个东西并不会在他的脑海里留下什么深刻的印象，那只是儿童对于那个物体的一种感情的流露。

儿童行为背后都有原因

对人们来说，儿童的内心是一个非常神秘的谜，怎么都猜不透。人们之所以不理解儿童的内心世界，是因为成年人在了解儿童的时候完全是根据儿童的外在表现，而不是根据儿童的内心来做判断。

其实，儿童身体上的反应都是有原因的，他每一个行为的背后都有内在的原因，而且这个原因是人们通过努力可以弄清楚的。

　　没有内在的冲动，没有什么原因和动机，儿童是不会做出任何反应的。有人认为儿童的行为只是一时兴起。即使是一时兴起，也是有原因的。

　　儿童的世界还有太多没有解决的问题，答案也不是那么容易找到的，但是找答案的过程是非常有趣的，这个问题本身的意义就非常重大。

　　一个成年人想要揭开这个谜底，就要抛弃旧的思想，以一种全新的态度和方法去对待儿童，并增强自己的责任感。

　　成年人必须要以一个观察者和研究者的身份介入，而不是一个有着封建专制统治思想的皇帝或者是一个有绝对审判权的法官。但是在对待儿童的时候，大多数人还是扮演了后面的两个角色。

　　说到这里，我记起了这样一件事。有一次，我在和几个家长讨论有关儿童书籍的事情，有一个年轻的妈妈，带着她仅18个月大的孩子。

　　这位年轻的妈妈说："有些书很可笑，尤其是书里的插图，更是稀奇古怪。我有一本书，名字叫《小黑人萨博》，主人公萨博是个小黑孩。当萨博过生日的时候，父母给了他许许多多漂亮的礼物，有漂亮的小帽子、鞋子、长筒袜、衣服，等等。

　　"在父母为萨博的晚餐忙前忙后的时候，萨博穿着自己的新衣服，悄悄地走出了家门，因为他想让更多的人看到自己的新衣服。

　　"在路上，萨博看到很多小动物都没有新衣服，为了安慰

那些小动物，他把身上的衣服分给了小动物。他把帽子给了长颈鹿，鞋子给了老虎……最后，才发现自己身上已经什么都没有了，就这样，萨博哭着跑回了家。

"不过这个故事的结局还是非常美好的。因为书的最后一页，可以看出萨博的父母并没有怪他，萨博的面前还有父母为他准备的晚餐。"

说完，这位年轻的妈妈开始把图书往别人那里传。不过他的儿子在这个时候却说了句："不，lola!"所有的人都觉得很不理解，对孩子的话非常诧异。这个孩子嘴里一直嘀咕着这句话，可是没有人知道这是什么意思。

这时他的母亲说："以前家里的保姆叫lola，对孩子照顾有加，可能是孩子对这个保姆有感情吧。"

就在这个时候，小男孩突然哇哇大哭起来，还一直喊着"lola"，声音比刚才要大得多，看起来好像孩子的神智都变得混乱了。

到了最后，我们把那本书递到了小男孩的手里，小男孩指着后面的一幅图，但是这幅图并没有在书的里面，而是在封底上。画面上，小黑人萨博正蹲在地上伤心地哭。

看到这幅图，我们才恍然大悟，"llora"在西班牙语中的意思是"他在哭"。但是这个小男孩却把它说成了"lola"。

从书的内容上来说，其实这个小孩的理解是正确的。因为书的最后一幅图不是萨博在开心地吃着晚餐，而是萨博在伤心地哭。

因为最后一幅图并没有在正文中，所以成年人并没有注意到这一幅图。小男孩的反应就是对妈妈所说结局的一种抗议，这是孩子的正常逻辑。

这说明，儿童在读书的时候比成年人要仔细很多。这个小男孩注意到了最后一幅图是萨博在哭。虽然这个孩子还不能够完全理解我们这些成年人之间的对话，但是孩子看书时的仔细，还有那细致敏锐的观察力却是我们所钦佩的。

儿童的心理个性和成年人的心理个性相差很大，这是一种内在性质上的根本不同，而不仅仅是程度上的高低。

儿童会用心地观察每一个微小的事物，儿童看待成年人，也一定会带着一种轻视的感觉。只是他们还不懂得如何进行心理综合，但是我们成年人却经常这样做。

在儿童的世界里，成年人非常愚笨，不能正确地理解很多东西。从儿童的心理视角来看，成年人不够精细，也不够用心。我们对于细节的疏忽，就会让儿童理解成无能和蠢笨。

深入地想一下，如果儿童有能力清楚地表达自己内心世界的想法，儿童就会清楚地告诉我们，他并不相信我们这些成年人，就像我们成年人不相信他一样。这就是为什么儿童和成年人无法理解对方的根本原因。

第四章 错误的"控制"是教育最大的敌人

让儿童养成合适的睡眠习惯

睡眠不调是儿童发展的障碍

等到儿童可以独立行动了，他与成年人之间的矛盾也就真正地开始了。不可否认的是，没有一位家长可以完全控制儿童的感觉，然后控制儿童的全部。

成长中的儿童和成年人之间的心理状态差距很大，如果双方都不愿意进行调整，那么他们很难在生活中和谐相处。

虽说应该是双方进行调整，可事实上儿童还是受害者。儿童被迫做出调整，以适应成年人的生活。

一旦儿童的行为违背了成年人的意愿，或者儿童的想法和成年人的想法发生冲突，那么儿童就会受到成年人的打击或限制。

成年人的自我保护是无意识的，这种本能也不是直接表现出来的，而是在爱孩子的名义下进行的，成年人相信自己的行为对孩子的发展是有好处的。

可是，通常成年人都有贪婪的欲望，对于自己拥有的东西，包括没有什么价值的东西总是拼尽全力保护。

然而成年人的这种贪婪在教育儿童方面却被很好地掩饰起来了。在人们看来，这就是对儿童负责，就是在正确地教育儿童，引导儿童。

一个非常典型的例子，成年人希望宁静的时候，会让儿童多睡一会儿，说是为了儿童的身体健康，可根本的原因是成年人担心儿童会打破他要的安静。

一些缺乏修养、素质低下的人还会采取一些粗鲁的方法，有时候为了让自己能安静，甚至会对孩子大声地喊叫，会从家里把孩子赶出去。不过事情过后，她又会爱怜地看着孩子，温柔地摸着孩子的头，用这些行为来表现她是真的爱孩子。

高素质的人与上面说的最不同的是，这些人对于自己的责任感、奉献、爱孩子的方式会有着明显的自我控制。

但是对于子女的纠缠和吵闹，较高素质的人比那些较低素质的人更想要早点摆脱。大多数人都会给孩子找一个保姆，让保姆来照顾孩子，带孩子出去玩或者睡觉。

很多迹象都表示，这些家长对自己家的保姆都特别和蔼可亲，对待保姆的态度也非常友好。其实这就是一种无言的暗示，虽然没有说什么，但是保姆明白，只要自己把烦人的孩子带走，不让他打扰到父母的安宁，主人就会格外宽容。

在儿童刚刚学习怎么走路的时候，在他为了自己能做独立的动作而感到高兴、自豪的时候，一群巨人就会出现在儿

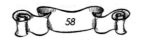

童的面前，使他的每一个动作都无法顺利进行。

成年人和儿童在相互斗争着，为了自己想要的生活拼命斗争着。不过对于父母和儿童来说，父母的爱和儿童的无知之间的战斗，也是无意识的。

成年人理所当然地说："儿童还小，不能自己随便乱走，不应该碰别人的东西，不应该大喊大叫。他应该多在床上躺着，吃好，睡好。"

一些比较懒惰的家长常常会用一些比较省力的方法对待儿童，甚至会直接让孩子睡觉，以此来避免孩子造成麻烦。

无疑，孩子确实需要充足的睡眠。但是话说回来，如果一个儿童是那么机灵并且迅速服从了，从根本上说，这个儿童就不是个"睡眠者"。

不过大家都知道，不管是成年人还是儿童，都应该得到一定的睡眠。但是大家要分清楚，到底什么是合适的睡眠，什么是成年人强迫下的睡眠。

我们都明白，一个强大的人会运用自己强大的力量对弱者暗示，这种暗示就是把自己的意志强加给弱者。

这就和一个成年人强迫儿童在不想睡觉的时候睡觉一样。成年人是强大的，就会运用暗示的力量把自己个人的意志毫无条件地强加给儿童。

不管是有教养或没有教养、素质高或素质低的父母，还是专门负责照顾孩子的保姆，他们都会联手，形成统一战线

去哄充满活力的孩子睡觉。

在物质条件优越的家庭里，2~4岁的儿童都会因为成年人的强迫而进行大量的睡眠。这与贫困家庭的孩子形成了鲜明的对比。

贫困家庭的孩子，一有空就会在街上跑或者在外边玩，没有人逼迫他们睡觉。因为他们的存在根本不会给父母的安宁带来任何打扰，也就不会让父母厌烦。所以在一般情况下，这些孩子的性格通常会比富人家的孩子要温和一些。

记得有这么一件事，有一个7岁的孩子对我说，他从来没有看见过星星。因为从小开始，父母在夜晚来临前就要求他睡觉了。

他还告诉我："我想在夜晚的时候爬到山顶，舒服地躺在山上看着天空，这样就能看见许多星星了。"

很多父母都夸赞自己的孩子天刚刚黑就睡觉了，这样父母就不用被孩子烦了，可以自由地出去散散步或者做其他事。

成年人要想在儿童心理发展的过程中给予帮助，就要给他提供一张合适的床，也不要在孩子不困的时候逼迫孩子睡觉，让孩子有一个合理的睡眠时间。

当孩子有了困意的时候或者累了的时候，就让孩子去睡觉。当孩子睡到自然醒的时候就从床上起来。我们经常向许多家长提意见，建议他们不要用儿童床，就是这个原因。

适合儿童的床应该是比较矮的，最好是贴着地板的床，这

样儿童醒来后，就可以根据自己的意愿躺在床上或者起身活动。

东西不是越复杂越好，儿童需要的仅仅是一些简单的东西，这些简单的东西能够更好地促进儿童的健康发展。

现在有许多家庭经常在地板上铺上床垫子，在垫子上铺好被子和床单，这样儿童的睡眠习惯就会被改变。

一到晚上，不用父母催，孩子就会自觉地去睡觉，而且还非常高兴。早晨，儿童也会自己起床，不会给父母带来什么麻烦。

这些例子说明，很多时候父母都是错误地把自己的主观意愿硬塞给儿童，在照顾儿童时，也是费力不讨好。

其实儿童也是有内在需要的，成年人由于自我保护的本能，根本没有考虑到儿童内心的真正需要。但是人可以控制自己的思维和行动，所以这种本能也是可以控制的。

上述所有的一切都说明，成年人尽量地去了解儿童的心理需求，这样成年人给孩子提供的东西才可能和儿童的内心需要相符合。儿童的心理得到满足，才会和成年人和谐相处。

只有这样，才能避免旧教育的弊端，真正地帮助孩子，才能给人类带来真正的进步。

儿童是有生命的、有思想的，成年人要学会理解儿童的想法。不应该把孩子当成服从自己命令的工具。就算孩子还小，成年人也不可以随意命令孩子，让孩子必须服从自己的命令。

成年人在儿童的发展过程中只能起辅助的作用，儿童才

是自己的主人。成年人必须主动走进儿童的心里真正帮助孩子。这是所有母亲最大的心愿和期望，也是教育者的愿望。

孩子在父母面前是个弱者，孩子要依据自己的内心来发展，父母就要学会控制自己，尊重孩子的内心想法，把理解孩子作为自己的责任，这也是教育的起点。

行走——坚定地迈出第一步

学习走路

成年人在对待儿童的时候应该用合适的方式，要放下自己的优势来配合儿童的发展，要真正地满足儿童的内心需求。

对于动物来说，顾及孩子似乎是一种本能的照顾方式。当一头母象把小象带入象群中后，母象为了照顾小象的步伐会放慢自己的步伐。当小象累了不愿意走时，母象也会停下来陪它。

在其他国家，我也发现了这种顾及孩子的现象。

有一次，我看到一个日本父亲带着自己的小儿子散步，孩子和父亲一边走着一边闹着，我则走在他们的后面。

走着走着，我看见小男孩突然不走了，父亲也停了下来。这时候小男孩抱着父亲的腿，父亲就让儿子绕着自己的腿玩，等到小男孩玩够了就又开始走。

走了没多久，小男孩又坐在了地上玩，这位父亲就在一边等着他。这位父亲没有什么特别的表情，他就是在自然的状态下带着孩子散步。

上面父亲和孩子的散步方式就是最适合孩子的。在孩子身体发育的初期，头、身体和四肢的比例还不协调，只有反复练习走路的姿势和动作，才能增加身体的协调性和灵活性，稳步向前走。

行走是大自然赠与生命体的能力，对于动物来说，行走就是与生俱来的本能，它们一出生就会走路。可是对于人类来说，掌握走路这门技术需要后天的学习。

儿童对于这个能力的掌握不是靠时间来掌握的，而是通过自己的主动学习获得的。

在儿童一岁到两岁期间的生长发育中，父母会看到孩子颤颤巍巍地迈出第一步。这是儿童生长发育过程中的明显标志，是儿童一次具有里程碑意义的进步。

对于儿童来说，会走路了就是获得了新生。从此儿童就可以让自己的身体真正地和大自然接触交流，内心也变得积极主动起来。

会走路在一定程度上是对身体四肢的肯定，说明儿童的身体处在一个正常的状态。可是走路仅仅是个开端，要想灵活地控制自己的腿还需要日后不断练习。

儿童在走路的时候，心里会有一股强大的力量来给他支持，在无形中鼓励着儿童勇敢地一步步迈出去。儿童在这股力量的驱使下会变得勇敢，他可以坚定地迈出每一只脚。

此时的儿童就像一个冲在前线的战士，他的心里只有胜利，他的身体会毫不犹豫地向着胜利冲去。不管前面的路上

有什么危险和挫折他都不会害怕。

就是儿童这种坚定和执着的强烈表现，才使成年人担心儿童，从而布置了一系列的保护措施。但是这些措施真正起到的并不是保护作用，而变成了儿童成长路上的一道道关卡。

在儿童把自己的腿锻炼得有力的时候，成年人并没有尝试着让儿童走路，而是依旧把儿童放在学步车里。

在成年人和儿童一起出去散步的时候，虽然儿童已经有能力自己走路了，可是成年人还是把儿童放在手推车里推着。

儿童的腿短，迈出的步子也小，而且在走路的初期也不适合走远路，他只能向成年人和手推车低头。

就算带着儿童的成年人是保姆，儿童也没有胜利的时候。保姆还是会根据自己的主观意愿来照顾儿童，最后儿童还是得向保姆妥协。

在出去之前，保姆已经想好了去的地方，然后把孩子放在手推车里，以自己正常的步伐直接走向想去的地方，完全不考虑儿童在车里的感觉，仿佛是推着一些蔬菜。

到了目的地之后，保姆会把孩子从车上抱下来，让他自己玩耍。不管孩子干什么，保姆都会目不转睛地看着孩子。因为在保姆的心里，自己对孩子的责任就是保护好孩子的安全，保证在孩子玩耍的时间不出什么意外就可以了。

事实上，一岁半至两岁的孩子完全有能力走几英里的路程，而且自己还可以独立爬上斜坡甚至可以爬梯子。

儿童走路和活动的原因和成年人是不一样的。成年人在走路的时候具有一定的机械性，走路就是为了某种目的，从一个地方转移到另一个地方。我们以正常的走路速度直接往前走，从而到达我们想去的地方。

可是儿童的走路完全是内心力量的驱使，是想要更快更好地掌握走路的能力。儿童是在练习，使自己的思维可以控制自己的四肢，从而更灵活地走路。

一般情况下，儿童的走路速度很慢，也没有什么节奏。因为儿童的走路从目的到步伐都不具有机械性。儿童突然开始向前走，就是想离自己感兴趣的东西近点。

成年人想要真正帮助儿童学会走路，就应该放弃自己的正常步伐和某些机械性的目的，使自己的步伐适应儿童的步伐。

在西班牙的时候，我见过两个两三岁的儿童，他们都能自己独立走完一英里半的路程而没有疲惫感。有的孩子还可以连续一个小时在陡峭的梯子上爬上爬下。

一些母亲也注意到了这个问题，甚至有的母亲对孩子在活动时的表现产生了质疑，认为是自己的孩子出现了问题。

有这样一位母亲，为孩子总是发脾气的事情向我咨询。她说孩子才学会走路没几天，一看到梯子就会大声地喊叫。如果抱着她走楼梯，她就会非常愤怒。

母亲很不理解其中的原因，女儿的表现让她很头疼，只要抱着她上下楼梯，她的反应就特别不正常，不但会显得烦躁，有时候还会哭。

这个问题的答案在我看来是很明显的，孩子在上下楼梯时的反应并不是母亲想的那种巧合。小女孩其实就是想自己亲自爬楼梯，她对台阶有着极大的兴趣，想把自己的手和脚放到台阶上。

在孩子的心中，爬楼梯比在草地上好玩，因为脚放在草地上，就会被草盖住，同时，她的手也不知道应该放在哪里。

乱跑和四处玩耍是孩子的天性，就像儿童都喜欢滑梯，长时间在上面滑上滑下那么都不会觉得疲惫。

一些穷人家的孩子喜欢在大街上跑来跑去，可是他们的灵活性让人吃惊，因为这些孩子可以自然地躲过车辆。

虽然这样的活动具有很大的危险性，可是在这种环境下成长的孩子不会像富家子弟一样内向，而且对外界事物的反应也不会像他们一样迟钝。

其实，这两种孩子都是不幸的，因为在他们成长的过程中，家长都没有为他们真正做过什么。穷人家的孩子被放在一个极其危险的环境中，甚至会有生命危险。

富人家的孩子虽然生活环境安全，可是父母却主观限制了儿童的很多活动，对儿童的行动也有一定的控制性，而且这些错误的行为还被说成是为了保护儿童。

儿童在生长发育过程中的一切，应验了弥赛亚所说的"无所适从"。这是成年人的错误，成年人应该给孩子练习走路和活动的机会，并提供相应的帮助。

如何训练儿童的动手能力

手是智力的表现形式

近几年，心理学家为证明儿童是否正常地生长发育，制定了三项检测指标。可有意思的是，这三项指标中有两项和运动相关，就是掌握走路和说话这两种本领。这两种能力就像占星图，可以照映出孩子的未来。

会走路和会说话是儿童在运动和表达上的胜利，是对儿童运动能力和表达能力的一种肯定，是儿童发育正常的标志。

走路是人类和动物所共有的能力，可是说话却是人类所特有的本领。

走路并不是智力的外在体现，就算人可以靠着行走的能力在空间里移动，甚至是完成无法想象的路程，可这还是跟智力无关。

那么和智力有关的运动就没有吗？答案当然是否定的。人类的智力与两种运动关系密切，一是舌头的运动，二是手的运动。

这种有关智力的运动在人类进化的初期就显现出来了。考古学家可以通过活化石来判断出人类在进化初期就会通过对石块进行打磨来制造工具。工具的产生和运用在人类的发展史上具有里程碑的意义，标志着人类将进入新的阶段。

人类对历史的记录其实就是源于语言的产生和运用的，当人们学会用语言把事情刻在石头上的时候，语言就成了人类所

具有的独特特征。

　　自由灵活地控制、运用自己的手，是人类重要的特征之一。人类的手不只是简单地进行运动，更是智慧的工具。这种独特的功能，显示了人类在万物中的灵长地位，也体现了人类天性的和谐统一。

　　人的手是巧妙、灵活的代名词，十指和人的心灵紧紧地联系在一起，不仅仅是人的心灵的外化，也让人类和环境建立了联系，人类靠手征服了环境。

　　对世界的改造离不开智慧，手则在智慧的引导下，一点点改变环境，从而对整个世界进行改造。

　　我们想要了解儿童的智力发展程度，就要从智力的外在体现下手，注意孩子初期的智力外在表现。即，我们要观察孩子的说话能力和在运动中手的灵活度和使用情况，这样是真正科学的方法。

　　说话和手的运动是人类最重要的特征之一，人对于这两种表现都有了认识和了解。而且人们也能深刻地认识到，这两种特征是智力的两种外部表现。

　　孩子的小手在伸出去的那一刻，就代表着孩子想和环境真正地融合在一起。

　　成年人应该以一种惊喜的态度来对待儿童的这种活动，可是事实和我们说的并不一样。成年人害怕孩子拿到那些实际上并没有什么价值的物品，想尽各种办法把家里的东西藏起来，不让孩子碰触。

孩子在伸手的时候,父母说的最多的一句话就是"别碰",就和习惯说"别动,安静"差不多。

人的本能都会进行自我保护,成年人的潜意识里有种天然的恐惧感,这就使自我保护的本能更加强烈。就好像在为了保护自己的财产秘密地和侵犯财产的力量斗争。

视觉和听觉对于儿童的智力发展起着关键的作用,因此儿童必须利用周围环境的东西来练习自己的听觉和视觉。

儿童的天性就是爱动。只有不间断地使用自己的手,才会对自身的发展起到促进作用,所以儿童需要辅助运动的工具和活动的机会。但是,这些需求都在家庭中被成年人给忽略了。

在成年人看来,家里所有的东西儿童都用不着,所以也没有碰的必要。于是在儿童发展的过程中就有这样的规定,就是不经过允许什么东西都不能碰。

儿童会偷偷地拿一些自己感兴趣的东西,一旦儿童成功地拿到了这些东西,就会像饥肠辘辘的小狗得到骨头一样,带着骨头到角落里偷偷啃食。

儿童偷偷地观察和玩弄这些东西,疯狂地吸收着物品上的营养价值。在吸收的过程中还会担惊受怕,害怕别人会突然抢走手中的东西。

儿童的运动并非偶然,也不是没有目的的。儿童的精神思维会对儿童的行为进行指导和控制,协调儿童的运动行为。

就这样不断地在运动中锻炼思维的协调性,儿童的智力也

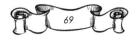

在运动中不断地成熟，语言能力不断地进行自我协调、组织和统一。所以儿童必须要有选择一件事情并且将其完成的权利。

此时的儿童长于对自己进行塑造，这也决定了儿童的运动不是偶然和无目的的，他所进行的每一个活动都是在为自身的发展进步服务。

儿童总会不停地跑着、跳着、拿东西等，把屋子搞得凌乱不堪，这个活动看似没有什么意义，其实也是儿童对自己的塑造。

儿童的活动也不是凭空产生的，他是受到成年人活动影响的结果。儿童会观察成年人的某些动作并且模仿。看到成年人在使用某个东西的时候，也会模仿这种方式。

所以说，儿童的活动和身边的环境有直接关系。比如，儿童看到成年人在扫地、做饭、洗衣服、收拾房间、梳头等，就会有一种很强的模仿欲望。

这是一种天然的倾向，我们可以称为"模仿"，但是这种模仿和猴子模仿人的动作又有着本质上的差别。

儿童的建设性活动是智慧的体现，是在精神力量的指引下进行的。儿童在进行活动之前，已经明白自己想要做什么。

当儿童在发展自己行为的时候，看到别人做什么，自己也想去做。就像儿童在刚开始学说话的时候，看到别人说什么自己就会说什么。

儿童得到的语言，是从周围环境中听到的。儿童拥有记忆

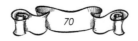

力，可以记住从环境中吸收的词汇。当需要时，儿童就能运用这些学到的词汇。

可是儿童对语言的模仿又和鹦鹉对语言的模仿有着本质上的差异。儿童不是机械地模仿人的声音和说话的内容，而是把模仿来的东西在自己的大脑中加工创造成为自己的知识，以此来促进自身的发展。

我们成年人想要深入地了解孩子，想要了解孩子与成年人之间的关系，就有必要认清这一点。

手的基本活动

儿童的活动是有目的性的，这种目的性在儿童学会井井有条地做事之前就已经有了，有时候成年人真的只能看到外在的表象，儿童使用东西的方法有点特殊，成年人就感到很难理解。

这样的情况通常会发生在儿童一岁半至三岁之间。我们举个例子来说一下这个情况，这个例子也是我亲眼目睹的。

有个孩子刚刚 18 个月大，他发现了一叠刚刚熨烫好的毛巾，整整齐齐地放在一起。然后，这个孩子小心地拿起了其中的一块毛巾，并捧在手里。他用一只手托着毛巾，另一只手按在毛巾上面，以避免毛巾散开。

孩子就这样小心翼翼地托着毛巾，走到房间斜对面的角落里，然后又小心翼翼地把这块毛巾放在地板上，嘴里还轻轻说着："一块。"放好后，孩子又跑回到了那叠毛巾前。

这一次，孩子和前一次一样小心地拿起了一块毛巾，还是小心翼翼地把毛巾带到了房间的角落里，把它放在了第一块毛巾的上面，又念叨了一声："一块。"

孩子就这样一次次地重复这个过程，不一会儿，所有的毛巾就都被孩子成功地转移了。可是不一会儿，孩子又把地板上的毛巾用相同的方式放回原来的位置。

尽管这些毛巾细看起来没有最初放置得那么整齐，但是每一块毛巾还是像原来一样是折叠好的。虽然看起来有点歪，可是儿童在尽力让毛巾整齐。

孩子是幸运的，因为在他搬运毛巾的过程中，没有受到外界的打扰。我们可以想到，多少次儿童在伸出手的时候会听到成年人无理地喊："那不是小孩子该碰的东西，不要碰！"孩子柔软的小手因为乱碰东西，不知被成年人打了多少次。

一个成年人允许儿童随便触摸东西，随便玩弄、挪动东西，可是在儿童活动的过程中，成年人的心里却有种莫名的冲动想控制这个儿童。

在纽约就有一位这样的妇女，她两岁半的孩子在搬东西的时候，她不会去阻止，可是心里总是想要为孩子做点什么。

有一次，她的孩子把一个装满了水的水罐拿到客厅。她看见孩子非常小心、缓慢、费力地抱着水罐，一步步地小心前进。每走一步，孩子都会对自己说一声："小心，要小心。"

看到孩子这么紧张，而这罐水又这么重，母亲终于忍不住地想要帮助孩子了。母亲快步地走过去，拿过水罐，把它放到

了孩子想要放置的地方。

可是这个孩子却难过地哭了起来，似乎受到很大的委屈。事后，这个母亲也说看到孩子难过自己也不好受，可是她觉得自己的行为并没有什么不妥的地方。

这时候母亲就是个矛盾体。她一方面知道孩子应该自己动手得到应有的锻炼，自己不应该阻碍孩子；可是另一方面，她又觉得让孩子浪费过多的时间和精力实在不值得。对于孩子要做的事情，自己可以帮助他快速做好，所以就代劳了。

这位母亲在和我谈话的时候，也承认了自己的行为是错的。我认真地思考了这样的问题，从另一个角度来说，母亲的这种行为就是对孩子的小气，是出于本能的保护欲。

我就对这位母亲说："家里有小的瓷器吗？比如杯子？你可以让孩子拿着小点的瓷器，看看会发生什么事。"

这位母亲听了我的话后，发现孩子会小心翼翼地拿着杯子，虽然每走一步都会停一下，但最终把杯子送到了另一个地方。

在整个放杯子的过程中，这位母亲都存在着两种情感。一是看到孩子如此认真小心地活动而开心，二是十分担心自己的杯子。可是这位母亲还是坚持没有干预孩子，因为她知道这是对孩子的锻炼。这样的活动就是在满足孩子的内心渴望，从而促进他的心理发展。

只有给孩子一个适宜的环境，让孩子在这个环境中满足自己的渴望和内心需求，才能解决和孩子间的这种矛盾。

一个孩子在刚刚学会说话的时候，我们不用为孩子的说话而准备工具。因为孩子的发音是一种欢乐的声音，孩子只需要听到别人的声音就可以了。

可当孩子学会用手的时候，就必须有能拿的东西来配合，这是对手上活动的一种外在刺激。我们会发现，儿童在完成一个极其简单的事情时，会花上超乎我们想象的精力。

我有这样一张照片，上面是一个英国小女孩，拿着一个非常大的面包。因为面包太大了，女孩用两只手根本无法拿住，她只好把面包靠在自己的胸前，腆着肚子走路。可是在这种情况下，女孩就看不见脚下的路了。

照片中女孩的身边还有一条狗，狗在一边盯着小女孩，看起来就像这个狗要吃女孩的面包一样。

照片的背景是几个成年人在看着这个孩子，虽然情况看起来很紧急，可是成年人还是克制住自己不去帮这个小女孩。

孩子在环境中学到的知识和本领，有时候真的会超出我们的想象，我们要给孩子提供一个适宜的环境，给孩子锻炼的机会，让孩子练就出能力。

动作的节奏

假如说成年人并不知道孩子对手的使用是需要锻炼的，那么孩子在用手工作的时候就会受到成年人的阻碍。我们不能只是单纯地把成年人的这种行为解释成本能的保护欲，因

为还有很多其他的原因。

有一个很明显的外在原因，就是成年人对事情结果的重视，他们会根据自己的思维判断，以选择合适的方法进行。

对于经验丰富和心理成熟的成年人来说，处理事情时很必要的一条原则就是争取最大的效益。这样成年人在做事的时候就会考虑怎样在最短的时间内用最简单的方法把这件事情做完。

当成年人看见儿童付出很多的努力后，仍然没有取得什么成效的时候，自然有种想要帮助儿童的冲动。

儿童对琐碎又无聊的事情有极大的兴趣，并且会付出自己大量的精力去做，最后也不会有什么意义，这在成年人看来实在是奇怪。

当一个孩子看到桌布斜了，他就会在脑子里想桌布应该怎么铺，然后他就会小心地尝试把桌布铺正。这对于刚刚开始成长的孩子来说是一个突破性的举动。

但是这个壮举只有成年人克制住自己，不去帮孩子，孩子才会自己完成。

一个儿童拿起梳妆台上的梳子开始往头上放的时候，这种可贵的行为不但不会得到成年人的赞扬，反而会招来一顿批评。因为成年人觉得孩子不可能快速把头发梳好，而自己可以帮孩子快速梳好，于是就替孩子梳头。

可是梳头这个简单的活动只是儿童进行的尝试，是个体

会快乐的过程。当成年人走过来夺过梳子，替孩子梳头。在孩子眼中，成年人如同巨人一般，让孩子无法抗争。

成年人对孩子的行为看不过去，是因为成年人认为孩子做的事情没有用处，二是因为孩子的行为方式和行动节奏和成年人有所差异。

行动的节奏，不是个可以随便改的概念和习惯。它几乎就像一个人的体形，是一个人特有的特征。

儿童有自己的行动节奏，儿童也喜欢在这种不慌不忙的节奏中进行某些活动，可是儿童的节奏和成年人的节奏是不一样的。当成年人看到孩子做事的节奏时就会觉得非常不舒服，就会有种想改变儿童节奏的冲动。

从成年人的心理分析，他们喜欢那些敏感度高和迅速的节奏。比如，即使活泼好动的孩子造成了很多的混乱和无序，成年人也认为可以忍受。他可以什么都不管，因为他知道儿童这样做是出于天性。

可是一个孩子在缓慢做着一些事情的时候，成年人在旁边看着就很难受。成年人会想干预孩子，有种想帮孩子的冲动。

可是成年人这样做对孩子没有任何好处，儿童感兴趣的事被成年人做了，这样就限制了孩子的发展，成年人本身也就成了孩子自然发展的绊脚石。

孩子在这种情况下会大声哭闹，不让成年人帮助自己，这表明孩子并不想让成年人来替他做这些事，他想自己成长。

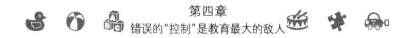
　　没有人会想到，对儿童没有什么用的帮助，会对儿童的心理发展带来压抑。这种影响会伴随着儿童以后的日子，带来严重的后果。

第五章 暗示和运动的力量

正确认识心理暗示的作用

儿童容易被暗示

查特尔的一个实验引起不小的轰动，他在自己那家著名的精神病院做了催眠术的实验，最后得出这样的结论，对癔病患者进行手术催眠可以替换他的人物角色。

这个实验结果似乎否定了这样一个论断：人拥有属于自我的言行。这个论断以前被当作人性一个最基本的特征。

查特尔通过实验证实，催眠师可以给患者强烈的心理暗示，这种暗示就会使患者处在一种催眠的状态，就会扮演催眠师给予的角色。

这些实验虽然不能大量进行，场地也限制在他的诊所里。可是这个实验为心理学新的研究和发展提供了新的途径，现在已经把范围扩大到了对分裂人格、潜意识和心理升华研究等新的范畴。

儿童在童年的时候，随着身体的发育，内心也会有种对自

我的认识。此时，他的本性非常具有创造性，对暗示也特别敏感。

这个时期对于儿童来说是重要的，成年人应该抓住这个时期促进儿童成长。成年人要悄悄地走进儿童的内心，用自己的意志代替儿童的意志，以让儿童发生好的变化。

我们在学校里也会注意到很多情况，我们在给儿童做示范的时候，如果显得过分热心或者动作过于夸张，儿童自我思考的能力和判断力都会受影响。

就是说，儿童的自我原本可以让他独立完成某件事，可是这种自我却被另一种自我取代了。取而代之的这个自我虽然很强大，但是并不属于儿童。

在外来自我的作用下，孩子逐渐失去了还不成熟的行为方式。

一般情况下，成年人并不愿意这样做，虽然成年人可以通过暗示控制自己的孩子，但其本意绝非如此，很多成年人的心里也不知道自己对儿童发展所产生的影响。

针对这方面的观点，我想起了几个非常有意思的小例子。

有一次，我看见一个两岁的孩子把一双非常脏的鞋拿起来放到了床上。我看见后立刻走到床边，把鞋子从床单下拿下来，放到角落，还告诉孩子说："你看，这双鞋是脏的。"

鞋子在床单上留下了个鞋印，我用手把床单上的鞋印掸了掸。

自从经历了这件事情后，这个孩子只要一看到鞋子，就会指着鞋子说："鞋子是脏的。"

让我奇怪的是，每次说完后，这个孩子就会走到床边用手摸摸床单，像是要把床单弄干净一样，尽管鞋子并没有碰过床单。

另一个例子的主人公是一个小女孩。有一天，小女孩的妈妈收到了一个包裹。妈妈很开心，就当着小女孩的面迫不及待地打开了盒子。打开后，发现里面是个丝质手帕。

妈妈把这个手帕送给了小女孩，之后又发现里面还有个喇叭，妈妈就自然地拿起喇叭吹了起来。小女孩听到后，大声喊起来："音乐。"在此之后的好一段时间里，小女孩看见布就会情不自禁地说："音乐。"

其实成年人可以对儿童进行适量的限制，只是限制要让孩子有所反应，如果做不到这一点，那么限制就会成为孩子的阻碍。

这些愿意发号施令的通常都是有素质的成年人，或是有自制力的人，尤其是经过专门训练和指导的保姆，这些人尤其是保姆的禁令对儿童的影响非常大。

成年人有责任帮助孩子

孩子对暗示很敏感，这可以看作是他内在敏感性的表现。这种敏感性对儿童的心理发展很有好处，我们称其为："对周围环境的喜爱。"

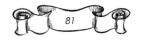

儿童是一个观察者也是一个模仿者，在观察的过程中，会被成年人的一些行为所吸引，并会自然地去模仿这些动作。

在这方面，成年人要具有一定的责任感。成年人可以对孩子的行为给予鼓舞，因为对孩子而言，成年人就是一本内容丰富的书，儿童可以通过看书学会自我引导。

成年人若想让自己的指导是正确的，就不能急于求成，要以缓和的心态来慢慢地行动，这样儿童才能清楚地看到成年人行动的整个过程。

若是成年人拒绝这样做，还是按照自己的习惯行动，就不会对儿童的心理发展起到任何作用。成年人会用自己的节奏来代替儿童的行为节奏，将自己的快节奏或标准施加给儿童。

暗示针对的主要是感官，只要对儿童有强大的吸引力，儿童的感官就会感觉得到，这种感觉会转化为内心的一股力量。这股力量会激发出儿童潜意识里的各种行为活动。

即使是刺激感官的对象，只要儿童认为它们有吸引力，也能得到一种强有力的暗示，从而让儿童展开各种各样的活动。

莱文教授用电影记录了一个心理学实验，这部电影可以说明这个问题。实验的目的就是观察儿童对一些相同的物品会有什么不同的反应，用以区分有问题的儿童和正常的儿童。

实验对象是我们学校的孩子，他们年龄差不多，生活环境也类似。实验道具是一张大桌子，上面摆满了各种各样的物品和玩具，包括教具。

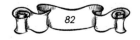

我们开始看电影中的画面，第一组孩子走进教室的时候，好像对桌子上的所有物品都很有兴趣。他们站在桌子旁边拿各种东西玩，玩得都很开心。

每个儿童都欣喜地拿着感兴趣的东西玩着，玩了一会儿后，就换别的东西再玩。玩完了这个玩那个，就这样一直重复着。

接着，我们看见第二组孩子走进了教室。这组孩子和上一组孩子明显不同，他们的脚步非常缓慢，并会停下来观察周围的环境。对于桌子上的东西，他们很少拿起，只是在一旁观察着，一点也不主动。电影的下半部分一直是这种情况。

那么这两组儿童中，哪一组是有缺陷的儿童？哪一组又是正常的儿童呢？

我们可以肯定地说，有缺陷的是第一组。他们兴致勃勃地玩着每一样物品，显得活泼开朗。

可是，其他看电影的人的看法好像和我们的看法截然不同。

在人们正常的情感和以往的经验中，成年人会认为活泼积极的孩子是反应敏捷且聪明的孩子。但是事实却不是这样的，正常的儿童在长到一定的阶段后，会变得安静和理性。

在电影中我们可以发现，第二组孩子在长期凝视一样东西，并且站着不动，他们在认真地沉思。孩子可以以理性的方式安静地活动，在活动的整个过程中都认真地思考，这是正常儿童的表现。

显然，这个实验的结论和成年人早已认同的其他观点相

冲突，因为大家都普遍地认为，只有聪明的孩子，才会像电影里第一组孩子那样活动。

可是我们在学校经过大量的观察后发现，正常儿童的行为和平时我们说的并不一样。他们的行为伴随着思考和沉思，他们在行动的时候会受到理性的控制和指导。这样的儿童同样会被自己感兴趣的事物吸引，会对有兴趣的东西反复研究并且利用它，这种自我控制是难能可贵的。

儿童要学会控制自己的冲动，要能控制自己的运动器官，对自己的活动进行理性约束，而不是无目的地到处乱跑。

对一个人来说，可以用审慎且沉思的方式行动，这是很正常的。这表现了一个人有着自律意识，外在也很有序。

如果儿童没有这种内心的控制力，就很难自控，那么外来的意识就会在不知不觉间取代自身的意识，就像没有航行方向的船，只能不断受到外界的影响。

外界的意识不能使一个儿童做出正常的行为回应，因为外在的东西永远也不会为儿童的行为提供引导。

一个真正受外界力量控制自己行为的人，和人格分裂没有什么两样。这样的情况在儿童的身上体现出来时，儿童就会因此错过很多的发展良机。

我们可以把这样的儿童看成一个成年人，这个成年人乘着热气球到了沙漠里，突然，热气球被风刮走了，成年人就独自待在了沙漠里。他放眼望去，沙漠里没有一件东西可以代替热气球，他被困住了。

这样的情况会在成年人身上发生，也会在儿童的身上发生。当事情发生的时候，儿童就会和成年人产生冲突。可是儿童的心理机制不健全，表达方式也不清楚。这样就会使儿童成为某些因素的牺牲品。

儿童天生爱运动

运动的重要性

儿童的成长要靠身体和心理两种因素的影响，是通过不断地努力和从事各种活动慢慢发展的。对儿童而言，能够对脑海中的记忆有一个清楚明确的印象是很重要的。因为智力发展的养料就是感官对外界刺激的收集。

可我们都明白的一点是，儿童的生长发育离不开运动。运动会产生创造性的能量，可以使我们的身体和心理更完善。

运动可以促进人和环境之间的交流和接触，运动可以让人按照自己的意志作用于环境，从而完成自己对于世界的职责。

运动是意识发展过程中不可缺少的东西，而不仅是一种外在表现。因为运动是环境和人之间的桥梁，是人的意识和环境产生作用的重要途径。

所以说，在智力的发展过程中，运动和各种身体活动起着关键性和决定性的作用。因为只有依靠运动和活动从外界收集到足够的感官材料，智力才能够很好地发展。

在运动的过程中，我们会对客观的世界有个模糊的认识，

在头脑中形成抽象概念。身体活动就像是一个纽带，把人的身体和环境联系在了一起。可是内心的活动方式实际上有两种：一种是获得观念，一种是将内心通过外在表现出来。

身体的活动和运动是复杂的，因为我们的肌肉是那么多，所以活动中不可能运用到所有的肌肉。也可以说，我们的肌肉有很多都处于闲置状态。

比如说一个芭蕾舞演员在训练的时候经常用的肌肉却不是一个机械师或者是医生所经常用的肌肉。一个人对于肌肉的运用方式，决定着这个人的个性发展。

要想使自己的肌肉组织处于健康的状态，就应该进行一定量的体育锻炼。在锻炼的过程中人们就会发现，不同的运动方式会锻炼到不同地方的肌肉。可是如果一个人全部的肌肉都不曾得到过运用，那么这个人的身体也一定是不健康的。

肌肉有各自的作用，原本应该发挥正常功能的肌肉如果得不到运用，就会长期处于一种停滞状态，这样不仅会影响身体的健康发展，也会阻碍心理的健康发展。所以说身体的活动对人的精神状态也是很重要的。

知道了运动和精神之间的关系之后，我们就能认识到运动的重要性。在生命的生长发育中，虽然和神经系统有着密切的联系，可是生命体本身并不依赖于意志。人类身体器官的作用都是各不相同的，它们会一直工作下去。

人体的细胞和组织也和器官一样，有不同的任务要完成。它们就像是各个领域的专家，对于自己负责的部分都能够很

好地完成，可是如果想做自己领域外的事情，就比较困难了。

这样的细胞、组织和肌肉有着本质上的差别，这些细胞虽然是肌肉的组成部分，可是它们都不能独立行动，它们就像一个个等待命令的士兵，只有在指挥下才能活动。

和这些复杂细胞、组织比起来，肌肉就是很自由的了。肌肉若是敏捷的，就能对外界的刺激迅速做出反应。

可肌肉的活动是要锻炼的，经过长期的训练后，才能使意志思维和肌肉高度和谐地配合，这样肌肉才能完成意志的命令。

这个时候，命令是向整个肌肉群发布的，所以肌肉群会配合完成意志的指令，发挥整体的作用。

自由地控制自己的运动器官，这是儿童的天然欲望。如果这个欲望无法得到满足，他的智力也就无法表现出来。意志是发号施令的统治者，是行动的指挥者，也是心理发展的促进剂。

我们通过在学校的大量观察发现，儿童都普遍存在一种现象，就是渴望能够自己独立做一件事，而且在做的过程中会非常努力。

真正自由的儿童，会积极地收集感官世界的感官材料，会最大限度地利用这些材料卖力地进行活动。儿童具有敏锐的观察力，是天生的发现家，儿童的精神好像总是在现实和自我实现之间穿梭。

儿童是个发现者，尽管他的发展形式不是一定的，但毫无疑问，儿童具有美好的前景。

运动对儿童的意义

成年人不理解儿童

因为成年人并不知道运动的重要性，所以儿童在运动的时候成年人会阻止儿童，这就对儿童的发展产生了不利的影响。

运动对发展的重要作用，有很多科学家和教育家也没有意识到这一点。"动物"是和"活力"分不开的，再说得简单点就是动物有活动的能力。

那么把这个延伸到动物和植物的根本区别上面，就是动物可以到处活动，而植物就是长在泥土里不能动弹，那我们就没有理由阻止儿童的活动。

很多人都说儿童是花朵，是植物的代名词。所以儿童就应该安安静静的，像个安静的天使一样。换句话说，孩子到处活动的话，他就不属于人世间。

以上的这些观点，都体现了人们心理的盲目性，这样的盲目性让人惊讶。这种盲目性比通常心理学家说的存在于人体潜意识里的盲目性要可怕得多。

现在很多人都承认感官对智力发展的作用。比如，聋哑或失明的人智力成熟的过程就比正常的人要困难很多倍，就像是心灵失去了视觉和听觉这两扇窗户一样。

聋哑或者失明会给人带来一定的困难，但对身体其他部位不会带来任何的影响。即使剥夺儿童的视觉或者是听觉，他还是可以获得高水平的文化和道德时，我们就会觉得非常荒唐。

　　纵然如此，想要人们一下子接受"身体活动和心智、道德、智力发展都很重要"这样的观点，似乎也很不容易。

　　一个正在成长发育的儿童，假如他的运动器官被人为地限制起来，那么孩子的发展就会处于一种不正常的状态。和那些聋哑、失明的人比起来，他的成长更加艰难。

　　一个不能按照自己意志行动的人，比起失去听觉和视觉的人更要痛苦。聋哑人被剥夺了和周围环境进行交流、沟通的载体，但在适应一段时间后，其他感官功能会更加敏锐，以弥补视力和听觉的不足。

　　可是一个人的活动与他的性格关系密切，没有其他东西能够替代。一个人对这方面的知识认识不到位，只会对自己的发展造成不良的影响。

　　这样的人极容易偏离生活的轨道，从而走入死胡同，就像是神话里的亚当和夏娃只能做流浪者。当亚当和夏娃被天国抛弃以后，他们不得不无奈地离开自己熟悉的地方，去向另一个陌生的地方，还要遭受无数的痛苦折磨。

　　我们对于身体的认识还有一个误区，就是我们在讲肌肉的时候，都会把肌肉想象成身体器官。可是这个观点和我们所说的精神观点是对立的。精神是个自由的东西，没有什么机制的限制，也不需要物质因素。

　　运动对心理机制的发展和完善有很大作用，这种作用听觉和视觉都重要。很多人听到这些话后，都会产生疑问。

　　其实，我们的眼睛和耳朵在发挥作用时，也是在物理和

机械规律的支配下进行的。眼睛就像照相机，里面的结构精细又精妙。而耳朵就像是一支能力很强的乐队，拥有可以产生振动的鼓和弦。

当我们谈论这些伟大的器官在人的心理发展中起到了重要的作用时，我们并没有把它们看作机械装置，而是看作获得知识的工具。

聪明的人总会最大限度地利用这些器官，他们通过这些器官和环境进行交流和接触，还会利用这些器官来满足自己的内心需要。

心灵的发展离不开外界的滋养，需要看到美丽的风景或者欣赏精巧灵妙、令人感动的艺术品，需要欣赏美妙动听的曲子或者其他乐音。每个人都是不同的，会对这些感官印象进行不同的判断。

和心灵一样，身体的活动也能有相似的结果。这就需要许多器官的配合，即使这些器官不像眼睛和耳朵那么专业化。教育和生活最本质的意义就是一个人理性的思维可以控制自己的行为，使得行为不会对外界的刺激不停地回应，而是受到理性的控制。

如果一个人做不到这一点，他就无法获得理性，也就不能成为理性人期待成为的那种人物角色。

第六章　向孩子学习爱

"爱"的学问

爱与自我实现的关系

我们如果能够按照一般规律做事，并且一切都是那么的和谐，那么，我们将会感受到爱，这是我们健康的标志。

我们的爱是出自内心，或者也可以说是我们对喜欢的事物所表现出来的一种挚爱或者疼爱。

孩子是那么的友爱，他们的一切都被爱所包围。

在孩子成长的阶段，他们对一切吸引他们的事物，都表现出了自己的爱。这正是他们对生活的一种发自内心的热爱。

这种爱可以促进孩子的智力发育，让孩子能够更好地成长。孩子在充满爱的环境中成长，心智也能得到健全的发展。

爱可以使孩子以愉快的心情，细心地发现周围的一切。爱是我们每一个人发展和进步的重要因素。

你们难道不认为，是爱让我们觉得周围的一切如此美好，世界也因爱而更加美好？

孩子也正因为心中有爱，才对周围的一切那么热爱。

对孩子心中的爱，很多成年人认为这是孩子的本能，是孩子与生俱来的能力。他们错了，这是孩子内心的精神塑造，只有当孩子成长在有爱的环境中时，这种能力才能得到培养。

每个孩子都是那么爱自己的父母，也需要父母给予帮助。所以，他们给予父母爱，是希望父母可以帮助他们适应社会。因为，在孩子眼里，父母就是伟大的偶像。

孩子可以通过观察父母的唇动，掌握词汇，掌握这门陌生的语言。孩子可以根据成年人的一举一动，学会如何在这个社会上存活。我们就像是孩子的生活导师，一举一动都会对孩子产生极大的影响。

孩子是多么喜爱他的父母，父母的话对孩子来说就像是一本受益终生的书，孩子会把父母的话深深地印在大脑中，并且时刻提醒自己应该这么做。

孩子喜欢学习，成年人就应该制造机会，让孩子学习。所以，在成年人每做一个行为的时候，就应该仔细地思考一下，自己的行为会对孩子造成怎样的影响。

孩子会乐意服从大人的指令，可是当这些指令和孩子的意愿发生冲突的时候，孩子也会起身反抗。然而，很多时候，成年人都会不顾孩子的反抗，强迫孩子按照成年人的意愿行事。

孩子只是想按照自己的意愿做事，可是，很多时候都被家长无情地压制了。他们不考虑孩子的想法，仅仅按照自己的意愿行事。

我们想象一下，孩子为什么发脾气。如果我们可以认真地考虑这些问题，我们就应该会明白孩子的想法了。

向孩子学习爱

成年人应该知道，我们的孩子是多么爱我们，他们爱我们胜过一切，可能，他们并没有用语言表达出来。但是，这是真的。

我们很多时候，会听到家长说自己非常爱孩子，或者老师说非常喜欢他们的学生。可是，事实真的是如此吗？

父母一直在教育孩子要爱周围的一切，不管是动物、植物还是人。

可是，父母只是说说，并没有示范给孩子。孩子是怎么学会爱的，难道真的是父母教给孩子的吗？孩子能从那些因为一点小事不合心意就随便发脾气的父母那儿学到爱吗？

这是不可能的，这样的父母不可能教会孩子爱，因为他们自己都不知道什么是爱，又怎么会教给孩子呢？

我觉得是孩子告诉父母什么是爱，并且让他们感受到了真正的爱，孩子让父母知道世界是有爱的，他们是父母爱的向导。

我们可以回想一下生活的细节，当我们想去睡觉的时候，孩子拉着我们的手，不愿意我们离去；我们外出的时候，孩子也想一同前往，这是因为孩子真的不愿意和我们分开。

可是，很少有人意识到这是孩子的爱。这种爱是只有孩子

才会有的，当他们长大后，这种爱也就消失了。

你想想，等到孩子长大的时候，他们还会这样对我们吗？他们还希望时时刻刻和我们在一起吗？

不会的，因为孩子已经长大了，他只会轻轻地说声"晚安"，然后离我们而去。

可是，我们现在是怎么做的呢？我们一直说自己没时间，甚至认为孩子特别烦，想远离他们。

事实上，我们似乎一直想摆脱自己的孩子，不想再做孩子的奴隶，希望享受自己的独立空间。

我们可能会有这样的经历，每天早上孩子会来到我们的房间，因为他们希望第一眼看见我们，这正是孩子对我们的爱。

可能，这时候父母的房间还是昏暗的，父母还在继续睡觉。但是，孩子已经等不及想要见到自己的父母，希望可以触摸他们的肌肤，倾听他们的呼吸。

可是，父母是怎么对待孩子的呢？他们会很无情地训斥孩子，仅仅是因为孩子打扰了他们的美梦。

如果，你听到孩子说，他不想打扰你们，只是想触摸一下你们，感受一下你们的存在。作为父母的我们难道不觉得，我们之前的训斥是多么残忍吗？

孩子是需要爱的，这么简单的一点要求，难道我们都不能满足吗？

可能，我们成年人已经被生活磨炼得没有了原来的激情。

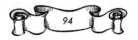

可能，我们无法理解孩子的意图。但是，我们真的需要这样一个人去唤醒我们曾经的活力。

我们要想唤醒曾经的活力，就需要这么一个人每天提醒我们。我们应该有新的生活，我们应该可以创造自己的生活。

我们需要从这些真实的生活中，去实实在在地感受爱，去让我们的心中充满爱。

孩子是我们生活的原动力，如果没有他们，我们可能不会这么努力，可能不会有那么充足的干劲。甚至，我们会变得颓废、不上进，因为我们没有生活的动力。

让儿童释放天性

解放儿童

在这里，我们需要注意一件非常关键的事情，这个事情就是，其实儿童也是具备一定的心理活动的，但是这种活动的范围很小，大家往往不会留意到。

当然，不止是没有留意到，大人的一些行为还会在无意识的情况下妨碍儿童的正常行为，阻碍儿童正常的成长。

儿童从出生开始，就一直在成年人的世界中活动，但是，这个世界不是适合儿童成长的环境，所以在这个环境中，儿童的成长有了很多阻碍。长期在这个世界中活动，儿童会逐渐具备成年人的心理，当然也更容易受到成年人行为的影响。

我们曾经做的研究，大都是在成年人的世界中观察儿童

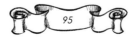

的活动，我们没有专门以儿童的心态来看待这个世界，这样来说，我们之前的研究成果也是不正确的。

所以说，我们应该把研究方向转移到关注儿童的每个活动上来，只有这样，我们才能在真实的基础上了解儿童的真实心理。

儿童在成长的过程中会控制不住自己的情绪，我们在对这种不良情绪的观察中应该意识到，这种情绪的产生其实是因为儿童内在心理的波动而引起的。

孩子这种不良情绪的发泄，其实不是因为处在成年人的世界中要伪装自己，而是要依靠发泄情绪来抒发心中的郁闷，也希望成年人能够关注自己，理解自己的不良情绪。

但是，这种不良情绪的发泄却也不能将儿童的情感清楚地展现出来，在成年人看来，他们无法进入儿童的内心世界，了解他们的真正需要。

在这种不良情绪中，儿童表现得愤怒、不满、不成熟，这些都是为了掩盖内心的恐惧、担心和害怕，这种不良情绪直接让成年人否定了他们曾经的成就，也让成年人看不到他们真实的表现。

但是我们应该想到，这些情绪的表达蕴含着儿童心理活动的规律。我们要对这种过程进行详细地了解，努力发掘出在这种规律的变化下所要表达的本质含义。

现在看来，我们当务之急是要转变自己的工作方式，研究儿童心理活动的规律，这样我们就可以比较容易地看到儿

童的成长，并且避免教育的误区。

我们改革教育方式，就是为了更好地找到并且遵从儿童发展的规律。所以我们的第一步就是要找到一种方式可以让儿童快乐地成长。当然，第二步就是针对第一步为儿童创造环境。

这个环境一定是最适宜儿童发展的，我们要尽最大的努力排除其中可能影响儿童的不利因素，只有这样，这个环境才能真正有益于儿童的成长和提高。

当然，在儿童生存的世界中，成年人也扮演着重要的角色，所以，成年人也应该努力地迎合儿童，帮助儿童，而不是妨碍儿童或者是直接替代儿童成长。

那么，这样看来，儿童最需要的就是拥有一个最适合自己的生存环境，这才是儿童成长和创造的重中之重。

除了环境的要求，第二个工作的重点就交给了老师。老师的地位是非常重要的，他们要为儿童的成长改变自己那些可能妨碍儿童的行为。

在我们的工作中，还要注意关键的一点，我们在工作时，要充分尊重儿童的心理或者尊重儿童的特征。

上面的要求在之前建立的儿童之家中已经成为工作中的一部分。"儿童之家"听起来就跟在自己家里一样，有一种温暖的感觉，是儿童喜欢的地方。

我们的工作引起了社会的极大关注，在我们学校可以看到，没有学校教育中的那些传统教育工具，也没有强制的课程，儿

童在这里能够四处活动，自由探索。

有的人会说："你的这种教育方式就像政治体系中要求过着民主的生活一样。"还有人觉得这只是我随意说的，他们对我们的工作方式非常不满。

当然，这只是一部分人。我们的某些做法被应用到现在的教育中。一些装扮儿童生活环境的物品受到了人们的欢迎，比方说在儿童活动的地方贴上花朵贴纸，符合儿童身高的家居用品，可爱的帘子，儿童能够自己使用的书橱，儿童需要的学习用具等等。

这些看得到的改变在儿童的成长中发挥了一定的作用。这些东西一定会受到更热烈的欢迎，儿童之家会继续这样进行装饰，这也是儿童之家的独特之处。

我们曾经考察过许多地方，进行了大量的调查研究，最后我们得出的结论就是这样的做法是很有用处的。

在参考了一些真实的数据后，我们总结出不可思议的结论，其实儿童具备我们不曾发现的伟大力量。在知道这个结果后，有些人会想，我们是不是需要一个全新的教育模式，但是，这个思路是完全不对的。

虽然现在我们对于儿童内在的发展没有办法进行深入探索，可是我们也不能简单地凭感觉下结论，或者是企图论证这个结论。

虽然说我们有不能认知的一些事情，但是，我们可以通过观察让这些事情自然地发展，当我们后来也能够观察到的

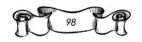

时候，我们就会认同先前也提出这个结论的人了。

这个世界就是如此。一种理论的诞生一定要经过一个过程，最开始的时候，如果我们没有像我们期待的那样完全了解这个事情，我们就不能认同。一旦达到我们的期待，那么我们会毫不保留地接受新的理论。

在经历了最初的怀疑后，我们一旦认可了这种新理论，就会把自己投入到证明新理论和宣传新理论的潮流中，并且可以牺牲一切。

这些人抱着巨大的希望投入进去，他们认定自己是新理论的代言人，是他们最先提出的。

可是，事实是他们只是更关注这个新理论罢了。

当然，一种新理论的提出是非常不容易的，更考验我们的是，如何让大家普遍接受这种新理论。一般情况下，人们在面对新理论时，接受的过程是很缓慢的。

在发现新理论的过程中，不一定要有伟大的计划，也许某一个微小的变化就能成为发现新理论的线索。一定程度上讲，作为对新理论的追求者，一个人或许只有关注那些不起眼的小事情才会找到线索去发现新理论。

当然，这个新理论是要有具体的准确的实验来证明的，光靠一个人的想象是不能成立的。一般来说，如果想要证明，可以通过下面两个方法：

第一，要证明这种新理论能够在所有的条件下都成立；第二，必须要保证这个新理论适用于不同的情境，并且具备在社会现有的条件下促进发展的作用。

在我们进行的工作中，所有的做法都经过上面的验证才被认为是可以促进儿童生长的，也只有这样才能证明这些做法是尊重儿童发展规律的。

做个热枕的观察者

不断重复练习

在我的研究中，有一件事让我印象深刻。这个三岁左右的小女孩，不断重复着将圆形的柱体教具从一个木制带孔的教具中插进拿出。

那些柱体教具跟带孔教具中的孔是吻合的，就跟我们塞住红酒的瓶口一样，但是，令我吃惊的是，她居然能够不断地重复做，并且每次都很兴奋。

在这个过程中，小女孩也不想改变速度或者是增强自己的灵活性，只是一直重复这个动作。于是，我开始对她的动作进行计数。

在计数的时候，我很想知道她对这个动作有多专注。在这期间，不管是让其他小朋友大声歌唱还是不停地行走，对她都没有影响，她仍然很专注。

最后，我把她放置教具的椅子拿走了，但是她就把自己的

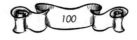

腿当成了放置教具的地方，没有丝毫停下来的意思。

在最后的统计中，我的结果是她重复这个动作有 42 次多。

当这个小女孩停止这个动作时，笑得很开心，并且表现出一种极大的满足感。她慢慢看了下周围，似乎这个动作是在梦里进行的，她根本没发现我们曾经在她身边打扰过。

但是，我也不知道她为什么不再继续了。

我更不知道，她为什么会有这样的动作，也不知道这个动作对她来说有什么意义，这成了我进行儿童心理研究的动力。

从年龄上来说，三岁左右的孩子还不能长时间关注一件事情，他们会不停地转移关注对象，把注意力从一件事情转移到另一件事情上。

尽管如此，这个年龄段的孩子还是能够在注意不到周围喧闹的情况下，只关注自己的事情。

这种事情会经常发生，每次从专注中醒来，孩子都不会感觉疲惫，相反他们会精力充沛，如同刚睡醒似的，获得了极大的满足。

这种只关注于一件事情的时候并不多见，可是我还是能够看到任何孩子本身都会有这样的一种动作，这样的动作能够通过他们日常的生活反映出来。这个被我叫作"反复锻炼"。

突然，我注意到儿童在学习的时候，手非常不干净，这时候，我觉得要教会他们怎样清洗自己的手。

在我把他们都教好之后，我看到，尽管他们的手很干净，

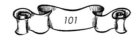

他们还是会重复洗手，甚至在回家之前，也要再去清洗一下。

后来，有的妈妈跟我说，在起床后，孩子会自己洗手，当洗好以后，他们会展示自己的成果，可是妈妈却错误地以为，孩子在讨要吃的。

这种不停的动作，在我看来，跟外面的环境没有关系。不止是洗手，越是老师教得好的事情或者是某件事被分解得很透彻，孩子就越会无意识地进行不停的动作。

开始自由选择

在对孩子的教学过程中，课上用到的教具都是经过老师的手分配、回收和摆放的。

但是，老师反映，这些孩子在她进行回收教具的时候，总会重复进行从自己的座位走向她的一个动作。她很生气，因为在她看来，这是不尊重她的表现。

于是，我对这个重复动作进行了详细的研究，结果发现，其实孩子的这些重复动作是希望能够自己摆放教具。后来，在我实施了这个想法之后，孩子也有了新的转变。

在我的观察中，这些儿童开始迷上了自己将教具摆放得井然有序这件事情，假如在摆放的过程中，某个人不小心破坏了教具，那么他就会将坏掉的东西扔掉，让房间继续保持整洁。

在一次课上，老师不小心将需要用到的不同颜色的小正方体撒到地上，这些小正方体大概有 80 只，她非常尴尬，因

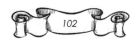

为一时之间她不能按照原来的顺序摆放好。

但是，班上的孩子却能将这些小正方体捡起来，并且摆放得既快又正确。这太让人吃惊了，我觉得他们在这方面有独特的天赋。

在另一次课上，老师因为某种原因来晚了，由于忘了锁好橱柜，当她来到教室后，才发现这些孩子已经自己动手找寻上课时候的用具并且一一分好了。

她很不解，认为这些孩子在没有经过同意的情况下自己拿东西是不道德的，也没有考虑她的威严，她建议我要重视这件事情并且进行处罚。

我跟她的想法不一样，我觉得这件事显示了孩子能够进行自主选择，他们已经熟悉了上课的流程。在后来的研究中，也证实了这一点。

这些孩子把自主选择看成了一项新的挑战，在这一过程中获得了开心和满足，在以后的教学中，他们会自发地拿取心仪的教具。

自从发生这件事情后，我们儿童之家的橱柜也变得和儿童的高度一致了，这样方便他们拿取想要的教具。在我的结论中，不再只是反复锻炼了，另外还要有自主抉择。

通过孩子拿取不同的东西，我们也更加清楚儿童的喜好和他们真正想要什么。

但是，在观察的过程中，我还是有另外的发现。他们在

拿取教具的时候充分遵从自己的喜好，只拿取了一些而不是全部。在选择的过程中，即使是拿取一样的教具也无所谓，他们不肯违背心意去选择。所以有一些教具一直无人问津。

有的时候，我会让老师把全部的教具都分配给他们并且教授怎么使用，但是他们依然没有选择不想要的教具。

这个行为让我明白了，不是所有的摆放好的教具都是孩子想要的，他们有自己的选择。如果想要提高孩子的热情和注意力，那么我们要在摆放有序的情况下剔除掉他们不喜欢的那些。

奖赏与惩罚

记得某天我去其中的一个儿童之家，发现有一个小孩一个人在屋子中间坐着，没有做其他的事情，就是坐在那里。

我好奇地看着他，看到他的脖子上戴着一个金十字架的奖牌，那是优秀的孩子才会得到的。

但是，后来我知道，这个孩子之所以会坐在屋子中间，是在接受惩罚。

事情是这样的，班上的同学因为优秀获得奖牌，一位优秀的孩子就把奖牌戴在脖子上。

在接受奖牌后，这个孩子开始进行着转移教具的重复动作。在这个动作中，由于要不停地俯下身捡拾东西并且不停地活动，所以奖牌也随着动作摆动。

当他进行重复动作的时候，奖牌不小心滑落到了地面，这个时候，受到处罚的这个小孩从坐的地方跑过来拾起奖牌，在手中把玩。

在玩儿了一会后，受到处罚的孩子想要物归原主，可是这个进行重复动作的孩子好像视而不见一样，对这个荣誉毫不在意，只关心自己的动作。

这样，奖牌就转到了受到处罚的孩子手中，这个孩子直接把奖牌当作自己的荣誉戴在胸前，没有丝毫的不舒服。

了解到这些后，我慢慢发现无论是荣誉还是处罚，孩子都不在意。关于这个问题，我还要继续深入探索。

经过长时间的研究，我发现当初的想法是正确的。这些鼓励或者批评的方式对孩子来说毫无意义，反而还对孩子的正常生长有害。

后来，在我的要求下，老师直接取消了这种鼓励或者批评孩子的方式，因为这些孩子根本不需要。

孩子对于这种方式还没有任何感觉，这件事情之后，他们就直接不再有这个行为了。

练习保持安静

有一次，根据当地的习惯，一个妈妈把一个用毯子包着的四个多月的小女孩交给我，让我照顾她。这个妈妈在外面开心地看着我和她的孩子走进课堂上。

　　我仔细地看了看这个女孩，她很安静地躺在我的怀里，我很喜欢这种感觉，并且觉得她的脸庞肉肉的、红扑扑的。

　　这种感觉让我有了分享的冲动，所以我抱着小女孩走到课堂上，让孩子看到小女孩的样子，并对他们说："这个小女孩很安静。"紧接着，我又讲了一句逗他们的话："你们做不到这样。"

　　可是我没有想到，那些小孩对我的话认真起来，他们努力将注意力停留在这里，并且试图明白我说的是什么意思。

　　我又说了一句："你看小宝宝在吸取氧气的时候没有起伏和声音，你们也做不到。"没有想到，我刚说完这句，那些小孩就开始了闭气，他们显得对我的话很好奇。

　　在这段时间内，我强烈地感受到这种非比寻常的静，我还能够听到挂钟转动的声音，从小宝宝进来后，她也把本身的安静感觉分给了每个人。

　　在这种氛围下，慢慢地，我们感受到了一种非常微小的声音，这个声音既像潺潺的溪水又好似鸟儿的叫声，但是都好像是从远方传来的。

　　这个后来被我称作了"宁静训练"。

　　或许我可以做个实验，我站在离孩子比较远的地方，压低声音一个一个喊这些孩子的名字，听到自己名字的孩子走向我，站到我身边，在这个过程中不发出任何声音，这个实验应该可以准确地测试出他们是不是能听到细小的声音。

在我看来，这个实验是对孩子很好的锻炼，为此，我还给即将成功的孩子准备了吃的东西。

但是我没有想到，这些孩子都不要这些吃的东西，我或许能了解他们，他们不想让自己在做快乐的事情时被这些礼物干扰。

通过这个实验，我了解到，孩子可以很容易接受一种安静的氛围，当然也可以感觉到微小的声音。虽然在我看来，这个声音真的很难发现，可是这些孩子依然可以听到，并且自己不发出一点声音地走到我的面前。

在后来对孩子的训练中，我也看到了任何一种类似于以静制动的训练都可以帮助儿童成长。

在对孩子进行一系列相同的训练后，这些孩子能够完善自己的动作，这是通过授课无法达到的效果。他们在顺利绕开障碍物和控制声音的行动中，让自己的身体变得更加灵巧和敏感。

孩子们在成功完成之后都很开心，渐渐地，他们也从各种联系中找到自己感兴趣的事情，并且发挥了自己的能力。在这样不断地发掘下，孩子的各种机能都得到了完善。

但是，我依然对孩子们不接受吃的东西耿耿于怀。到底是什么原因呢？明明孩子都是极喜欢这些的，所以我打算深入研究。

我又将同样的糖果发给孩子们，但是他们中有些人还是不要，有些人拿到糖果后就直接放置起来，没有一个人打算

将这些糖果吃掉。

我在想，是不是因为在家里不能经常吃到糖果，他们想带回家慢慢吃呢？我接着又分给孩子们一些，告诉他们新分配的糖果可以立刻吃掉。

可是，他们在拿到糖果后，又放置了起来，依然不吃。

在这之后，碰巧有个孩子因病在家，老师去家里探望。他观察到这些糖果被孩子们珍藏了起来。

小男孩对老师的探望非常感激，他把珍藏的糖果拿出来送给教师品尝。

虽然渴望吃，可是孩子宁可珍藏起来，放置这么多天，也不肯吃掉。这种情况出现在大部分孩子的身上。

在我看来，这就是孩子的天性。在教学的过程中，没有人告诉过他们要珍藏糖果或者不要接受别人的给予，也没有任何人说过孩子要专心学习、不要吃糖一类的话。但是在孩子们自身的完善中，他们自主抛弃了这种事情。

这件事情告诉我们，儿童的好奇心放在了能够获取知识的学习和行为上，除了这些，他们不会再关注别的事情。

孩子也有尊严

在上课的过程中，我想用一些轻松的手法教给孩子一些事情，比如如何擦鼻涕。在课堂上，我用不同的方法用手巾擦鼻涕，还教他们如何优雅地擦鼻涕。

　　我不声不响地把自己的手巾掏出来，开始擦鼻涕，可是我意料中的笑声没有出现，孩子居然很专注地注视着我。我疑惑这是怎么了？

　　我擦完鼻涕之后，这些孩子居然给了我很多的掌声。就跟大人刚刚欣赏了一出好剧一样，如此的热烈和持久。我没有想到，他们能有这么大的力气拍出这样响亮的声音。

　　我渐渐了解了，可能我的这个动作引起了这些孩子的共鸣。孩子在擦鼻涕的时候很不灵活，所以父母会因为这个批评他们，他们很不喜欢这个动作。

　　仅仅是因为鼻涕没有擦干净，就受到批评，这让孩子认为是对自己的伤害。他们更加厌烦的是，每次穿得很漂亮，居然要把手巾固定到自己的衣服上，虽然这样就不会弄丢，但是他们会觉得很不舒服。

　　可是，父母在批评孩子的时候，总会忘记教他们到底怎么做才能做好。我在课堂上教这个的时候，他们觉得心里舒服多了。所以他们给予了我掌声，因为我站在平等的地方认可他们。

　　跟我想的没有差别，我也开始认识到，即使是孩子，也是有自己的骄傲和自尊的。可是周围的成年人却不知道，他们的做法往往会不利于儿童的成长。

　　我教完怎么擦鼻涕要结束课程的那一刻，这些孩子对我大声地表示感谢。

　　当我走出儿童之家的时候，这些孩子仍然默默地跟随着

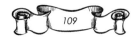

我，我只好转过身让他们自己回教室，注意安全。我说完之后，他们才迅速返回。

有的时候儿童会有人来访，这个时候，孩子都变得不卑不亢，他们熟悉接待的流程，并且投入了自己的感情和学习能力。

记得有一个身份高贵的人来儿童之家访问，我们被提前告知，他会和孩子单独相处，这样可以对孩子了解得更加透彻。

我没有过分对待，让老师也不要紧张。我只是告诉孩子会有人陪他们，让孩子向这位参观者展现出自己美好的一面。

在这件事结束后，我询问孩子的表现。老师说这些孩子表现得很好，有的孩子会为来访者提供座椅，招呼来访者，其余的孩子会礼貌地和来访者打招呼。

老师还很开心地告诉我，最后送别来访者的时候，这些孩子都站在走廊上感谢他的到来，并且跟他告别。

但是我随即质疑老师："不是说过不要用自己的想法干扰孩子吗？你怎么还这样？我不是讲过顺其自然吗？"

老师告诉我，她没有干扰孩子。她说，孩子们自动地以更好的状态进行日常的学习，这些孩子的表现都非常优秀，这让客人非常开心而且得到了想要的答案。

但是在听过解释后，我还是不相信，总觉得她用自己的想法干扰了这些孩子，但是在我一再确认下，发现事实真的如此。

通过这个过程，我认可了孩子也会有自尊这个事实。他们觉

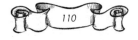

得，如果能够给来访者留下自己美好的一面，将会是非常值得骄傲的。

在以后的日子里，只要我对他们说有来访者，他们的表现就像要接待客人一样。在这个时候，他们身上散发着沉着、冷静和胸有成竹的气质，似乎这是他们最喜欢的事情。

在这个时刻，孩子完全融入到身边的生活中。这些孩子很自然地表现出美好的一面，这种美好让我想起了在阳光中弥漫着独特香味的圣洁的荷花。

当然，最让人欣喜的是，孩子们前进的道路一片平坦，他们再也不用退缩，再也不用恐惧和逃跑了。其实儿童的成长没有我们想得那么复杂，这跟他们能够在短期内融入生存环境有很大的关系。

他们变得有活力、聪明，而且表现得泰然自若。这种从内心涌现出来的强大的精神力量，还激发了成年人的热情，这些不断前来拜访的客人就是来寻找这样的感觉的。

我记得有这样一件事，有个小孩用自己的两只手紧紧握着一个失去亲人的女人，并且把头靠在女人的怀里。

在以后的聊天中，这个女人告诉我，她在孩子的身上找到了极大的慰藉。

孩子的纪律性

总的来讲，我们会给予儿童很大的自主空间，可是他们并

没有养成散漫的个性，而是很有原则性。

孩子们在学习的时候，显得非常认真和聚精会神。即使有时需要替换手中的教具，他们也是动作轻巧，不出任何声响地自己动手。在这个过程中，他们也有出去活动的时候，但很快又回到学习中。

他们能又快又好地完成老师的要求，老师告诉我，她觉得自己的责任很重，因为这些孩子都毫不犹豫地完成所有的指令。

后来，孩子不再需要老师提醒，例如在老师吩咐孩子要在安静的氛围中学习的时候，往往不用多说，这些孩子就已经做到了。

然而，孩子的这些行为并不是只听从指令才能工作，他们还是会自主地决定自己的行为，也会找自己感兴趣的事情。他们喜欢自己找需要的教具，但是，在不需要的时候，他们会把教具放到原来的位置。

假如有一天，老师没有按时来，或是有事离开，孩子也会照常进行学习。这点是最让那些探望者惊奇的，孩子是自由的，却并不散漫。

在孩子进行自己的活动的时候，气氛就会变得很祥和，这点常常会打动每一个人。

这种氛围，让我们不敢前去打扰，当然，这种氛围不是我们创造出来的，这种现象的出现，是因为儿童的心理约束性在我们的培养方法中被激发出来。

写字和读书

在我进行工作的时候，有几个妈妈找到我，她们觉得自己没有在学校上过学，所以希望我能够接受她们的小孩，让他们学会读书写字。

我从心底里是不想答应的，我的教育方式中也没有包含这项内容，可是，面对这些请求，我没有办法不接受。

没有想到，在对孩子进行读书写字的指导中，我有了意想不到的收获。

开始的时候，我教的是简单的字母，教育方法是用手工制作的字母表来讲授，这种直观的授课法能够让孩子从各种感官中熟悉这些字母。

进行完这样的讲课方式，尽管我会把有些字母混淆在一起，他们依然能够准确地临摹。

但是在这个过程中，这些孩子将字母高高举起，就像举起一面面旗子，排着队绕圈走着，孩子兴奋的状态让我很是不解。

后来，我看到一个男孩在拼写单词，他在记忆"sofia"的时候，会将组成单词的字母全都念一遍。

在进行不断的重复背诵之后，他终于拼出了这个单词。在我看来，这个男生已经在心中弄清了这个词的结构以及如何发音。

在这样的好奇心的驱使下，孩子热情地投入到对单词的分析中，并且发现了每个单词都有自己的读音。当然，他们到最后才了解到这一点。

其实，我们学习语言重要的是要会读，而拼写只是把声音转换成我们眼睛可以理解的图像而已。

当然，现在我们看到的书里面的文字跟我们日常的用语是不同的，但是这两样都在同时发展着。我们知道，书中的文字是根据日常用语进行推敲后得来的，如同把点滴的溪水都汇集起来发展成河流似的，书中精练的文字也是通过对日常用语的积累才得到的。

这两种语言的发展都是非常重要的，我们通过自己的手写出要讲的所有事情，这种功能像手跟舌头一样，成了可以进行沟通的媒介。

但是，在进行书面语言的学习中，我们必须保证自己的手可以画出跟规定的文字相同的符号，在我们看来，这没有什么难处，只是对声音的一种记录罢了。可是，在看到孩子的临摹时，我才忽然了解了这些。

我把它当作一件非常重要的事情，我永远记得，第一个完全临摹出文字的小孩是那么激动，高声大喊自己成功了。

不仅是他，剩下的小孩也纷纷跑过去欢呼，他们看到这个符号后，也不约而同地开始证明，自己也具有这种能力。

这些孩子占据了我们的黑板、占据了地面，他们都涌现出高度的激情，对这个符号进行临摹。

在孩子热情高涨的时候，在什么地方书写已经不重要了，不管是在教室还是在自家的房子里，只要能够书写的地方都被他们占据了。

当然，创造这种奇迹的孩子都只有四岁左右，但是他们的能力却让我们刮目相看。

曾经带有图画的书是孩子争抢的对象，但是，自从他们拥有了书写能力后，他们就对这些书没有兴趣了。

虽然书中的图画确实很漂亮也很具吸引力，可是孩子的注意力已经转移到写字上去了，再看这些图画时，他们会觉得图画会妨碍自己写字。他们渐渐喜欢上了写字这个新技能了。

在这之前，我们试图让孩子们爱上读书，可是在没有进行过类似的活动时，他们不了解什么是读书，也丝毫感觉不到任何兴趣。

这个时候，我们只能等待。等到这些孩子能够认出书中的符号代表哪个声音，那么他们就会爱上读书了。

从一无所知，到喜欢和了解读书，仅仅花了半年的时间。当然，我认为这主要归功于读写的结合。

每次我把要表达的意思通过书写来表现时，孩子们就会知道我是在用这些符号讲述自己在想什么。

从这以后，他们直接带着我写的东西走到偏僻的地方，在那里，他们默念着这些符号，企图了解这些符号的含义。

当孩子读懂了我写的符号的时候，他们那因为认真思索而皱在一起的脸蛋会突然放松了，他们会开心地手舞足蹈，就像是负重的心突然变轻松了。

当然，在我的文字中都是一些曾经对他们讲过的词语。

这些词语大都是对他们的要求，比方说有"开窗子""走过来"之类的语句。这些也是孩子能理解的最简单的词语。

经过这些训练，就算是再难再不好理解的词语，孩子们也能理解了，他们对这些语句的解读就像是日常用语那样轻松，他们把阅读当成了另外一种能够进行沟通的桥梁。

在接待探望者的时候，以前孩子们都抢着表达自己的热情。但是自从学会写字之后，他们就不再讲话，而是把欢迎词写在纸上。

除此之外，还有一件事情震撼到我。事情发生的时候，我正准备增加新的教具来促进孩子的学习。

可是，我发现已经不需要了，这些孩子都能够从儿童之家所有带文字的摆设中进行学习，要知道，有些文字比如在挂历上的一些字母是比较复杂的，可是这并没有妨碍孩子们的辨认。

差不多同一个时间，在同孩子父母的交流中，他们说自己的孩子对认字有很浓的兴趣，以至于在街上走的时候，他们必须留出时间让孩子辨认出路边所有的文字。

孩子们已经知道了这些符号所表达的意思，这样他们才能辨认出这些字母。这就是一种无意识的行为。

但是，我们要等待这种无意识的苏醒，假如我们太过着急，那么孩子可能就不会有探索的冲动了。

不止是太早讲授无益，就算是逼迫孩子自己读书，也会抑

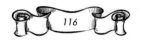

制孩子的热情，这对孩子的成长没有任何好处，我们也没有必要非得这么做。

最开始的时候，所有的书籍都被收了起来，当孩子们具备了这种潜在的意识之后，我们才发给他们看，这个时候，孩子学习的情绪就不会受到压制了。

举个例子证明。

一次，一个孩子拿着一个皱巴巴的纸团激动地问另一个孩子："你知道这个纸团里都有什么东西吗？"

"我什么也没有看到啊。"那个孩子回答了。

"你不知道了吧？其实上面记载着一个有趣的事呢。"

"是吗？"

其余的孩子听到这里，全都围过来了。拿着纸团的孩子向其他的孩子念着里面的文字，里面记载的真的是一件趣事。

通过这件事情，孩子们开始喜欢上了读书，书籍也成为他们想要拥有的物品。

但是，在这个过程中，有些孩子养成了非常不好的习惯。他们喜欢收藏有趣的那一部分书页，所以好多书籍都被撕毁了。这些孩子明明了解了书的含义，可是却在了解的过程中进行了损害。

这个不良的行为将儿童之家正常的运作打乱了，不管怎么说，我们必须阻止这种破坏行为。

但是，从另外的角度来看，虽然，孩子们还是没有了解书籍的真谛和保护书籍的意义，但是他们也真的会读写了，这种能力可以跟那些三年级的在校学生一较高下了。

积极体验对身体的影响

儿童之家成立后，我们没有对孩子们进行任何身体上的锻炼。

可是，这些孩子都有白里透红的脸蛋，并且每天精力充沛。看到这些，谁能想到这些孩子刚来的时候都很瘦弱，而且吃不饱，需要补充大量的养分呢？

可是，经过一段时间后，这些孩子个个身体健康，肢体健壮，营养充分并且动作协调。也许是因为在这里他们能够呼吸到洁净的氧气，经常在外面晒太阳的缘故。可是，应该不只是这样才对。

在我的观察中，其实心理的健康才会促使整体的良好发育。

在我的研究中，如果一个人的心理活动没有规律，那么他的身体机能也会出现混乱，身体就会变弱。反过来讲，如果一个人的心理非常健康，那么身体机能也会保持良好的发展，进而身体也会充满活力。

我们的教育方法正好适用于我的想法。经过证明之后，大家认可了这种观点，虽然没有更多证据，但是我们的做法

也引发了社会上的热烈讨论。

　　大家把在儿童之家的这些孩子看成创造奇迹的小东西，他们纷纷来到儿童之间，询问其中的奥秘。

　　文学界的人用文字对这些孩子进行详细的描述，他们非常欣赏这些孩子。这些书籍上的表述是很真实的，可是这些奇迹却好似不存在于我们的世界中一样。

　　大家开始重视研究孩子的内心世界，在大不列颠，关于孩子的表现都收录在《全新孩子》中，更多的人，当然大部分是美利坚人纷纷来儿童之家亲自进行验证。

第七章 让孩子成为自己的主人

发现儿童真正的本性

发掘本性，完美成长

怎么做才能把儿童带上正确的旅程呢？这不仅仅需要观察儿童的日常行为，还需要一个正确的方式。关于这点，我认为尤其重要。

但是，我们找不到合适的方式，所能观察到的只是儿童依照自己的天性进行自我完善。

当然，前面我们也总结过一些儿童的举动，可是这仅仅是对儿童行为的描述，这根本不能作为我们依照的方式。

所以，如果我们用对了方法，儿童就会发掘出自己的本性，实现更完美地成长。

在对孩子进行教育时，我们往往把孩子看成花朵，那么这种方式的实践不就是对花朵的照顾吗？所以，经过加工和修剪，这朵花会长成不同香气、不同颜色、不同形状的新型花。

在我们这里，我们对儿童的研究就像植物学家对植物的

研究那么透彻，当然儿童的内心更不容易观察。

人是复杂多变的，儿童也是，如果我们提供的生存环境对儿童是不利的，那么儿童就不会发掘出自己的本性了。

这就要求我们在进行教育方式的实践时，必须拥有适合的环境。在这种环境中生活，儿童的天性可以充分发挥，能力也能被挖掘出来。教育的目的就是在保护这个环境的同时，让孩子成长的旅途变得更平顺。

在这个过程中，第一个重点应该是找出什么是儿童的天性，然后才能对症下药。

当然不会只有这一个前提，还有一个就是保持身边事物的平衡。既然孩子生活在没有接受过教育的父母身边，那么老师也不能跟他的父母差距太大。

作为一名教育工作者，我们必须保证自己的内心是安静的。这个大家都知道。在大家的眼中，这种安静应该是沉稳的个性。可是更学术一点，安静却是一种内心没有波澜壮阔的波动，也可以说是一种很平坦的陆地，总之，这种安静就是教育工作者心灵深处的一种动力。

在安静的心态中，包含着谦逊的态度和理性的思维，这个就是能够客观观察孩子的前提。所以说，教育工作者需要这种能力。

另外，还有一个前提，要为孩子提供一些能够引发他好奇心的教具，这样才会让孩子在学习的过程中充分发挥自己的能力。

这样总结下来，一个孩子的成长也就是必备这三点而已：合适的生存环境，内心平和的老师，以及能够引发孩子兴趣的教具。

孩子热爱和讨厌的事物

分析完成后，我们也能更清楚地了解到，孩子是怎么面对外界的干扰的。

在学习的过程中，我们观察到孩子会充满激情、精力充沛做喜欢的事情，所有的这些活动，就如同我们细胞不停重生的过程，这样，孩子才能获得更充分的发展。

孩子们很喜欢各种不同的练习，他们也喜欢老师对情感的解读。在成长中，孩子迫切地想要拥有那些能够帮助自己的知识。在这期间，孩子们对于各种吃的或者其他的奖励也会失去兴趣。

不只是上面那些，孩子们还希望学习能够约束自己的原则。

虽然如此，可是孩子的某些天性还是保留了下来，充满活力，诚实、调皮等都会表现出来。他们会自在地表达想要的东西，会按自己的意愿做各种动作，不会顾及周围的人。他们真实地表达着情感，友好地对待每一个人，并且要求自己融入到这个世界中。

在下面的列举中，我们会清楚地知道儿童的喜好。当然，他们也有不喜欢的东西，那些东西在他们眼中，是没有丝毫价值的。

1. 孩子热爱的事情：

· 反复锻炼；

· 自主决定；

· 约束自己；

· 分步活动；

· 拥有正确的社交礼仪；

· 遵从生存的环境；

· 保持干净；

· 培养自己的感觉；

· 独立写字；

· 脱离书本；

· 遵守生活中的规定。

2. 孩子不喜欢的东西：

· 荣誉和处罚；

· 默写单词；

· 同样的讲课内容；

· 讲课模式和内容测试；

· 玩的和吃的东西；

· 老师的讲桌。

我们的教育体系

我们从上面的列举中可以看到我们的教育内容。

孩子的这些喜好，帮我们规划好了教育的内容和方式。在这种工作方法中，要遵从儿童的需要。

跟胚胎一样，教育体系也有一条长长的支撑，另外，在这条长线中，还会有一些重要的小点。类似于胚胎的三部分，教育体系也是由教育环境、老师以及各种教具构成的。

我们对这个发展的过程进行详细地观察，会发现这也是一件很有趣的事，通过观察发现，良好的观察能力也能发挥巨大的作用。

当然，虽然适用于儿童的发展，但是随着时代的进步，这种教育模式也需要不断地创新。

这样看来，起着关键作用的生存环境是一种特别的存在。可以说生存环境是由成年人创造出来的，可是，为了儿童的发展，这个环境也要不断完善才行。

我们推荐的这种教育体系迅速地被采纳了，事实证明，这种教育体系适应性非常强。这种广泛的传播也让我们有了更多的实验素材，这样一来，我们就能够总结出一些通用的规律性的东西了。

最奇特的是，从最初的那些儿童之家开始，我们就传承了一种方式，就是让儿童在新事物面前自主决定如何发展。

在罗马的一间儿童之家里，有过这样一个真实的案例。

这个儿童之家建立的初衷是为了收留那些在墨西哥大灾难中存活下来的孤儿。在搜救时，志愿者发现了大概 60 多个不知道名字和不记得家在哪里的孩子。

灾难后遗症成了这些孩子共有的特点：他们整晚睡不着，性格孤僻、冷漠，并且常常会做噩梦。

在看到这样的情况后，意大利的国母捐助了一个学校，希望能够帮助这些孩子走出阴影。

在这个地方，有许多适用于儿童的各种用具，这些用具色彩鲜明，制作精巧，不仅如此，在这里，还有各式各样的花朵。

在日常生活中，用到的各种吃饭用品也是为他们量身打造的。

在这儿学习了一段时间后，孩子们的举止就像贵族一般优雅，而且孩子们会亲手把餐桌布置得像艺术品。

即使这些孩子还是吃不下多少食物，可是他们在活动中获得了前所未有的满足感，学习到新知识让他们感到快乐。

一段时间后，孩子们能吃好多东西了，也有了良好的睡眠。这种惊人的转变深深印在了人们的脑海中。

在后来的观察中，我们看到孩子们四处跑动，将这里的家具搬来搬去，但是他们不会破坏这些家具，也没有出现任何的错误，他们总是很兴奋。

在这件事情发生后，大家用了一个宗教名词"皈依"来

形容这些孩子。曾经有人解释过这个词语的由来，就好像信奉了宗教一样，这些孩子度过了难过和失望的时期，终于开始了新的生活。

虽然听起来很不可思议，可是大家依然赞同了这个解释。

这个词语很不适合孩子们的天性，但是，这个词语却让大家看到了儿童那股强大的精神力量。在经历过巨大的心理创伤之后，这些孩子们重新获得了幸福。

如何教育娇生惯养的儿童

娇生惯养的儿童的皈依

在我们生活的周围，有一类特殊环境中的儿童，他们便是富家子弟。会有一些人认为，教育富家子弟要比教育贫困人家的或者孤儿更容易。

这些富家子弟就跟他们的家庭一样，每天都处于社会提供的优厚物质的包围中。

实际上，对这些富家子弟的教育是很难的。那他们又是怎么皈依的呢？

有一位美国老师 G 小姐，她在华盛顿给我写了一封信，信中讲到富家子弟的一些情况。

那些富家子弟会相互从彼此的手中夺东西，她试图拿一件物品给其中的一个孩子，另外的孩子看见了，就扔了自己手中的物品，乱哄哄地围着她，争抢她手中的东西。

在她解说完了一件物品的使用方法后，这些孩子就又会发生争执。他们对教具不感兴趣，会从这件物品前走到那件物品前，对任何东西都没有兴趣。

在同一个地方待上一阵，是他们都无法做到的，我们给他们东西，他们甚至摸都不摸就把东西扔了。

有好多次，他们满屋乱跑，而且不会去想自己这样做会产生什么后果，他们的活动根本没有任何目的。

他们会把桌子撞倒，把椅子撞翻，会用脚踩给他们的物品，同样也不会去顾忌这样毫无目的的乱跑，如果撞到同伴会怎么办。

有时候他们也会在一个地方开始活动，但又会马上跑掉；他们会拿起一个东西，紧接着又会没有理由地把它给扔了。

还有一位 D 小姐，她从巴黎给我写了一封信。信中讲到，她对自己的教学经验特别沮丧。

这些富家子弟在一个活动上，最多只能集中精力几分钟，他们做事不能持久，没有耐力，没有自发性，就好像一群羊跑来跑去。

要是有一个孩子拿起一个东西，其他的就争着要，更有甚者，在地上打滚，把桌椅都会弄翻。

以下是关于罗马一所贵族学校的描述：

班级里孩子们的纪律是我们关心的主要问题。这些孩子经常不听话，并且常常将整个教室弄得乱七八糟。这些孩子没有组织性和纪律性，所以他们做事情时给人的感觉是毫无秩序。

不过，经过一些时日之后，上面的情况就会有些好转。

我前面提到的那位华盛顿的 G 小姐再一次写信来，跟我说了她最近一段时间的观察过程。

那些不守纪律的富家子弟，从前如同旋转微粒组合而成的星云，经过一段时间的训练，渐渐地有了一定的"形状"，那种情形看上去像他们自己引导着自己。

最初时，他们对一些物品毫无兴趣，认为它们都是特别笨的一些物品。过了一段时日，他们慢慢地对这些物品有了兴趣，并且可以进行独立活动了。

假如一件物品能够把孩子吸引住，那么这个孩子就不会对其他的物品分心。目前，这些富家子弟已经开始在寻找让他们感兴趣的物品了。

孩子们最后找到了让他们禁不住产生兴趣的物品，对于我们来说，就如同打了一场胜仗。

有些时候，孩子身上会突然产生某种热情，却一点征兆也没有。

我曾经利用学校里的全部教具去刺激一个孩子的兴趣，但没有一点作用，孩子对这些教具似乎丝毫不感兴趣。

一个偶然的机会，我把两种不同的颜色板给了这个孩子。他立即向我伸出了手，好像特别着急。一节课下来，他居然认识了五种颜色。

接下来的几天，这个孩子竟然把他原来看都不看一眼的教具拿在手中，渐渐地对这些教具产生了兴趣。

另外有一个孩子，他的行为与心理好像处于紊乱的状态。最初，他的注意力只能持续短短的几分钟时间。可是，当他开始摆弄长木棒的时候，居然对其产生了兴趣，紊乱的状态也得到了调整。

这个孩子玩这种长木棒居然玩了整整一周，并且还学会了怎么数数，怎么做简单的加法。之后他又开始玩另外一些比较简单的教具，渐渐地他对这个教育体系的全部教具产生了浓厚的兴趣。

由此可知，一旦孩子们发现让他们感兴趣的事物，就会慢慢地改变他的不稳定性，甚至可以培养出专注精神。

还是这位华盛顿老师，对"唤醒"儿童的个性这一问题，她做了下列讲述：

例如，一对姐妹，姐姐有五岁，妹妹只有三岁。三岁的妹妹做起事来没有自己的主意，她做任何事情都在学姐姐，看姐姐是怎么做的。

假如哪一天姐姐有了一支铅笔，是蓝色的，妹妹就会莫名地不高兴，这种情绪会一直持续到她也有一只同样的铅笔才算完事。还有类似的事情发生，如姐姐只吃黄油面包，妹

妹也是只吃黄油面包。

这个小女孩会一步不离地跟着姐姐，对学校的任何事物都没有兴趣，她每天所做的事情就是模仿姐姐。

突然有一天，这个小女孩竟然对一些粉红色的立方体特别感兴趣。她用那些粉红色的立方体建起了一座城堡，而且不止一次地重复这项练习，似乎把姐姐全忘了。

妹妹的举动让姐姐特别疑惑，姐姐禁不住问妹妹："我在填圆圈，为什么你在建城堡？"

就在此时，妹妹向人们展示了自己的个性，并且在慢慢地发展，从此以后，她不再是姐姐的复制品了。

D 小姐对另外一个实例也有着很深的印象：

一个四岁半模样的小孩有着特别丰富、活跃的想象力。成年人每一次给他物品，他并不是仔细地观摩这件物品，却把它设想成为一个人，而且是跟自己一样的人，不断地跟它讲话，没有办法在这件物品上集中注意力。

他的思想总是游移不定，因而导致自己行动的笨拙，甚至纽扣都系不上。

后来，在他的身上出现了一个奇迹：他渐渐地能够做一些练习，而且是一项接着一项地做，并且也能够安静下来了。因此老师对他的这种变化感到很惊奇。

在我们还没有找到一个固定与明确的办法以前，一些老师对上述的经验已经在反复地验证，而且老师对这些经验的

总结基本上一致。

生活中有好多明智的家长与他们的孩子都能遇到相似的状况，尽管这种状况很少见。

宽裕的物质生活有可能给人们带来精神的贫瘠。在这里我们却可以讲，我们的教育体系可以使上述这些精神贫瘠的富家子弟渐渐地"皈依"。

皈依和正常化

"皈依"在人的童年完成，并且大多数是出于一样的原因，我列举出的儿童能够皈依的例子，说明他们通过一项有趣的活动，而且是快速地，甚至是刹那间就发生了变化。

神经质的儿童在这个过程中变得安静了，抑郁的儿童也重新变得活跃起来，所有人经过一些有秩序的活动后，都在朝好的方向变化，通过这一方法把内心潜能开发出来并进一步得到提高。

在这个过程中，儿童得到的转变和成绩，标志了他们未来的发展。

这种现象如同儿童长出的第一颗牙齿，另外的牙齿也会一颗挨着一颗地长出来；又好像儿童学走路，只要能跨出第一步，以后就能一步一步地走直至学会走路。

目前世界各地已经普及我们的学校，这说明了儿童的皈依具有普遍性。

我们在儿童皈依的过程中，要特别重视一种心理疗法，即让儿童由非正常状态转变到正常的状态上。

其实，儿童是因为心智的成熟而变得正常化的，他们懂得自控，生活上也能够平静下来，愿意有秩序地活动，不再漫无目的，毫无规律了。

在我们持这种态度去欣赏儿童时，可以把"皈依"改称"正常化"，这样的提法会更准确一些。

人类真实的本性隐匿于自身中，这种本性在胎儿时已经形成，因此，我们必须正视且允许这种本性自由发展。

这个观点跟儿童的皈依没有冲突。哪怕是一个成年人，在用这样的办法皈依时，也会有一定难度。所以，我们不可将"皈依"简单视为人类本性的回归。

对于儿童来说，比较容易发展成熟是他们正常的心理特征之一，此时一切不正常的特征都没有了，如同恢复健康后，其他的病症也就没了一样。

我们假如用这种观点对待儿童，便能深刻地认识到，正常化的过程是能够自发进行的，哪怕是在恶劣的环境下，也是如此。

人们有时认识不到儿童正常化的过程，也没有对其给予帮助，不过这个过程依然能够呈现出来并且充满活力，也能战胜阻碍，直至获得满足。

换句话说，使儿童正常化得以发展的力量，也让我们懂得

了宽容的道理。平时成年人压制着儿童，可儿童却与这种压制他正常发展的力量去搏斗，而且在其本性的深处总是能够谅解成年人，健康茁壮地成长。

教育者要具备的心理

如果一个教育工作者认为，只要能够讲课就是教育的话，那就大错特错了。通常，我们对教育工作者最低的需要，就是他们能够自己做到位。

当然，只是知道了用什么知识去教学生，这是远远不够的，我们还需要找到了解学生的正确方法。

我重申一下，我的要求是老师一定要能够正确地认识自己，只有这样，才能在教育中避开容易犯错的地方，和孩子拥有良好的联系。

怎么样才能找到容易犯错的地方呢？这就要求我们的教育工作者能够在恰当的帮助下正视自己，站在别人的角度上客观地看待自己。

那么最开始的时候老师一定要知道自己的个性以及自己不好的情绪，在进行教育的过程中，注重完善自我而不是批评孩子，从而帮助孩子改正缺陷。

等到我们把挡在眼睛前面的障碍扫除之后，我们的双眼才能清晰地看到孩子们的障碍是什么。

当然这种自我要求不是要老师追求信仰中的完美，既然

是人，那么一定会有缺陷和不对的地方，老师也不会例外。

老师需要一定的规律约束自己，也需要别人的支持和帮助。一个合格的老师，一定会虚心接受这些。在人有病的时候，我们要提醒他们如何修复，老师的过失就像是疾病，也要及时处理。

我曾经对老师说过这样的话："发脾气是一种致命的错误，情绪波动大会使我们看不到孩子的内心。"所有的事情都是因果相随的。人类会发脾气是因为不欣赏别人的行为，这种看不起的态度被发脾气遮盖了。

当有了这种情绪的时候，我们要克服它。在这里，我介绍两种方法。第一，找出潜藏在内心深处的东西并解决它；第二，学会在表面上控制自己的情绪。

当然，我们首先要在表面上控制情绪，因为只有当我们心态冷静、平和时，才能看到自己的内心世界。

学会给予别人尊敬，代表欣赏别人；改变不好的环境，说明可以净化心灵；尊重别人的意见，可以变得平和；在维持生活的基础上奋斗，能获得快乐；遵守风俗习惯，可以让我们自律；得不到想要的贵重物品，可以帮助我们节省。

虽然这些都是外在的东西，可是这些都深深地影响着我们的心理，促使我们朝着正确的方向发展，也有助于构建和谐社会。

我们把发脾气当成有罪的事情，它一旦出现就会受到批评，我们如果思考全面了，那么我们就不会再发脾气。一个

谦虚的人，会不断反省以完善自己。

可是，这种方法却不适用于孩子。

孩子不了解世界的规则，一定程度上，孩子也没有办法不受我们的影响。他们直接就被灌输了我们所有的思想，这是对他的一种伤害。可是当我们再次批评他们时，他们会以为是自己做得不好。

那么，作为老师，我们一定要时常想方设法了解孩子。孩子们没有自己的思考和辨别是非的能力，可是在他们的心里会有自己的感受。

孩子如果不喜欢或者对成年人的做法很厌恶，他们往往会表现得懦弱、胆怯、撒谎、大哭或者是恐惧，这个时候，他们只能用本能来表达自己的感情。

如果我们会发脾气，那么代表我们想要用不正确的方式来发泄这种不满，虽然不是暴力，但是也是一种有伤害性的行为。

所以，成年人往往会因为孩子的不配合以及孩子没有按照既定的模式活动而发脾气，可是成年人的情绪总会和过度自信联系起来，这个时候他们会逼迫孩子，以后他们会变得更加霸道。

在霸道的成年人心里，自己就是正确的，没有必要跟孩子进行沟通，他们不会考虑孩子是否愿意，这种霸道让成年人和孩子之间有了一道墙，最终会伤害到孩子。

假使孩子真的开始反抗，那么这种反抗也绝不是为了表达

不满，而是为了维护自己内心的想法，这种行为是一种自然的反应。

孩子经过了长期的发展，才能有勇气向成年人挑战。可是同时，成年人也有自己的应对方法，他们会想方设法地把自己的思想灌输给孩子。

我在这里会问，那么成年人就是对的吗？成年人觉得自己是上帝，上帝就应该掌管一切事情。

当然，他们还会过度自信地认为，孩子如果具备了很多优点，也都是自己的功劳，自己是神一样的存在，在这个时候，他们更不想承认自己是专制的了。

假如你们想在我们的教育模式中成为孩子的老师，那么这个人一定要有非常好的自省能力，我们不接受那种只会发布命令的老师。我们需要他能够站在平等的位置上看待孩子们，并且心胸一定要宽广。

以上的这些应该是对老师的基本要求。如果老师可以对这些进行仔细思考，那么他就会在以后的工作中变得谦虚和平和。

可是，工作中我们不需要评论孩子的行为，也不用认同孩子的行为，我们要看到孩子的发展，了解孩子的想法，我们的工作只是为了教育。

在这个过程中，我们要保持一颗平和的心，不要用自己心中的道德标准看待孩子的行为，我们要把那种错误的、对孩子不利的观点抛离我们的内心，然后将健康的心理发扬光大。

第八章　如何对待偏离正轨的孩子

"正常化"对儿童很重要

神游

要使人格获得统一，人的心理能量有必要在活动中实体化。假如得不到这种统一，不管出于哪种原因，如成年人占支配地位、儿童缺少活力等，都会导致心理能力跟运动分开发展，于是，人就被分裂了。

没有一种东西从本质上能够被消灭或被创造，儿童的心理如果不按正常的方式发展，则会向错误的方面发展。

一般情况下，偏离正轨的现象多是出现在心理能力丧失了根基，一切活动变得毫无目的的时候。这时候，心灵可以借助外在自发的体力工作来重塑，不至于总在无谓的幻想里沉寂。

游移不定的心会被图像和符号吸引，这是由于它不能找到能够工作的对象。

如果儿童出现这种心理失调，那么他便会坐立不安，到处

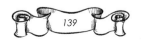

乱动，看上去充满活力而且难以控制，可是儿童做的这一切却是毫无目的的。

有时儿童刚开始做一件事，可眨眼工夫又做别的去了，他们不能把心思集中到一个事物上。

成年人无论是惩罚还是宽容由于心理失调导致散漫或不守规矩的儿童，实质上都是支持和鼓励儿童去幻想的，并且把这种幻想理解成儿童创造性的发挥。福禄贝尔为了鼓励儿童发展想象力，发明了很多游戏。

成年人教儿童用积木搭建一些事物，如马、城堡、火车等，再让他们观察，此时他们的想象力便插上了翅膀，能让任何一种事物有自己的意义，这是由于他们的心中产生了幻想，如门的把手成了马、椅子成了宝座等，诸如此类的还有好多。

成年人给孩子的玩具仅使孩子产生了不同的幻觉，却没有给他们提供跟现实有联系的具有建设性的环境，因此，也不能让他们有任何真实意义上的全神贯注。

这些玩具可以让儿童去玩，不过很快就会被他们扔掉，如同微风吹起没有燃尽的灰烬中的火星，瞬间就熄灭了。

可是，成年人却以为，儿童活动时，玩具是他们发泄能量的方法，并且是唯一的，他们总以为儿童在玩玩具时会感觉幸福，哪怕儿童很快就厌恶了玩具，甚至将其毁坏，成年人依旧这样想。

上述情况下发生"分裂"的儿童，很有可能在学校被看作特别聪明的学生，哪怕是他没有秩序，不遵守纪律。

这个世界赐予儿童的唯一自由就是玩玩具，可是，他们应在此时为以后的幸福生活奠定基础。

我们给儿童提供了环境，在其中可以看到他们有可能立即投入到某一活动中，此时，他们那些坐立不安和激动的幻想没有了，并且能够安静地对待现实，通过活动来完善自己。

心理学家经过细心观察，将没有真正发展的想象力和对游戏的过分热爱视为"心理神游"，即真实的生活没有受到心灵的重视，眼前的真实生活也离开了。

"神游"可以视为一种逃避，一种对慰藉的寻找。躲进了幻想和游戏，因而有可能把分裂的心理给淹没了。

抵触

我在交流中不断发现，班里最好的学生并不是想象力好的学生。反而，那些想象力丰富的学生，在我们的生活中往往获取很少。

我们都知道这样的事情，但是，我们并不认为孩子是不正常的。只是，有些家长会认为，孩子们就是因为每天奇思幻想，才无法关心现实事物。

但是，我们却没有注意到，当孩子的思想已经不在轨道上的时候，他们又如何充分挖掘内心的潜能？这对孩子是不好的，孩子也无法得到很好的自身发展。

当孩子的思想偏离轨道的时候，他们会遇到很多困难，并

且丧失对生活的勇气，他们更可能会把自己包裹在防护圈之内。

这样会严重影响孩子的智力发育，与普通孩子相比，他们的智力要相对偏低。同时，他们的心智发展受到了很大影响，正常成长也受到阻碍。

可是，现实就是孩子不仅没有得到很好的帮助，反而经常受到成年人对他们所进行的身体的摧残，严重不利于孩子智力的成长。

因为孩子的心灵成长已经偏离了正常的轨道，所以这样的孩子已经无法承受成年人的抑制了，任何手段的压制都将导致他们性格的叛逆。

我所说的这种叛逆，并不是一般孩子的不服从，或者说是不关心。这是一种从内心对外界的一切进行阻碍的情况，是无意识的阻碍。

很多心理学家都把这种无意识的行为称作一种内心的抵御。这是一种心理疾病，这是孩子对外界环境所建立起来的内心屏障，如果不及时予以关心，将极不利于孩子的成长和发育。

孩子建立这种防御体制的结果就是，当成年人不停地在孩子面前唠叨时，孩子会不听成年人的话，继续干自己的事情，成年人对儿童无法造成任何的干扰。

如果我们的孩子长时间处于这种状态，那么他们的生命历程将会出现很多问题，也将会阻止孩子的成长。我们应该帮助孩子掌握这些技能，不应该只是一直不停地抱怨孩子。

我们想象一下，一个原本正常的孩子，但是对于学习却是那么的反感，并且不愿意过多地进行任何知识的掌握。他考试不及格，甚至一直不停地留级。那么，在我们的印象中这是一个极笨的孩子。

这就使孩子更加厌烦上学，甚至不愿意进入教室。他会不愿意去学校，不愿意看见老师，也不愿意碰书本。同时，也很难和别的小伙伴们处好关系，最终孩子开始逃学了。

这些障碍是在孩子幼时的时候形成的，并且会对孩子的一生都产生影响。

我们知道我们上学的时候讨厌什么，可能我们这辈子都讨厌这个。比如，我们讨厌数学，可能我们这辈子都不愿意上数学课，不愿意接触数学的东西，对数学产生严重的抵触。

我曾经认识一个妇女，她是非常聪明的，而且有着很好的学历，但是，她却在拼写字母上经常犯错误，这就让我非常意外，这是为什么呢？

她也知道自己的这个问题，所以她也希望通过各种练习来改掉这个毛病。但是，仍然没有任何效果，她还是在不停地写错。

可是，有一次我再次看到她写的拼音，让我惊呆了，因为她写得是那么好，那么漂亮，这让我不敢相信这是她写的。

我没有办法跟大家讲述原因，但是，可以很容易知道，她一定找到了一种适合自己的学习方法，让她知道了如何可以很好地拼写，不再写错字。

我们都在疑惑当中，这两种情绪哪一种对我们的影响更大呢？这点我们通过实验验证了，跟抵触比起来，那种虚无缥缈的幻觉能够在短期内回到正常的方向。

这里我们用一个对比的事物解释。我们往往会放弃不再想去的地方，可是一旦原来的地方开始出现自己想要的东西，那么我们会直接返回。

在孩子的身上也常常会有这样的情况，那些偏离了轨道的孩子突然会又朝着正确的方向前进了。

那些孩子的行为变得正常了，同时他们的心灵也变得纯净和平和了，这种情况下，孩子就一定会回到正常的轨道中。

孩子们的变化是一种很常见的过程，可我们还是要警惕，看看孩子的内心是不是也回到了正常的轨道上，不然的话，在未来会有更严重的事情发生。

我们可以解决精神涣散的问题，可是对于这种抵触心理，我们无能为力，就算是可塑性很强的孩子，也不能被改变。抵触就像是一个堡垒一样坚不可摧。

具有这种心理的人，会把自己关在城堡中，自己不出去，别人也进不来。他们不开心，因为什么事情都必须依赖自己，甚至，他们根本不想拥有好奇心。

如此这般，孩子在本能的引导下，就会走向错误的轨道，他们没有任何好奇的东西，并且他们也不想了解社会以提高自己的能力，他们没有了生活下去的手段。

依赖

有的时候，孩子们没有办法在生存中保持强硬的态度，成年人就成了他们的依靠。他们更喜欢成年人能够把所有的事情都做完，让他们可以直接享受成果。

比起正常的孩子，他们的情绪更容易出现波动，不想动，喜欢哭泣并且对自己身边的一切表示不满，成年人反而认为这些孩子情感丰富。

孩子们厌倦身边的一切东西，当他们无法摆脱这种情绪的时候，往往把求助的目光转向成年人。好像只有这样，他们才能获得身体上的平衡。无论做任何事情，孩子都会要求成年人陪在身边，一刻都不能离开。

在这样的情况下，成年人就成了奴仆，成了孩子们生存使用的工具。

在我们看来，如果孩子向我们提问，我们会很开心。可是，假如我们在开心的时候注意他们的表情，就会发现这是孩子依赖成年人的借口。

孩子们用这种方法让成年人自愿地陪伴自己，帮自己做任何事情。

在孩子们的眼中，没有什么比成年人的一个动作更重要了。而且，成年人也喜欢孩子的这种服从性。

可是，我们不得不指出这是个巨大的错误。孩子们如果长期这样依赖下去，就会变得冷酷无情，反应慢和不想动。

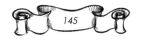

这种依赖心理绝对是一种病态，或者我们可以说成是孩子生命力下降，身体机能的老化。在天主教中，七宗罪的首罪就是懒惰，这是人类灭绝的关键。

所以说，这样的孩子已经完全继承了成年人的意志和想法，也继承了那种价值观，这种继承让他们偏离了正确的轨道。

占有欲

孩子在刚刚出生到慢慢成长的过程中喜欢使用所有能用的身体部位，他们对外界充满了好奇。

那个时候的心理就是一种自发的本能，这种本能是为了将自己内心的渴望变成现实。

在每个人的心中，我们忍受不了自己挨饿，这是身体上的一种病痛。所以，我们必须要吃到东西才行。这跟孩子的内心渴望是一样的。只有找到了可以填满内心的东西，孩子才能存活下去。

这种对于内心世界吸取营养的渴望是每个人的本能反应，在这种本能的驱使下，我们会对我们的生活表现出浓厚的热情。

可是，这种热情也不是一直存在的，它就像是心脏的悸动一样，来得快去得也快。

所以说，这种心理就是一种助推力，孩子们能够向世界注入自己的热情，而在这个过程中，我们也会将其变成支撑

我们身体的能量。

所以我们对于健康孩子的定义是："他们所在的世界是他们自己所追求的世界。"

我们都知道，把一个东西拿起来扔掉是一件非常简单的事情，孩子的健康心理也是如此，他们的心理活动也会很简单地就偏离轨道。

举个例子，当孩子们看到金灿灿的手表时，如果有一个孩子渴望拥有它，另外的孩子即使不知道这个表的用途，也会抢着占有这块表。

为了得到表，孩子们暴力相向，假如在打斗中表被破坏了，他们也不会心疼，因为在他们看来，如果想要得到拥有的东西，只能用这样的方式。

在我看来，我们评价一个人的成长方向正确与否，要看他是付出爱心，还是他想要自己的利益。所以，如果他们选定了自己的方向，就没有回头路可以走了。

孩子们对待周围物品的占有欲，就好似乌贼用手去抢食物一样，假如他们没有抢到，那么谁也别想得到。所以，孩子们会表现得像抓住生命一样，抓住自己渴求的东西。

在这场抢夺大战中，谁的力量强，谁就能获得胜利。孩子们因为想要拥有的物品一样，所以这种冲突无时无刻不在发生。这就让他们变得不近人情并且残暴。

我们千万不能听任孩子不断冲突，因为如果这种冲突发生

得太过频繁，那么孩子们的心理就会失衡，孩子们也就不会沿着正常的轨道前进了，这种情况下，我们再干涉就晚了。

所以，在对孩子的教育中，我们要让孩子学会重视精神层面的东西，对于财富、利益要让他们学着漠视。

不止是力量强大的孩子，那些身体瘦弱的孩子也会出现这种渴求的心理，当然，在冲突中，他们只能是失败者。

在观察他们的行为的时候，我们发现，他们不去直接进行竞争，他们更愿意悄悄地收集自己想要的东西。我们觉得这跟艺术鉴赏家很相似。可是，他们的收集能力很差，许多东西都杂乱无章地放置着。

在成年人的世界中，也会有这样的情况出现，如果我们翻看一个人的衣兜，我们总会找到一些毫无用处的东西，可以说，收藏已经变成一种本能。

我们在对这种情况进行深入研究之后，认同了阿德勒的观点，他说，人类之所以在长大后有那么浓重的欲望，是因为在孩提时期就充分表达了的情绪。

假如说，孩子们喜欢那种对成长没有帮助的物品，并且一直收藏着，那么这些东西可能会成为孩子偏离轨道的引导者。

但是，在家长的眼中，孩子们的这种习惯却被当成一种好的习惯，家长们觉得这是一种本能反应，也是这个社会的需求。所以说这种习惯在家长的眼中是被鼓励的。

控制欲

同上面讲到希望能自己独自拥有的想法有很大的关系，我们对事物的支配欲望也是一种不正常的心理活动。我们在这类人的身上看到，他们通过一步一步的活动从物品的喜欢者变成拥有者。

可是，如果任由这种心理发展下去，我们就会发现，他不仅仅是想拥有自己的东西，对于别人的东西，他也想要占有。

有这种不健康心理的孩子，如果身边有自己认为非常强大、没有任何事情能难倒的成年人，他通常都会很自豪。因为，在孩子看来，利用成年人的强大可以壮大自己的力量。

所以，他们想尽办法让成年人帮助自己，当然，这种想法也不是不正确。只是，随着孩子依赖性的增强，他们会变得无法自拔。

孩子们往往把成年人当成了神仙，年龄大的就是老神仙，年龄小点的就是中年神仙，在他们的眼中，外婆和妈妈都是神仙。根据妈妈的经济状况，他们会想象出穿得好的神仙还有穿得不好的神仙，但是，不管哪一种，都会实现自己的愿望。

孩子们觉得，成年人完全可以成为依靠的对象。所以孩子们会让自己的想象来决定对成年人的需求。

在孩子们成功驱使成年人为自己服务之后，他们就会提出更多的要求，如果成年人继续满足他们，那么这就成了无底的深渊。

所以，在一次又一次的妥协之后，成年人会受到严酷的对待。毕竟成年人不是神仙，不可能做好每一件事情。可是，孩子们却没有满足的时候，这种情况下，成年人和孩子就会产生矛盾。

此时，成年人才发现，孩子变得不可理喻，才猛然察觉到自己以前太宠他了。

可是，我们在面对孩子的时候，不管孩子是不是一个听话的小孩，他也总有办法让我们答应他的要求。可能是哭泣、哀求或者表示自己的悲伤，这些都是孩子的武器。

所以，成年人无法抗拒这些要求，他们一直答应每件事情，在他们的能力再也没有办法提升的时候，孩子们的表现却是极度的不满意，以至于后来孩子们走上了错误的旅程。

这个时刻，成年人反省了，他们觉得是自己一手造成了这样的结局。所以，现在唯一可以做的就是找个方法纠正过来。

自卑心

成年人在无意识中都不会对孩子的日常行为有过多的赞美。

当然，在有的时候，他们会夸奖孩子长得好看，表现不错，并且会向别人夸奖自己的小孩，对孩子寄予很大希望。可是，尽管嘴上是这样的，在心里面还是认为孩子做不到这些。他们总会认为孩子什么都不懂，做什么都是错误的，必须得到他们的亲自指导。

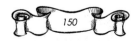

从这个角度看待孩子，会觉得孩子没有任何优点，父母对待孩子的态度就像是对待自己的宠物，他们希望按照自己设定的模式来教育孩子。

在一个家庭中，如果父母希望自己在孩子面前具备威严，那么那种心理就是扭曲的，他们的做法往往妨碍儿童的正常发展。

举一个发生过的事情。在家里，当父亲看到自己的孩子连一杯水都拿不稳时，他就担心这个杯子会被打破。这个时候，连普通的杯子都变成了珍宝，他的做法就是直接自己动手。

或许在这种性格的支配下，父亲能够赚取很多的钱财并且留给自己的孩子。可是，在这种心理的支配下，孩子的成长却不如一个玻璃杯重要。

或许，父亲还充满不解："我的小孩怎么这么笨？他们就不能按照我想的思路学会拿玻璃杯吗？"

在父亲眼中，他们指导的方式都是为了孩子更好地成长，这些都是为了孩子才有的付出。他们往往都对孩子寄予了很高的希望，觉得孩子一定要成为一个成功的、有地位的人。

可是，当出现类似的拿玻璃杯这样的事情时，他们就会变得很狂躁，觉得自己的付出太不值得了。

这样看来，成年人对于孩子的期望越高，就越会被内心的支配欲所控制。假如当时是一个不相关的人这样做，他可能不会有愤怒的情绪。或者是在自己家做客的人打破了玻璃杯，他可能反而会给予安慰。

可是，对于自己的孩子，成年人的表现却有很大的不同。

被亲人训斥，孩子内心会很失落，他们会觉得自己真的什么都不会，还是一个不断惹麻烦的人。从此以后，孩子就会看轻自己的价值，贬低自己。

所以，作为家长，一定要转变自己的心理。在孩子成长的过程中，我们要为孩子提供需要的一切，以帮助他们吸取新的知识。在孩子学习的过程中，家长的作用就是给孩子指明正确的方向，这一点是很关键的。

在现实中，家长却不会轻易改变，因为这种思考方式已经成了一种固定模式，变成了一种无意识的行为。

经过长期的生活，一个成年人在自己醒来后，就会按照一定的模式进行自己的行动，他们没有觉得这有什么不对，也没觉得按照顺序来是多难的事情。这种活动是无意识的，跟我们吸取氧气以及心脏跳动一样的自然。

可是成年人往往忽略了，这正是孩子在创造这种无意识性的时候，他们没有给予孩子帮助。

孩子进行活动时，活动的连续性往往不会受到重视，成年人认为孩子应该去做另一件事情的时候，他们就会直接把孩子带出去，让孩子做他想做的事情。

又比如说，当孩子在进行自主学习的时候，假如有人来探望，妈妈往往就会强迫孩子出来接待。

在儿童进行完善自己的行为中，成年人扮演的是破坏者

的角色，他们不考虑孩子的感受，直接按照自己的模式下达命令，强迫孩子服从。

这种不时的打扰，深深地影响了孩子的心理，让孩子觉得自己做的事情没有任何意义，甚至因此自卑，认为自己必须服从父母的命令。

其实，孩子在进行一项活动的时候，他们心中已经把所有的一切都设计好了，只有保证这个活动完美做完，才能获得较好的发展。

很多时候，孩子会认为自己有责任管理好自己的活动，只有这个时候，孩子才能够知道什么可以做，什么不可以做。

如果被不停地打断，孩子会觉得他自己想要做的都不正确。

这种情况下，家长会抱怨为什么孩子没有思考能力，但是他们不知道的是，是他们扼杀了孩子的思考能力。孩子也会认为自己是个不聪明、什么都不会的人。

在我看来，一个人如果想拥有责任感，那么他的内心就一定要很强大，他必须要有足够的自信支配自己的所有活动。如果一个人很自卑，那么他一定是个无法相信自己的人。

成年人的这种行为不只是干扰了孩子的行为这么简单，成年人往往还会灌输这样一种思想："你做的事情没有一点价值。"假如那个时候成年人的情绪很差，他说得还会更难听："你太笨了，你做那些干吗，你什么都不会。"

这样的教育破坏了孩子独自完成一件活动的过程，当然，

这种教育还是一种不尊重孩子的表现。

孩子心里会想，自己做的事情没有意义，自己本身也根本没有价值。以后的日子里，孩子会慢慢丧失自己的想法，也不敢轻易尝试任何事情。

如果成年人真的这么做了，那么在以后孩子成长的道路上，他们隐藏在内心的自卑就会像一座大山一样，阻挡孩子的进步。他们会变得没有一点自信，这种想法会伴随他们一生。

没有自信，认为自己没有价值的儿童想要成长起来，会遇到更多的障碍。他们恐惧周围的事物，他们胆小、唯唯诺诺，喜欢哭泣，经常对自己失望。

跟他们相比较，在正确的方向上成长的孩子却是阳光的，和坚信自己有价值的。

就像是我们圣罗佐区里的一个男孩，他安慰一名在放假的时候探望不了的客人，说他会代替老师接待。

孩子的这个表现就是他自信支配自己行为的一面。这种性格是非常优秀的，他清楚地规划了自己的活动，并且知道自己每一步要怎么做，这种行为是很自然就发生的。

害怕

虽然说有的时候，害怕是每个人都有的情绪。可是对于孩子来说，这是一种不健康的心理。一部分人觉得害怕是一种内心不平衡的表现，这只是孩子的内心问题。

简单来说，害怕的情绪跟害羞是差不多的，这是一个必要的组成部分，但是，孩子们表现得如此战战兢兢，那么他们肯定处于高度的恐惧之中。

除了这样的孩子，另外的孩子似乎没有这样的情绪。他们充满自信，活泼果敢，能够战胜各种困难。可是尽管如此，这些孩子也会有对未知的恐惧。

或许这样的恐惧感是因为某件事情曾经对他们造成了严重的不良影响，有的孩子不敢过马路，有的孩子恐惧床下的空间，还有的孩子甚至害怕小鸡。

这种恐惧感有点类似精神病患者的表现，这种情绪往往会在那些喜欢依靠别人的孩子身上呈现出来。

有些成年人看到了这一点，可是这种恐惧感反而被他们扩大了，成年人觉得这样可以让孩子按照自己的方式成长。这种行为太可怕了。我不得不说，这样恐吓孩子会给他们造成更大的心理阴影。

所以，如果我们想让孩子拥有健康的心理，那么我们就要让孩子在生存环境中真正了解这个社会。

这也是我们开始这项工作的初衷之一，我们要帮助孩子摆脱这种害怕情绪。

在我们的一所儿童之家里，有一个来自西班牙的女孩，她有三个姐姐。

奇怪的是，尽管女孩的年纪是最小的，可是她却不害怕巨

大的雷声。每当打雷时，她就成为三个姐姐的保护者，她的做法就是去找自己的父母。

渐渐地，小女孩就成为了三个姐姐克服内心恐惧的良药，只要有打雷的声音，她们就会下意识地去找自己的妹妹。

这种心理被我们称为"惧怕心理"。这种心理不存在于真实隐患的事情中，是一种明知道没有危险，可是依然害怕的心理。

在我们的观察中，其实让孩子感到恐惧的事情比起成年人来是比较少的。当然，孩子没有经历过很多事情，可是，更准确地讲，孩子可以以一颗平常心看待恐惧的事情，这点成年人却无法做到。

不仅如此，孩子还会时常让自己处于危险之中。比如孩子会做小偷，在乡下，孩子们会攀到高高的地方或者是从高处往下跳，甚至在自己不会游泳的情况下进入水中。

不仅仅是对待自己的事情，在出现危险的时候，孩子们也会不顾安全去救助自己的朋友。

在美国，曾经发生了一起大火，这场大火发生的地点正好是在那些看不到世界的孩子身边，那些临近病房的正常孩子就显示出自己的勇气，他们跑过去营救那些看不见的孩子。

每天，我们在看新闻的时候，总会发现几起类似的事情。

所以说，一个心理健康的儿童不是要在危险中勇敢，反而是对事物一种周全的考虑，可以让他们了解什么是危险，以及如何同危险共存。

说谎话

在新世纪初，研究人员发现有一种人，他们无时无刻不在说谎，甚至我们不能听到一句真话。

在审问少年的时候，这些孩子也会用撒谎的方式掩盖错误，可是，毕竟还是孩子，他们没有办法很自然地讲出谎话，在观察他们的反应时，往往能够发现情绪波动。

当我们进行深入研究的时候，发现其实孩子更愿意讲出事实，可是在内心波动中，他们的情绪开始混乱，然后就说出了谎话。

当然，不管是有意还是无意，也不管是不是习惯性的说谎，这些行为都是孩子为了维护自己才做出的，即使一个心理健康的孩子，也不能避免不说谎话。

我们在研究原因的时候发现，有的谎话是孩子对发生事情的联想，在联想的时候，他们就或多或少地讲出了自己的想象，这并不是孩子故意的。

就像是在演一出戏剧，这些只是孩子的自由发挥。我们认为这可能是孩子认可的一种表演方式。

曾经有一个孩子对我说，他妈妈在接待客人的时候，会让客人品尝自己亲手做的饮料。这种饮料让客人赞不绝口，称既营养又好喝。

听完之后，我就有极大的兴趣想探究到底是什么配方。但是在同他妈妈的谈话中，我发现这个孩子说谎了。

之后我就想通了，孩子只是在脑海中创造了这样一件事情，然后他就讲了出来。

除了创造之外，还有的孩子喜欢说出自己对待一种事情的想法，就像是侦探一步一步地得出结论一样。

当然，类似的事情还有很多，孩子们也在生存中学会了圆滑。

还有一些懦弱胆怯的孩子也会说很多谎话，他们的谎话几乎都不经大脑思考，所以可笑至极，成年人一下子就能听出来。

通常，我们在处理孩子撒谎的事情中，会批评孩子不要再有类似的行为。可是，我们没有想孩子为什么会有这样的行为。其实，孩子只是想要维护自己。

成年人面对这个问题的时候通常就是不停地进行指责。

随着年龄和心理的增长，儿童说谎话的能力也越来越强。我承认，在生活中会有许许多多的谎话，他们也发挥着极大的功能。我们需要它，甚至喜欢它。

可是在这里，孩子们却直接抛弃了这层伪装，他们以自己真实的一面面对着每个人。

尽管如此，我们不能就此把谎话抹除，最好的处理方式就是不断修正。我们向孩子介绍真实的世界，给孩子介绍世界的真、善、美，只有这样，才能使孩子的内心得到净化。

现实社会已经充斥着各种各样的谎言，我们已经改变不了

了，因为一点小小的改变都会把世界引入纷乱中。

外面学校的老师觉得这样是错的。在他们眼里，孩子的发展就应该跟社会的发展同步，世界是一个不真实的世界，猛然看到这样真实的学生，他们不适应，觉得这样的孩子会影响社会的正常秩序。

在我看来，研究心理的人唯一的用处就是他们对什么是谎话作出了明确的说明。

在强烈自尊感的驱使下，撒谎成为成年人维护尊严的一种手段，谎言就如同一种装饰品，成年人在这种装饰下，小心翼翼地隐藏着自己的真实感受。

在隐藏自己真情的情况下，成年人无疑铸成了一道防护网，把自己和生活的世界彻底隔离开。因为自己的力量不够强大，无法改变世界，所以只能被迫适应这个世界了。

但是，在这种隐瞒中，最坏的一种是针对孩子的。成年人为了得到自己想要的东西，就扼杀孩子的一切。而且，在他们这样做了以后，还会觉得这没什么大不了的。

成年人为自己也编织了一个谎言，他不断地暗示自己，这样做是上天的要求，自己的做法完全是遵照上天的旨意，是为了孩子好。

在成年人的世界中，没有多少真实的事情。相反，他们的世界充斥了谎言，他们为了成全自己的利益制定了一系列的规则，对孩子会产生什么影响，他们毫不在意。

最初的时候，他们的谎话让他们逐渐适应了这个世界，可是，这种服从也慢慢成了反抗，所有的热爱都变成了内心的憎恨，这种情感简直太恐怖了。

心理失调导致贪吃

贪吃与心理健康

如果一个人的心理不能按照正确的方向发展，那么在孩子成长中遇到的问题，就会影响孩子的身体健康。虽然出现的事情多种多样，可是这些都不利于身体的正常发育。

在我们对身体疾病进行了深入的研究后，发现如果心理失衡，那么这个人的身体也会不健康。在表面看起来，有些是单纯的身体问题，但是，我们不能排除跟心理有关。

举一个例子。大多数的孩子都有贪吃的习惯，这种习惯会影响孩子的消化系统。一般来说，孩子们抑制不住想要吃东西的愿望，所以才会贪吃。

这种习惯会影响他们的健康，必须要经过医疗手段的治疗。可是，成年人却把它看成有口福，因为我们常说能吃是福。

但是，不仅仅是在现在，很久之前，贪吃就是一种疾病。我们实际上知道自己吃了多少东西，我们能够掌握自己的食量。

如果我们的心理不再健康，那么我们控制饮食的本能也会消失。这些具体的表现我们都能够观察到，心理不健康的孩子通常会出现饮食不正常的情况。

这些心理不健康的孩子被吃的东西征服了，只要能吃，他们就会毫不犹豫地吞下去。曾经能够控制饮食的天性一点一点地减弱直至不见。

在我们这里，最大的成就就是让孩子们回到正确的发展方向上来，只有这样做了以后，孩子才能恢复饮食的本能。

在进行一系列的改变之后，孩子们能够控制自己，并且进行正常的饮食了。这些孩子用正规的餐饮礼仪布置着自己的用具，在完成之后，还会监督其他的小朋友。

孩子们对完美摆放餐具产生了浓厚的兴趣，即使好吃的食物已经凉了，他们也没有注意到。

当然，那些没有派给任务的孩子非常不服气，他们不想坐在那里等着吃饭，也想尝试怎么正确地摆放餐具。

在这种情况下，孩子们容易出现讨厌吃饭的情绪，这个例子很形象地说明了，其实吃东西是跟心理活动有密切联系的。

孩子拒绝食物的原因

当然，严重的时候，孩子们会强烈地拒绝食物，他们非常固执地坚持着，什么东西也不吃，这让成年人非常沮丧。

通常这样的行为大多发生在没有经济能力并且营养不良的孩子身上，大家都为给予孩子一顿营养的食物而努力，可是，他们偏偏不吃任何东西。

这种拒绝食物的做法，往往也会让孩子们拒绝其他的东

西。可是，这并不是单纯的躯体问题，这种拒绝食物的行为往往意味着一种心理疾病。

因为孩子的心理不健康，所以在内心的驱使下才会拒绝吃东西。在我看来，这也许是孩子一种维护自己的表现。

有的时候，成年人会催促孩子加快吃饭的速度，他们觉得余下的时间还能做好多有意义的事。可是这样做就干扰了孩子的正常习惯，他们对这种命令一般采取反抗的态度。

通过医学的证明，这个例子是真实的。碰到自己喜欢吃的东西，孩子可能会一点一点儿地品尝，也可能会吃一点儿，玩一会儿，然后再吃。

不仅仅是儿童，婴儿在吃母乳的时候也是间断进行的。他们会用自己的节奏对吃奶进行控制。

在这个时候，当成年人要求孩子加快速度时，孩子的反抗往往是不再吃任何东西，这是因为他的节奏被破坏了的缘故。

当然，孩子还有跟上面截然不同的情况——没有食欲，我们要做的就是了解为什么会发生这种情况。

在反抗成年人的过程中，因为没有得到充足的养分，个个都营养不良，也没有吸取到足够的氧气。我认为，如果让孩子多感受大自然，孩子可能会愿意吃饭。

随着深入的观察，我发现了一种奇怪的现象，不喜欢吃东西的孩子都会整天黏着成年人。成年人让孩子做什么孩子就做什么，失去了自由，孩子也变得不爱吃东西了。

关于这种情况，我们要做的就是让成年人尽可能少地干涉孩子，然后让他们自己慢慢决定自己的行为。

身体和心理紧密相关

这里，我们会用一种更学术的语言说明什么是多吃，学术上叫"本能死亡"。因为，每个人具备这样一种静静等待死亡到来的能力，如果过度地关注这种能力，就很容易走向死亡。

在生活中，我们碰到过许多酗酒、嗑药、吸毒的人，这些人不是为了让生命更加美好而努力，而是想快点结束生命。

这些例子无不说明，我们对内心的感觉出现了问题。人类的这种想法如果是为了结束生命，那么其他的动物肯定也会出现一样的情况。

可是，通过我们的研究，我们不能全部找到其他动物也有这种表现，可以说，如果一个人的心理轨道发生偏差，那么这个人也许会提早结束生命。这样的想法虽然在孩提时期观察不到，但却真实地藏在孩子们的心中。

我们通过查找，发现肉体上的痛苦基本来源于心理的不健康，这说明肉体和内心是有一个纽带连着的。

我们曾经碰到过这样的事情，有的人坚持认为自己的身体出现了毛病，可是经过一系列的检查后，发现他只是心理不健康，幻想有病而已。

我们可以从心理研究者的数据中找出更详细的答案。在

他们的描述中，如果在生活中有不想应付或者不喜欢的事情，人们就会幻想出一种病来应付不喜欢的事情。

假如我们看到某个人突然身体发烫，或者突然系统失灵，那么他们就是想要逃避某件事情，当然，也会有更不好的表现。当一个孩子不想去上学的时候，他可能就会习惯性地说自己肚子疼。

其实，孩子并没有任何病痛，只是他的内心感觉影响了身体机能而已，在这个过程中，孩子的心理直接影响了孩子的身体，而孩子也逃过了自己不喜欢的东西。

对于孩子的这个疾病，我们无法从医学上给予救治，这种疾病在孩子不再恐惧上学之后，就会自动消失。

如果一个孩子能够在一个适宜的环境中按照自己的规划来活动，那么他的身体肯定就不会有那么多的病痛了。

第九章　如何避免与孩子发生冲突

冲突的源头

成年人和孩子往往会发生不能协调的冲突，这种冲突就像是坠入湖中的石头一样，在成年人和孩子的心里一直晃动着。

我们根据水的摆动找到了为什么会有这些波痕，在现实中，专家也从这种冲突中找到了孩子们会出现心理不健康的原因。

可是，这一定要有大量的时间来保证，因为短时间内我们无法找到具体的原因是什么。这种探索就好比是探寻尼罗河的源头在哪里一样，总是要七拐八拐、跋山涉水才能成功。其实尼罗河是从一个小小的湖里流出来的。

克服了种种的困难之后，专家们奋斗了很久才发现这个根源。这需要转移到一个合适的角度，并且借助之前的发现才能办到。这个根源就隐藏在孩子的内心世界和外部身体中。

假如我们不怕枯燥，那么从人类诞生开始研究是最准确的了。当然，研究孩子要从孩子的心灵出发，沿着孩子成长的道路一直走下去，这种探索就像演一出戏剧一样有趣，我们从

最开始出发，从一个阶段到另一个阶段，然后一路跟随，直到找到最终目的地。

我们把成年人身上的病痛转移到他们的孩提时代，我们惊奇地看到，其实在那个时候，他们身上就有了这些病痛的征兆了。

我们还需要知道的是，其实在那些重大的病痛后，都会有一些较小的病痛，所以说我们会渐渐地好转。当然，假如一个人对一种病痛没有了抵抗力，那么对于其他的病也是一样的。

让我们身体出现病痛的因素有许许多多，可是我们不能每种都检查一遍。就像我们检查水污染一样，我们只需要取一点点水进行详细化验，就可以推断出是不是整体受到了污染。

这跟我们的病痛是一样的。假使我们发现大部分人因为不肯改变自己的缺点，而受到惩罚的时候，那么所有的人类一定也是这样，这就是人类的通病。

学习是儿童的本能

孩子是在与生存环境的不断融合中长大的，这个过程需要一定的时间。在长大的过程中，孩子只有真正独立之后，才会拥有自己独特的性格，也才能成为一个自由人。

好的环境会促进孩子的发育，只有在适宜的环境中，孩子才能发挥出自己的本能，才会找到适合的方式，帮助自己走上自主生活的道路。

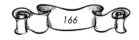

　　婴儿出生的时候，必须要依赖于妈妈提供的营养长大。可是，一旦他能够从周围获取更好的营养，那么他就会自己动手实践。

　　但是，孩子健康长大和获得自主性的前提必须要有一个适宜的环境。

　　我们不知道什么样的环境才算是适宜的环境，就像一开始我们不知道怎么让孩子吃东西一样，必须得一步一步地探索。

　　但是，在孩子的日常生活中，我们也发现了一些逐渐显现的规律。我们对于这个规律已经掌握了，所以我们要做的，只是按照这个线索一步一步进行下去。

　　在对孩子的观察中，还有一点非常关键，就是吸取知识能够保证孩子的正确方向。

　　当然，我们找了所有不同种类的对象进行了相同的观察，这个结论是绝对真实的。

　　孩子在日常生活中吸取到的不仅仅是知识，也在通过学习塑造自己独特的性格。

　　无论如何，学习都是生命中必须进行的步骤。无论是心理上的还是身体上的，都不能得出一样的效果。

　　当然，有一点我们需要注意。假如在学习的时候，没有按照正常的生活进行，那么我们也不能将孩子引上正途。不管什么样的方法，都不能帮助孩子。

　　在孩子发展的过程中，他们需要亲自体验学习，用自己

的身体来进行自我完善。学习的时候，最关键的部位就是对手的应用。我们所有的创造力也都是通过手来实现的。

学习是孩子的天性，当然这也是全人类的天性。人之所以是人，也是因为这个天性。

在学习的过程中，孩子们获得了满足，觉得快乐，这是保证孩子在正确的方向上发展的动力。可不是每个人都喜欢学习的，有些人觉得学习是一件非常令人厌恶的事情。

原因是什么呢？在我看来，或许是因为他没有了解学习的真正意义吧。学习原本应该是一种促进人类发展的动力，可是，在社会中，天天追求权钱的生活，人与人之间的尔虞我诈，把学习的真谛给泯灭了。

在现在的社会中，学习是为了更好地生存不得不做的一件事情。这种心理让学习成为一项苦差事。所以说，我们学习就是为了更好地生存，它已经成为我们追求利益的工具。

所以，现在人们才会越来越摒弃学习。

可是，一旦我们进入到了适宜的环境中，学习就会成为我们的本能反应，我们也寻找到了幸福感，这种情绪自然而然地出现在我们的脸上，就算是一个成年人，也会爱上学习。

"做父母"和"做孩子"是区别很大的两种工作

成年人与孩子的关系并不和谐

在我们的想象中，成年人和孩子应该是非常协调的，他

们会彼此关心对方。但是，在现实中，成年人却并不想进入孩子的世界，也不想了解他们，孩子不能理解成年人在想什么。所以双方相处得并不和谐。

在共同的生活中，大家会出现许许多多的矛盾。在成年人看来，他们为了自己的生存耗费大量的脑力和体力，这让自己无暇顾及孩子的感受；他们也没有时间倾听孩子的心声。要让他们跟随孩子成长的步伐，这太难了。

再看看孩子，因为自己的能力有限，所以对于成年人的思维模式和快速的思考步伐，孩子也没有任何办法让自己跟得上他们的脚步。

当然，这跟现代社会的发展是有关系的。假如我们能够回到人类刚刚进化好的时候，无论是成年人还是孩子，都不必为了生存耗费自己的精力。只要能够保持温饱，那么其他时间就是自由的。

社会越来越进步，可是，我们的生存环境却变得越来越紧张。在这个社会中，如果想要生存就必须加快节奏，并且约束自己的行为。

不仅仅是这种快速进行的生活习惯，我们认为的高科技发明也成了孩子不能健康成长的拦路石。

在我们的日常生活中，孩子更多地被关在了高楼大厦中，成年人觉得只有把孩子放在家里，才能够保证孩子安全成长。可是，成年人没有站在孩子的立场思考，他们只以自己的需求要求孩子的行为。

在我的观察中，成年人和孩子的活动节奏是不同步的，那么在我们的研究中，就要从两个角度考虑问题。

成年人的工作

通过对人类发展史的研究，我们发现，大自然的发展会遵循一定的原则，每个人都各有各的任务。对于这种原则，我们称作是社会分工。这些也同样适用于人类社会，因为不同的人也有自己不同的责任。

所以说，我们要充分认识这个原则。当然，还有一个重要的原则跟社会分工有关，就是最大效益原则。人类最渴望付出最少，回报最多。

但是这也不是说大家不喜欢通过自己的劳动获取报酬，这种想法就充分表达了人们希望自己能够有优异的表现。所以人类不断地改进劳动用具，并且发明各种替代品，以代替自己更好地完成体力活动。

所以说就算不能全部适合所有的人，可是这样的原则依然是很重要的。人们拥有的钱财越多，就越想变得更好，所以人类之间就有了摩擦和冲突。

这种冲突源于人们对财富的贪婪，当然，这并不意味着人要当财富的保管员。从我们的研究中，这种贪婪的心态不是人的天性，可是一旦出现，贪婪就永远无法消除。

除了贪婪以外，还有对所有物的私有欲，这个直接导致

由爱生恨。

这种私有欲如果存在于一个团体中，它就成了这个团体中的不利因素。在这种私有欲的主导下，团体把与其他人的关系变成了主仆的关系。

虽然不正确，可是这种心态却是人类不断追求的。这种心态可以保证人类能够得到希望的利益，所以人们也将它当作一种必须遵守的规则。

在确定了这样的规则之后，人类的世界观就颠倒了。人类把这种错误的、不道德的思想当成了自己追求价值的指导理论，整个社会也陷入混乱中。

所以，当孩子降临到这个世界之后，他们忽然从一个充满真理的情境跌进了这个黑暗的世界，自己会不知所措。

在孩子进行自主行为的时候，他们无法跟上社会的快节奏，所以，他们也理解不了成年人为什么会有不一样的行为。当然，孩子们是不参与对生产资料的创造的。

在孩子的世界中，他们需要的知识不是通过自身劳力创造出来的具体物品，也不是使用高科技工具进行创造的，当然，更不是当权者制定一系列不平等的规则。

孩子们不能在这个世界中找到生存的模式，也不能通过自己的学习改变这个世界，对于这个社会来说，孩子没有价值，与这个世界也格格不入。

更进一步说，孩子的存在会打破世界的平衡。因为在大

人的眼中，孩子只要在自己的身边，即使不说话也会觉得很烦。反观孩子，他们需要更大的空间让自己探索活动，所以对于这个环境，他们会更不喜欢。

儿童的工作

孩子降生到这个世界，由于没有发育完全，所以不能对社会有什么贡献。可是，孩子是带着自己的责任来到这个世界上的，他们也是世界的建设者。

刚刚生出来的时候，孩子不能跑也不能跳，不能做任何事情。可是，随着他们经历的越来越多，他们对生活的体会也越来越深，并且最终完成了向成年人的转变。

成年人也是从孩提时期过来的，在这个时期，他们拥有了自己独特的个性。但是，长大之后，那些在孩提时期觉得很容易的事情再也做不出来了。不只是孩子走不进大人的世界，孩子的世界也拒绝成年人进入。

在孩子和成年人承担的任务中，他们要走的路是两条相反的道路。

在我看来，孩子在长大成人的过程中，要不停地反复进行训练。他在与周围环境的磨合中，不停地改变自己以适应社会，同时，也要一直丰富自己的感情。

孩子进行锻炼的时候，是按照一定的顺序进行的。最开始的时候要学会发出声音，这种沟通的方法需要孩子付出很

多。在同一时间，孩子还要努力让自己的肢体能够协调运作。

为了长大成人，孩子会自主地规划出要走的路线，这个跟星星有自己的转动轨道一样自然。

成年人能够做的就是为孩子提供一个适宜的环境，更多的要靠孩子的努力，孩子要不停地战胜困难，在吸取经验的过程中，把伤心转化成动力，只有这样，他才能完成任务。

一天没有到达目的地，孩子就不会停下脚步。在成年人的世界中，也要学习孩子的坚韧不拔才能改变自己。

不得不说，孩子和成年人之间的纽带是不会消失的。孩子和成年人成为彼此的依靠和奋斗目标，这一点，任何人都是一样的。

孩子和成年人分别主宰着自己的世界，他们都是掌权者，只是他们所在的世界不一样。

两种工作的区别

因为孩子的活动是一种真实的存在，所以我们可以进行深入具体的研究。我们观察了孩子为什么会学习以及通过什么样的方法学习，通过这些结果跟成年人进行比对。

我们发现，成年人和孩子的活动虽然有一定的相似度，但更多的是差异。这些差异是由于二者的奋斗目标不同造成的。目标就在他们的脑海中，也不能改变，可是，在他们活动的时候，他们也不知道这个目标是什么。

孩子们不管进行怎样的活动，最后都是奔着长大去的，孩子的这个目标非常清晰。

可是，我们研究了孩子的身体发育，研究了他们的心理发育，这些所有的加在一起，我们还是不能从表面上就看出他们要长大。

为什么最初的想法与我们看到的不一样呢？这个解释只能是因为生存环境的不一样。

当然，关于这个问题，如果我们仔细观察，可以很轻松地找到答案。举下面的例子作为参考。昆虫在生产自身的物品时，实际上是要进行劳动的。

我们对待同样的东西会有两种态度。关于蚕辛苦吐出来的蚕丝，我们会把它加工成漂亮的布。可是那些发育成熟的大蜘蛛吐出的丝，我们忍不住立即就扫除了它。

这两种态度告诉我们，孩子和成年人都在进行自己的活动，并且都是有意义的活动，可是最后他们完成的目标却是不一样的。

对于教育工作者来讲，孩子的活动是不带有目的性的活动，我们要做的就是从孩子的活动中找到孩子想要达到的目标。

孩子不停地练习没有任何的目的，相反他们不再活动也不是在追求目的的过程中想休息了。

这个例子告诉我们，其实，孩子和成年人的活动是有本质区别的。孩子不是为了利益才进行活动，不仅如此，他们耗费

了很大的精力，努力发挥自己的能力，也不是为了实现具体的目标。

在孩子的心里，这些对目标的强烈追求，他很少会注意到。虽然生存环境对于孩子的内心发展有很大的影响，但是，如果一个人的内心获得了想要的满足感，那么他就不会在意周围的环境了。只有在需要的时候，才会注意到外面的世界。

成年人和孩子之间还有一个重要的不同点。孩子不是为了利益或者是想要人注意自己才进行活动的，孩子活动的原因是他必须这样才能成长。

当然，孩子的成长也不是一蹴而就的。所有在成长过程中的生命，都会按照一定的规律发展，这是一个必须遵守的规律。生命不能成长得太快，也不能停止生长。在这种自然规律下，一旦不按照计划打乱了生长的秩序，就会受到严厉的处罚。

促使孩子进行活动的原因跟成年人的也不一样。成年人都是为了利益才会努力的，他们也会为了这个原因放弃一些东西。跟孩子的成长一样，如果成年人想要获得这种利益，那么自信和强大的精神力量是不能缺少的。

还有一点，孩子在面对耗费精力的活动时，没有身体上的劳累，他们在活动中能够不断充实自身的能力。孩子也不会叫喊减负，他们会自主地做好。所有的活动都是孩子长大和发育不可缺少的，如果有一天没有了这些活动，那么孩子会停止生长甚至死亡。

假如我们不知道这个事情，我们不会知道活动对于孩子

来说是一种怎样的存在。我们在干扰、中断孩子的活动时，也会更理直气壮，因为我们认为，自己在关心他们。

成年人往往会规划好一切，甚至不让孩子动手。因为成年人觉得自己亲自做，可以节省时间。于是，洗衣服、帮孩子穿衣服、不让孩子走动就成了成年人的事情，当然还会包括帮孩子打扫房间。

可是，如果成年人放手让孩子选择，他们一定愿意自己动手。在儿童之家，我们就创造了这样的空间，孩子也喜欢这样的安排。

放手让孩子动手，不是不爱孩子，反而是对孩子的一种爱护。看起来这两种讲法有点说不清楚，可是如果想通了，这个是含有很好的道理的。

在这种情况下，适合孩子学习的那些教具必须具备，可是，孩子更需要一个能够引导他在正确的方向中发展的有良好素质的成年人。

第十章　孩子是世界的主导者

孩子渴望独自成长

儿童的主导本能

在我们生活的世界中，有两种不同的生命：发育良好的和尚未发育好的。

作为高级动物的人类，会为了生存下去不断竞争，在融进周围的环境中，人类也会出现无助。然而因为需要和爱护，人类就会自由组合。

达尔文觉得所有的生物都会朝着高级的层次努力。他称这种规律为"进化"。解释出来是所有的生命都会让自己变得强大，并且融入环境，不同性别之间和不同种类之间不断地冲突发展。

达尔文在生物学上的研究也同样适用于人类，研究人类的专家也提出，人类在成为高级动物的过程中，也经历了很多的冲突和发展。

在我们对人类的发展史进行记录的时候，我们唯一能够

参考的就是我们经历过哪些事情。可是人类和动物是不一样的，如果我们想解开人类生存的秘密，那么我们要做的就是从幼年时期开始观察。

当然，这些刚刚来到世界中的婴儿非常小，不可能参与到冲突中去，而且他们最初只是一个胚胎，他们不可能直接长大。

所以说，除了发育好的个体之外，还存在发育不好的情况，发育不好的个体的情况跟发育好的个体的生长方式完全不同。

我们最关键的研究方向就放在了发育不好的个体中。这是由于我们在探索生命的重要性的时候，只能在发育不好的个体身上才能看的完全，而发育好的个体是不具备完全的特点的。

我们通过研究生物的活动，看到了生物是如何用自己的心理活动影响自己的行为的，也许，我们能把这个叫作"主要能力"，这个可以跟应激反应做一个对比。

所有生物都有的本能

在学术上，所有生物都有两种天生的能力，一种是维护自身的能力，一种是维护下一代的能力。

其中有一个能够在短时间内开启自我保护的模式，当生物遇到特别危险的事情时，他们会迅速地反应然后保护自己的身体。而在这种能力中，还有一个分支用来跟自己的异性相处。

但随着研究的深入，专家们将目光转移到了生物体能长

时间保持的能力上，而且也开始研究每个物种和自己成员之间的关系。这种能力就是"主要能力"了。

可以说，这种能力不像短时反应那样直接就能保护自己了，它最大的特点就是存在于内心深处，永远能够给予生命体支持的一种心理能力。

这种本能是孩子刚刚出生时的引路者和看护者。因为在孩子刚刚出生的时候，他们没有体力，也没有自己的思维，更没有可以让他们能够适应世界的工具，他们没有办法获取胜利，能做的就是努力活下来。

在孩子那里，这种本能就像是儿童时期的指导者，这种能力让没有力气、没有办法维护自己的婴儿长大成人。

还有一种能力是跟母性有关系的，法布尔等研究物种的专家将这种能力看作物种得以传承下去的关键。另外一种能力可以促进生物体的成长，曾有专家通过实验证明了这一点。

在对这种能力的观察中，我们认为这是一种很神奇的能力，这种力量只是为了延续生命，跟存在的生命体无关。

"母性"天性只是一种叫法，我们可以这样理解它。它的主要作用就是传承下一代，这个存在于所有的物种里。

大家都知道，蝴蝶是以花作为自己生存的养料的，除了这个，不会碰任何东西。可是，蝴蝶幼虫却不会被养在花上，这个会涉及另外一种能力。

当然，这种能力比自己吃东西的能力要强，所以促使蝴蝶

改变了自己的性格去吃别的东西，很明显蝴蝶不是因为喜欢而去吃的，而是为了蝴蝶幼虫。

除了蝴蝶，七星瓢虫等虫子也跟蝴蝶一样，不将幼虫放在自己最喜欢的尖端位置，而是放在了尾部。这么做都是为了让幼虫更好地生存。

还有那些不吃植物的虫子，宁可吃些植物也要为幼虫积累营养，更神奇的是，它们还会知道晴天和雨天。

通过上面的例子我们知道，假如物种具备了繁衍后代的责任，那么不论什么样的转变都可能发生，那些已经形成的日常习惯都消失了，一切都为了繁衍后代做出了让步。

这一定是个奇迹，其实，婴儿也是一个奇迹。他们在刚刚生下来的时候，就直接可以发挥自己的本能融入这个世界，并且维护自身的安全。

这也是受到本能的驱使，这些能力的发挥让婴儿有了不可战胜的力量，这种力量也会不断强大起来。

不止是生物，其实我们的世界也有自己运转的规律，生物也不得不遵守这个规律。所以，成熟的个体不是随心所欲的，而是要在一定的框架内改变自己的习性。

可是，如果我们再观察一下高级动物，就会发现，这两种能力之间有一个连接点，这个连接点会直接将这两种能力融合起来，共同发挥应有的作用。

这种协调的关系催生了妈妈和孩子之间的感情，他们二

者之间具备了一种关联，这种关联慢慢地蔓延，从而在物种中创造出一代照顾一代的模式。举个简单的例子，我们常见的成员一起生活的那些都是如此。

这种能力将物种传承了下去，但是肯定不是那种互相关心的情感。这种能力是生物体对繁衍的渴望，它是物种得以传承的关键。

所有的物种在和自己的后代长期的生活中，都会有一定的感情基础，这促使这种能力发挥到更好的水平，从而迅速完成自己的任务。当然，这个任务不是不情愿的，而是开心的、喜欢的。

虽然我们经常说不能违背既定的规则，可是，一旦有了更重要的责任的时候，这些规则就会被另一种新的规则覆盖，这是由于物种需要延续下去。

所以说，规则是不断变化创新的，只有这样，生物才能不断传承下去。

可是，我们是如何顺从这些规则的命令的呢？人类作为高级物种是拥有智慧的生命体，人类具备其他生物的所有特性，人类依靠自己的聪明总结了一般的规律。

可是，我们还是不知道，孩子和成年人之间的区别是什么，也不知道这些区别是如何表现出来的。

在成年人的眼中，没有什么比外面的事情更重要的了。他们喜欢安逸的生活，并且充满了竞争意识。因为，在成年人的眼中，竞争才是生存的目的。

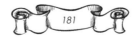

成年人看待某件事情一定是完全从自己的角度出发，包括对待孩子。他们觉得孩子是一种奇特的东西，他们会直接让孩子也变成自己的思考模式。

成年人一直是用这样的态度教育孩子的，他们觉得自己已经非常完美了，孩子就应该以他们为标杆，把他们当成榜样来模仿。

可是他们不知道的是，孩子不需要他们的生存世界和生存技能。

对于这种不对的行为应该怎么看待呢？我们觉得，人类是高级动物，是大自然中最聪慧的物种，是力量和智慧的综合体，也是世界的创造者，拥有很多值得自豪的地方。

可是，人类拥有这么多的智慧，他们却没有正确对待自己的继承者，甚至比不上昆虫这种低等生物做的事情。

是不是人类本身不具备这种能力呢？人类在生活中难道没有看到怎么做才是最好的方式吗？

作为创造者，人类无法给孩子创造出一个良好的生存环境。这个环境必须是漂亮的，纯净的，没有任何尔虞我诈的世界。

当然，在这个希望的世界，成年人会摒弃一贯的作风，抛弃"把竞争作为生存的追求，只有打败其他人才是胜者"的观点，以平和的心态生活。

所以，人类要有改变的勇气，让自己抛开过往的生活。只有这样，人们才能够打开儿童的心灵之门。

儿童是世界的指导者

现在，如何展现出人类自身具有决定作用的能力，成了我们追求的目标。在这个目标的引导下，我们发现了这个前所未有的理论。

从我们的研究中可以看到，这个新的领域会展现出没有见过的性格，这种性格当然也是符合社会一般规律的健康的性格。

我们进行了多次验证，我们的教育系统和我们所处的世界急切地需要这个理论来提高。

人类还有其他的不为人知的性格，这是显而易见的了。所以说，我们必须深入了解这个新的性格特征，这样我们才能在这种性格的支配下，通过教育的手段建造一个崭新的世界。

当然，要建造这样的世界，单单依靠一两个改革者的呼声和一些粗糙的理论是做不到的，这个世界需要全体人类的智慧，也要经过一个漫长的过程。只有这样，年轻的一代才能拥有属于自己的世界。

这个新世界的建立，需要我们深入到孩子的内心，通过他们的心理活动和需求找到合适的规则。如果孩子的内心活动被封闭起来，即使我们再努力，也不可能建造起崭新的世界。

可以这样说，只要孩子的内心世界受到压抑，他们就没有办法按照正确的方向完善自我。如此一来，我们的世界就会不协调。这样看来，孩子影响着世界。

孩子拥有能够改变世界的能力，在他们身上也蕴藏着人类的隐私。如果我们想要创造出心中所想的世界，那么我们的目光应该停留在孩子的身上。

给予儿童应有的权利

孩子需要被关照

在 20 世纪以前，孩子们获得的仅仅是来自亲人的关爱，而且能够维护他们的只是父亲的强权。这个习惯从 2000 年以前就遗传下来了。

时间一点一点地前进，经过了这么久的变化，我们的社会也有了巨大的进步，我们制定了很多保障成年人权益的规则。但是，不管是古代还是现代，我们都忽略了孩子的权益。

孩子的成长幸福与否或者是能不能接受成年人的强有力的支持，跟孩子出生的家庭背景有极大的关联。假使孩子在一个穷困的家中长大，没有任何帮助，孩子只能依靠自己。

现在我们知道，即使孩子在人类的发展中有着很大的作用，但是，社会完全任其独自发展，跟大人相比，他们被遗弃在世界中。

等到了 20 世纪初，从医学领域对孩子才有了研究和观察，直到这个时候，孩子的作用才被重视起来。

跟现在相比，这些孩子被关心的程度还很低。那个时候，孩子跟成年人看同一个医生，用同样的药，我们的官方统计

说明了那个时候孩子要长大成人是非常难的。当我们失去了那么多的孩子之后，我们才开始重视孩子。

在后来，社会逐渐认识到孩子的重要性，所以第一步，我们希望能够改变父母的想法并且把家长培训成追随孩子脚步的看护人。

在进行训练的时候，这些人会教会父母怎么照顾病人和一些基本的医学知识。他们试图转变父母只管生，却不管照顾的想法。

可是，不只是不被家人忽视，在接受教育的地方，他们也觉得很压抑。

下面我们列举一些真实的案例，这些让我们有了深刻的认识。

好多孩子在进入学习的地方后，都觉得身心疲惫。之所以会这样，是因为孩子要帮忙赚钱。有的孩子要跑很远的地方挨家挨户送牛奶，有的孩子要送报纸，还有的孩子干脆被留在家里做很多家务活。

所以，孩子的身心都会很疲累。在这种状态下，想要孩子学习好是不可能的。尽管这样，如果孩子在学习上出了差错，老师还要处罚他们。

老师这么做美其名曰是为了孩子好，其实更多的是为了满足自己的权力欲望。他们觉得处罚可以逼迫孩子用心学习，所以老师习惯性地想要通过批评孩子或者用难听的语言训斥孩子，以达到自己的目的。

结果显示，孩子受到家庭和老师两种压力，在这样的状况中，孩子变得越来越压抑，心理也会越来越不健康。

很多报道都展示了当时的孩子是多么不受重视。好在人们渐渐地发现这样是不对的，在这样的想法下，学校也开始用许多方法改进自己的工作。

在我们生活的年代，孩子在各方面的关照下茁壮成长。还有的地方把如何保证孩子正常发展作为单独的课程放到学校中，这个方法产生了很大的效果。在这样的努力下，我们对孩子的重视更加深入了。

在人类诞生以来，我们认同的教育就是奖励和处罚。也可以这样说，我们是为了规范孩子的行为，并且在规范中可以使用特别手段，这样才出现了教育。最初和最终目标就是让孩子按照成年人模式成长。

在现代社会中，学校和家长会共同帮助彼此处罚孩子。通常孩子明明已经接受了一方的处罚，而另一方又会对孩子进行一次处罚。

孩子面对这种双重处罚，没有任何办法，也得不到任何人的帮助。他们没有申诉的时间，就被迫又接受了处罚，也没有人可以缓解他们的痛苦。

所有的成年人都觉得，这种双重处罚会让孩子记住教训，只有这样孩子才能变得优秀。

这些不同种类的处罚即使在我们生活的社会也会出现，甚至会更严重，被骂，被嘲讽，被隔离，被打，等等，或许

还有比这些更重的处罚。

不仅仅在肉体上，孩子们还会被禁止出去玩耍，不准吃自己喜欢的东西。这些活动原本是孩子们治疗伤口的良药。

另外还有更过分的。有些父母不让孩子吃东西，在这种情况下，孩子会煎熬整整一个晚上。

这些成年人觉得，我们被赋予了这种权力，而且这也是我们必须做的任务。

但是，在成年人的世界里我们不能这样做，因为这破坏了我们的自尊。可是，对待孩子为什么就可以？我不明白，可能是成年人没有一颗爱护孩子的心吧。

保护儿童应享有的权利

我们经常把世界比喻成一个不断前进、运转飞快的火车，这列火车的终点就是我们理想中的世界。我们都是这列火车上的乘客，在这列火车上，我们会随着节奏睡去，无法对自己的旅程有任何感应。

就像要把我们从睡梦中叫醒一样，如果想要建造一个崭新的世界，那么必须唤起所有人的勇气，从这方面看来，二者是一样的道理。

现阶段，我们要做的事情，就是正确对待我们的孩子。我们必须尊重孩子，给予他们必要的权力，只要我们做到这一点，我们的社会就能成为适宜孩子成长的社会。

在我看来，我们的世界打着为了孩子的旗号，办着能满足成年人心意的事情。孩子的想法根本不重要，我们可以直接使用他们的所有东西，而不是给他们保留。

其实，大自然就懂得把一切留给下一代。不管有没有智慧，蚂蚁会为下一代找更多的粮食，小鸟会把自己吃的小虫子给雏鸟吃掉。

在其他的生物中，成年人毫无保留地为下一代做任何事情。可是反观人类，他们只是掠夺孩子的东西，然后，扔给孩子一点物品，然后成年人就不再做任何事了。

如果我们成年人在生存的过程中有了危机，那么掠夺孩子的一切，然后满足自己的利益就成了普遍的现象。

成年人能够掠夺掉孩子的资源，主要是孩子没有可以依靠的对象，这点是成年人心机不纯和不善良的一面的体现。

但是，成年人们恐怕都没有料到，当他们为了自己的利益选择了掠夺孩子之后，他们不仅没有尽到维护孩子的义务，反而也让自己陷入了危险。不管结果如何，这样做都是不对的。

成年人没有尽到自觉保护孩子，帮助孩子走向正确轨道的义务。在孩子们偏离了轨道之后，他们就会心理不健康。所以说，成年人一定要反省自己，不只是孩子的需要，也是在保护自己。

现代社会中，家人从一个生产者的身份转移到看护者的身份上。这意味着家长的工作也从为了自己的教育，转移为一切为了孩子的教育。

如何才能完成，这就需要家长将自己对待孩子的感情升华，变成没有利益的纯净的感受。家长们的眼光应该都停留在这里，并且坚决履行好自己的责任。

所以，现阶段，大家已经都从利益转到人类生存在这个世界上应该拥有的权益上来，那么下面，我们要做的就是把孩子摆在第一位。

我们要关注人类中付出了辛苦的人，因为，他们的努力促进了世界的巨大改变。

但是，跟孩子比起来，这些劳动者创造出的只是物质上能够供人类使用的东西，孩子们却创造了伟大的人类，照此推断，我们应该更尊重孩子。

只要社会能够满足孩子的需求，那么社会得到的回报，就会远远地超出它的付出。

所以说，社会应该好好地反省，社会从来没有注意到孩子也是需要尊重的，当然，也不知道尊重孩子会收到意想不到的回报。

作为孩子的看管人，家长是改变社会看法、尊重孩子需求的重要力量，这个任务是他们在这个社会上的唯一工作。

所以说，家长不仅仅是要把孩子生出来，他们更需要把可以改变人类未来的孩子的教育当成自己的责任来对待。假如说家长不肯承担这个责任，那么他们就变成了摧毁者。

我们所处的这个时代，至今没有人站出来号召成年人尊重

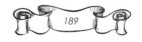

孩子，我希望，以后能够有人用自己的爱和鼓励帮助孩子成长起来。

孩子就好比是堕落的天使，虽然他们来到了丑恶的人间，可是他们会发挥自己的特殊力量，遵守使命，让人们能够重新进入天堂。

如何培养儿童的纪律性

真正的纪律是什么

前面我已经提到过，我们的观察教学法以孩子的自由为前提，纪律必须通过孩子在自由状态中的自律来实现。

这个原则一般人很难理解，尤其是那些奉行一般教学法的人，他们可能会有疑问：一个孩子怎样才能在自由的班级里遵守纪律呢？

当然，我们所说的纪律与人们普遍接受的纪律的概念是不同的。我的观点是，如果纪律建立在自由的基础上，那么，纪律本身也必须是灵活的，不死板的，因为自由本身就具有灵活性。

一个人像哑巴一样默不作声或像瘫痪的病人一样不动弹，我不觉得这是守纪律。这种状态下，这个人只能说是失去自我的人，而不是一个守纪律的人。

只有当一个人成为自己的主人，能管住自己的各种行为，主动遵循生活规则时，他才能说是一个守纪律的人。

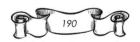

这就是纪律的灵活性，这种观念不容易被人理解，也不容易被采用。但这才是真正的纪律的含义，它包含了一个伟大的教育原则，它不同于旧式教育中那种不容反对的、被迫的"不许动"的强制纪律。

教师要具有引导孩子遵守纪律或规则的特殊技能，使孩子逐步达到自律、不断完善自己的自制能力。教师培养孩子具有这样的纪律，会让孩子终身都受益。

如果孩子在学校里学会了自由地走动而不影响他人、不破坏环境，孩子也不是被迫地坐在座位上一动不动，那么，他就成了一个真正守纪律的人。

此时，孩子不是为了别人而学习、为了别人而守纪律，他是在为自己将来的生活做准备。

孩子这种守纪律的习惯不仅局限于学校，还会延伸到社会生活中。他会因为自己良好的习惯和实践而变得很能干、很优秀，他会在以后的社会生活或社团活动中坦率、真诚、正直、举止得体优雅。

当然，孩子的自由不能侵犯到集体的利益，不能破坏他人的自由，从外部行为上来看就是，他们要达到我们所认为的那种好教养。

所以，我们要细心观察孩子，看他是否有冲撞他人、激怒他人、伤害他人的举动，看他是否有粗鲁的、不礼貌的行为，是否有破坏周围环境的行为等。

如果孩子有以上行为，教师就要适时干预，帮助孩子改

正这些行为。

至于除此以外的行为，不管是什么样的行为，也不管以怎样的方式表现出来，教师一方面要允许孩子去做，另一方面还必须要对孩子进行细致的观察，了解孩子的状态和需要，以便给予孩子及时、有效的帮助，这是非常重要的一点。

我们的教师在经过科学训练以后，不仅要有能力或技巧，而且要有兴趣和强烈的意愿去观察孩子的这些行为。

我们要求，教师必须是一个被动的观察者，而不要总是主动对孩子施加影响，不要总是主动去"教"孩子，要允许孩子在活动中进行自我教育。

或者也可以说，教育者的被动性，应是带着强烈的、对于教育科学以及儿童心理的好奇心，并绝对尊重她所观察到的一切。

人类在幼年时期表现出来的个性非常宝贵，我们必须尊重孩子最初展现的个性，就像虔诚地尊重上帝。

有效的教育只能是帮助而不是阻碍生命的充分发展，要实现这样的教育目标，我们就一定要避免抑制孩子自发的行为以及任意强加的做法。

如果教师没有接受过如何进行观察的训练或培训，我们就要对他们进行实际的训练和实践练习，让他们学会如何科学地去观察孩子，以适应观察法这种新的教育方法。

新教师对于实验心理学的科学知识和实践经验越丰富，

她就能越快速地适应这项工作，越能快速地创造生命中的奇迹。

经过一段时间的教育实践和练习，教师就会对观察法越来越熟练，她就能更快地辨别孩子哪些行为应该进行干预，哪些行为应该进行观察。

我这里有这样一个例子。

有一天，一群孩子围成一圈，有说有笑。在他们中间是一盆水，水面上漂浮着几个玩具。当时，有一个两岁半的小男孩，他独自待在圈外，满脸的疑惑。

我开始很有兴致地观察他，他对其他孩子围成一圈的举动充满了好奇。我发现，他首先走近那些孩子们，试图从缝隙里挤进去，但没有成功，因为他还小，不够强壮。

接着，他站在那里，向四周看了看。他看到了一张小椅子，显然，他打算把椅子放在这群孩子的后面，自己爬到椅子上面去看。

于是，小男孩开始向小椅子走过去，他的脸上闪烁着希望的光芒，像是发现了新大陆一般。的

但是，就在这个时候，教师用他的双手把小男孩抱了起来，并把他举过其他孩子的头顶，让他看到了人群中的那盆水和水中的玩具，说："可怜的孩子，你也可以看到的，你看。"

小男孩看到了盆里浮在水面上的玩具，他似乎应该高兴了。

但是，目标的达成是因为教师的帮助，而不是孩子自己

的努力，他没有享受到通过自己的力量克服困难达到目标的快乐。看到玩具并不算什么，而孩子自己所做的努力将会增加他的内心智慧。

显然，这位教师阻碍了孩子的自我教育和自我发展。这个小男孩本打算让自己成为一个征服者，但他却发现自己被压制在一双大手之间，而没有能力去反抗。

而最终，我看到，孩子脸上那高兴、焦急和充满希望的有趣的表情，此时也慢慢消失了，留下的只是傻傻的表情，因为教师的做法告诉他：别人会为他做任何事情，而他自己却做不到。

观察法让新教师难以适应，她开始厌烦，此后，她就开始对孩子的种种行为都撒手不管，任孩子自由地去做任何事。

有的孩子把小脚放在了桌子上，有的孩子在不停地抠鼻子，教师也不去纠正他们。我甚至看到，有的孩子推搡其他伙伴，他脸上露出了暴力的表情，教师也没有去制止。

所以，我不得不去干涉教师，详细地向她说明：孩子哪些行为要马上阻止，哪些行为要逐渐制止，哪些行为要允许孩子去做。

教师只有明白了这些，并正确地行动，才能帮助孩子辨别好与坏，使其发展有益的行为，并修正某些错误的行为。

教师要能帮助孩子发展自己、形成纪律，就要做到以上这些。而且，只要采取了这种维持纪律的方法，就要坚持这样做下去。

对教师来说，最开始的日子里往往最困难。

我们的目标是帮助孩子建立一种积极的、工作的和有益的纪律，而不是不动的、被动的和顺从的纪律。

为了能够形成真正的纪律，积极遵守这种纪律，孩子要学会的第一件事就是辨别好与坏的行为。而对教师来说，她的职责就是，观察孩子有没有混淆好与坏这些概念。

孩子在教室里安静地、自由地走来走去，自发地去做一些有益的、充满智力的练习活动，但他没有任何粗鲁行为或伤害自己、伤害其他孩子和环境的举动，这样的孩子才是真正的守纪律。

在普通学校里，教师会让孩子们一排排地、安静地坐着，整个教室就像集会一样井然有序，安静而没有嘈杂声。

在我们的教育中，以后也可以达到这样很有秩序的效果，因为有时我们需要全体安静地就座，比如参加音乐会或讲座时。

不同的是，普通学校建立秩序靠的是命令和强制，而我们则是让孩子在自由中学会自律和服从。

当孩子建立了个性化纪律后，我们会安排他们各就各位，让他们自由选择自己喜欢的位置，待在那里安静不动，也不发出噪声，以保持秩序。

我们会尽力让孩子们明白，这样的井然有序看起来很好，这是一件好事，令人愉快。

经过这样的教育和练习，孩子们就能很安静地待在自己

的位置上不动了。他们不会再随意地站起来，不会大声说话或坐到别的位置上去。

即使孩子这么做了，也是因为他们想这么做，想去做一些自发的举动。这是可以理解的，而且，经过不断练习，孩子会记住好与坏，他们的纪律性会增强，这样的行为就会越来越少。

随着时间的推移，孩子有序的活动会变得日益协调和完美，而最终，让他们保持集体秩序就是很容易的事了。

不要奴化孩子

自由的基础是独立，没有独立就没有真正的自由。因此，作为教师，我们要帮助孩子通过自己的活动逐步达到独立。事实上，孩子从断奶的时候起，就开始一步步走上独立的道路。

当今，我们的社会仍然具有很强的奴役性，仆人成了我们生活的一部分，这就是一个例证。只要仆人存在，我们就没有真正的独立。不是仆人依赖我们，而是我们依赖仆人。

仆人这种现象的普遍存在，会揭示出某种道德问题。很多人认为，拥有仆人的贵族才是真正独立的，因为没有人命令他们，而他们却可以命令甚至训斥仆人。

但实际上，需要仆人帮助做很多事情的贵族，才是真正要依赖别人的人，他们的独立性很有限。

我们所有对于孩子的教育活动，若要行之有效，就必须

帮助他们一步步走向独立。

我们要帮助孩子学会自己吃饭、自己走路、自己上下楼梯，学会自己捡起掉落的东西，学会自己穿衣服脱衣服、自己洗澡，教他们学会清晰地讲话，清楚地表达自己所需要的东西，等等。

独立教育是我们教育孩子的重要内容，我们必须帮助孩子获得各种独立的能力，让他们达到真正的独立。

可是，当今，我们却总会习惯性地侍候孩子。这样做不仅是在奴化孩子，还很危险，因为我们这样做会抑制孩子有意的、自发的活动，让他们陷入无能。

很多人认为，缺乏各种能力的孩子就像一个木偶，需要靠我们成年人来操纵。我们从来不去想孩子的感受。

事实上，孩子的内在需求是，他们要自己去做那些事情，大自然赋予了他们学习去做各种事情的本能，而我们的职责就是为孩子创造做这些事情的条件和环境。

如果母亲没有设法教孩子自己怎么拿住勺子，怎么舀住饭并放到嘴里，没有给孩子示范她是怎么做这些事的，那她就不是一个好母亲，因为她伤害了孩子最基本的尊严，阻碍了孩子本能的发展。

母亲们都知道，教孩子自己吃东西、自己洗衣服穿衣服这样的事情单调乏味，而且很繁琐、很难，这比亲自喂孩子、亲自给孩子洗衣服穿衣服要付出更多的耐心。

以上两种做法有很大不同，前者是教育者的工作，而后者

只是仆人的简单低微的工作。亲自为孩子做事对母亲来说很容易，但却会害了孩子。因为这会阻碍孩子的自我学习，在孩子成长的道路上设置各种障碍。

我们要知道，对孩子不必要的帮助，才是他们成长的实际障碍。

对于孩子来说，父母这样做，后果是很严重的。拥有仆人的贵族会越来越依赖他们的仆人，并最终成为仆人的奴隶，而且，由于总是让仆人服侍自己，他们自己的能力会变得越来越弱，甚至丧失活动的能力。

只是命令别人服侍自己，总依赖别人为自己做事，这会让人的思想日益变得沉重而迟缓。当有一天意识到这一点并想重新获得独立时，我们就已经没有能力获得独立了。

取消外在奖励和惩罚

若孩子成为自己的主人，成为一个独立而自由的人，他就能够依自己的意志自发地遵守纪律。这样的话，外在的奖励和惩罚形式对他就没有多大用途了。

自由并自律的人，不会追求那些外在的奖励和惩罚。他们会追求那些真正能激发他的内在奖赏，即内心真正的力量和自由，因为这会激起他强烈的积极性。

有一天，一位女士来参观我们的儿童之家。她看到孩子们的表现后，高度赞扬了他们。

后来，她拿出一个盒子，打开来，取出里面闪闪发亮的奖章给我们的孩子看，并说："这些奖章是奖励那些最聪明、最优秀的孩子的，你们的老师会发给你们。"

就在这个时候，一个四岁的小男孩表示抗议，他是一个很聪明的孩子，当时他一次次地喊："别给男孩子！别给男孩子！"

小男孩的表现给了我们一个多么有益的启示呀！

这个孩子知道他是班上最聪明的孩子之一，但他不需要这种奖励。于是，他借助于自己是男孩子这一点，拒绝女士的奖励。

有些孩子可能会干扰别人，或做出其他不允许做的事情。对犯这样错误的孩子，我们的做法是，让他一个人在一个角落里做自己喜欢的事情。

我们在教室的某个角落放上小桌子和椅子，桌子上放上这个孩子喜欢的玩具。然后，我们让这个孩子舒服地坐在这里工作，而其他同伴的活动也都在他的视野之内。

这种做法总能成功地让孩子停止之前的错误行为。他在这里能够清楚地看到伙伴的活动情况，而他也总希望成为伙伴中的一员，为了重获这种自由，他就慢慢学会约束自己的行为、学会守纪律了。

风止步

胡学文　著

作家出版社

目录

隐匿者

一

我得知自己死亡那天，领白荷逛了一趟北国。

白荷从老家赶来看我，坐了一天汽车，一夜火车，我还没来得及和她亲热。我不必像三叔和他相好那样偷偷摸摸，两人寻在一起，恨不得把时间拽长几米。我不急，白荷是我妻子，我和她可以在任何时候……还是别说了，我可是腼腆人。我想给她个惊喜。

如果你到过皮城，一定听说过北国，那是皮城最牛的商场，上下六层，每层都有几十亩大。扎进去，分不清东南西北。第一次领白荷逛，差点没走出那个迷宫。当然，现在不会了，我和她直奔三层卖丝巾的地方。还是那个小妞，嘴巴翘翘的，等谁亲吻的样子。我问价钱，她荡起目光，掠过我和白荷，很快凋零了，懒洋洋地报了数。

我说，来一百条！

小妞以为听错了，多少？三百八一条啊！

白荷发慌地拽拽我，我拍拍她胳膊，清清嗓子，使每个字准确地落在小妞的翘嘴巴而不是耳朵上。两个五十，没听清？

小妞受了惊似的，眼球冻了许久。我抱着膀子，看着小妞手忙脚乱。忽而，她搬过椅子，请我和白荷上坐，忽而把头栽进某个角落。白荷压低声音问我怎么回事，我说一会儿你就知道了。终于凑够一百条，我交了钱，让小妞帮我抱到楼下。小妞乖乖地照做了。站在大街上，我冲熙熙攘攘的人群吆喝几声，便分发那些五彩的丝巾，数不清的手伸过来，我听见咔咔的拍照声。白荷拧我，我没理她。我不在乎钱，要的就是这个派头。丝巾还剩最后一条时，我大声说，不送了，我要留给白荷。这时，我的头被狠狠击了一下。

我睁开眼，看见三叔脏了吧唧的脸悬在头顶。我欲起身，被三叔摁住，他问我做什么梦，脸都扭出花了。我抱怨三叔毁了我的好事。三叔喊的一声，奇怪的是他没像往常那样说我是没出息的熊货，只会在梦中逞能。他摸摸我的头，问我怎样了。我说好多了。我想起三叔已经好几天没来，问他活儿是不是很多。三叔点头，我瞥见他眼球上的血丝，又粗又长，要涨破的样子。我鼻子突然一酸，三叔那么忙，还得照看我，谁让我嘴馋呢？吃坏肚子不说，那份差事怕也要丢了。

我说出自己的担心，三叔安慰我，年纪轻轻的，还怕找不到活儿？我的怒气无端地卷上来，说，全是那块猪耳朵闹的，那个塌鼻子摊主坑我，少要两块钱，我付出多大代价？这事不能算完，要和他算这笔账！有时，我和三叔被酒烧涨脑子，会在嘴上干一些跌皮的勾当。跌皮是老家话，耍赖的意思。三叔没说话，绷着脸环视一圈我租住的小屋。墙壁坑坑洼洼，被咬过似的。正墙上贴了一张海明威肖像，不大，是我从书店门口捡的。一次，三叔喝高了，眯缝着眼问我那老家伙是干什么的，我说他是个了不起的作家。三叔喊的一声，我咋看他都像个嫖客。我欲辩护，三叔横扫我一眼，说我就是被这种人毁的，文不文，武不武。

三叔绷够脸，缓缓道，算了，白日梦就别做了。我也就是说说，我不是那样的人，三叔也不是。我说明天就能下地了，三叔似乎有一点儿紧张，再次环视一圈，红红的眼睛盯住海明威，问，那老家伙是个硬汉？我说是啊。三叔又问，你喜欢他？我愕然，三叔这是怎么了？不等我答，三叔说，你喜欢他，很好，范秋，你也得做个硬汉哩。我越发糊涂，目光罩住三叔疲惫的脏脸。三叔摁住我的肩膀，声音悲沉，从现在起，你就是个死人了。

我弹了一下，没起来，三叔粗硬的手异常有力。我叫，三叔，你开什么玩笑？

三叔锁着眉头，我哪有闲心开玩笑，你真的死了。

我的眼睛瞪得碌碡似的，有一刹那，我觉得三叔脑子出了问题。

三叔说，是个意外，你听我说。

三叔在皮城建材市场趴活儿，他有一辆三轮车。几天前，一个买地板的人雇了他。住址很远，在二环外。三叔送到，并吭哧吭哧背到四楼。送是送的价，搬是搬的价，可三叔折腾完，那家伙咬定运费含了搬的钱。三叔和他吵，对方还是少给三十块。三叔很生气，没少骂娘。返程途中，一个人拦车。那时，天已经黑了。三叔开过去，又倒回来。那人想搭车。往常，三叔遇到这种情况会顺便捎一程，谁还没个难处？可那天三叔憋了一肚子火，说搭可以，要三十块钱。三叔想把被坑掉的钱补回。那人说他受了骗，并说只剩五块钱了，然后脱鞋，从里面掏出那张散发着脚臭的票子。三叔没看清是五块还是五毛，顺手揣了。开了一段，三叔憋尿，把车停在路边。他没看那个歪在车上的人，由于揣一张臭票子，三叔的火气没释放掉，憋得更厉害了。他边尿边骂着什么。那辆车是怎么开过来的，他现在都糊涂着。巨大的声响险些将他击倒，等他转过神儿，三轮车已经没了影。

等交警赶到并询问那个和车一样面目全非的死者是三叔什么人时，三叔说是自己侄子。三叔说他起初并不是有意撒谎，他吓坏了，不知那句话是怎么滑出嘴的。他意识到，想改口，却不敢张嘴。怕交警说他欺骗，怕他也得担责任——毕竟，他拉了那个人并收了他的钱。交警并没有怀疑，又问了些别的情况，三叔都回答上了。

后来的事，三叔说根本由不得他。他就像一只风轮，不转都不行。现在，一切都处理完了。车老板赔三叔一辆新车，给了白荷二十万。

我觉得数股寒气从坑坑洼洼的墙壁渗进来，不由缩了缩。想起几天前，三叔匆匆忙忙来的那一趟。他带来一大堆食品，叮嘱我不要出门，好好养病。算起来，从那天起我已经死了。三叔让我死掉了。我没了跳的力气，就那么躺着，看看对面的硬汉，再看看三叔。三叔几天没洗脸了，眼角结着脏乎乎的东西。

半晌，我用像来自另一个世界的声音问，白荷知道我还活着吗？

三叔说，我咋能让她知道？除了你和我，没人晓得。

我说，怎么也得告诉白荷啊。

三叔说，现在不行，以后慢慢对她说。女人不经事，她装不出来，一露馅，窟窿就捅大了。

难道窟窿还小啊？我无力地削三叔一眼。

三叔说，她对得起你，哭得泪泡似的，还昏过去两次。

我颤声问，她这会儿在哪儿？

三叔说，在宾馆歇着，明早我陪她回去，那个骨灰盒也带回去，顺便埋了。

我不知哪来的力气，腾地坐起来，我去看看她。

三叔推我一把，恼怒道，你疯了？你要吓死她？我说半天你没听懂？你已经死了，从现在起，哪儿也不准去，老实在屋里待着，等我回来。

我说，我害怕，坦白吧，把钱还了人家。

三叔说，没那么简单，开弓没有回头箭。就是现在认了，逃得了干系？我和白荷都得坐牢。我倒愿意替白荷顶着，谁信？到时候，你也得拽进来。将错就错，好在咱没杀人，那人是撞死的。

我说，那个人的家属不找他？要是找到头上呢？

三叔喊地哼了一声，亏你比我多识两个字，怎么跟猪脑子一样？失踪的人多了，这么大个城市，谁知道失踪的人哪儿去了？咋会找到咱头上？

我担心地说，要是熟人知道我没死，走漏风声……

三叔说，先躲一阵，过个三年两载，谁还管你死没死过？你以为你是什么大人物？满街窜的都是你这样的熊货。

我仍不甘心，埋怨他，你咋能让我死呢？

三叔粗声粗气地回答，死的不过是你的名字，一个名字，白白换二十万。

我说，不就二十万吗？

三叔眼球往外凸起，红色的目光锉我许久，你一年挣几个钱？多少年能挣二十万？那些钱……三叔顿顿，声音悲沉，都是你和白荷的，我没打算花你一分。凭良心说，我做梦都巴望你过好呢。

我叫，三叔，我不是怀疑你咋的……

三叔说，我自个儿怀疑自个儿。这几天，我老是犯疑惑，我这么做，倒是图啥呢？

我的怨气突然荡尽，哽咽道，三叔，你是为我好。你的好，我记着呢。

三叔说，收起你的破尿，像个硬汉样儿，现在不是说这话的时候。我讲的话你都记清了？

我像个硬汉似的大声说，记清了！

三叔舒口气，皱纹展开，脸更脏了，像刚刚施过肥的地。三叔说，没有做不到的事，只有想不到，咱也是歪打正着。你别有心理负担，这事比杀人放火强几百倍，退一步说，就算将来有什么事，我一个人兜着。不过，能有什么事？我倒是担心你有了钱会不像个人样，那样我就是戳瞎眼也不能原谅自己。

我保证说，我不会的。

三叔说，那就好，咋说你识文断字的，不会做出有辱祖宗的事。我得走了，白荷还没吃饭。每天都是我逼她，她才咬那么一点点儿。她都脱了形，可怜了她，不过，干什么没代价呢？

我嘱咐三叔，三叔说，我会照顾好她，你操心自个儿就是了。

我欲送三叔，三叔右手劈了一下，我便粘在那儿。

少了三叔，小屋突然变得空阔，我感觉自己站在苍远的草原，四顾茫茫。直到摸到墙，才确信自己仍在不足十平方米的小屋。我死了？我自问，不会在梦中吧？没错，我死了，顶替一个人死了。三叔的话还在耳边绕着，死就死了吧，又不是故意的。三叔的话不是没道理，这比杀人放火强几百倍。二十万，确实不是小数目，我需要钱。我触到墙上那束硬扎扎的目光，慌慌躲开。身体说不清的部位隐隐疼着，持续了一会儿，我便适应了。我嘲笑自己，读几本小说，充什么大尾巴狼？我不过是街上乱窜、四处觅食的熊货，遭过多少白眼？可是，现在我是有钱人了，二十万就这么突如其来地砸到我头上。肚子适时叫了一声，我撕开堆在小桌上的食品袋，狠狠往嘴里塞。突然，苍白的、脱了形的白荷滑出来，我停止咀嚼，狠狠地在鼓囊囊的腮帮上捆了一掌。

二

四天后，三叔返回。他替我在二环边上租了房，我又搬了趟家。好在没什么东西，除了行李，就是简单的生活用品，几本我从地摊上买的盗版小说。我没忘了墙上那幅发旧的肖像，撇下他不大地道是不？新租的地方说是村子，但都是两层楼，二楼基本出租给外地人。陌生的地方，陌生的面孔，适合我。其实，原先的地方并没有谁认识我。谁愿意认识我呢？三叔这样做，不过是让我更加放心。

家里那边，三叔说已安顿好了。我清楚安顿的含义。那个骨灰盒埋在我爹娘旁边，整个村庄都晓得我死了，也都晓得白荷得了二十万。我问三叔，我是不是从此不能回村？三叔喊的一声，村里有什么好？你不是做梦都想变成城里人吗？我无话可说。我和三叔的梦没什么不同。不过，三叔又安慰我，过些年，你想回就回，谁管你的烂事？现在不行。

皮城没几个人认得我，但毕竟有，我和三叔不约而同想到赵青。赵青和我一个村，在皮城收废品。我来皮城两年，只碰到他一次，但三叔没少撞见他。三叔告诫我，除了买饭，不能轻易出去，不怕一万就怕万一。三叔不让我再去找他，每个星期他会来看我一趟。过几个月，确信没什么问题，三叔对我说，你可以在附近找个不经常露面的活儿。

我开始隐居。每天黄昏，下一次楼，在小摊上吃过饭，同时买上第二天中午的，在一些僻静的街道转一圈，再溜回屋。除了睡觉，就是读小说。除了从地摊，我还从一个废品收购点买了几本，都很便宜。杀人的，盗墓的，偷情的，五花八门。我爱看小说，不然咋会认识海明威呢？我喜欢他，可能与我的懦弱有关。我承认，每次外出，我的坦然是撑出来的。我没了过去的轻松，可三叔说得对，什么没代价？三叔每个星期来一趟，带一些让我放心的消息，像过去一样咂巴几口酒。

我读小说，喜欢是一个原因，也想借此分心。我惦记着白

荷和女儿。女儿刚刚四岁，上次白荷来看我，女儿都认不出我
了。女儿晓得我死了吗？白荷一定瞒着她吧？不知白荷现在是
否还伤心，是否仍吃一点点？那可不行，长期下去怎么受得
了？还有那些钱，三叔说已存银行，不知白荷是否把存单藏好
了，那可是我的死亡换来的。某天夜里，我梦见两个蒙面人闯
进家，逼白荷要二十万，白荷不给，其中一个抽出刀，猛刺过
去。我惊叫一声，从梦中跑出，心跳得像水泵一样。我做过各
式各样的梦，吃香喝辣的，路见不平的，英雄救美的，也做过
不少龌龊的梦，睁开眼，就丢到脑后了。可那个夜里，我仰天
躺着，一遍遍追忆着梦里的过程。天亮的时候，我总算放弃。
但另一个问题勾起我的好奇：二十万有多厚？我光腚跳下床，
抽出书，一本一本摞上去，直到把所有的书摞完。有这么高？
不可能吧，我又慢慢往下撤，撤一本心疼一下……太薄了，又
往上加。反反复复，折腾到中午，仍未搞清。忽然触到墙上那
束硬扎扎的目光，我被咬了似的，慢慢蹲下去。

那个周末，三叔没来。我想可能是太忙，换了新车，他比
过去揽的活儿多了。秋天就要过去，这是装修旺季。或许一两
天，他会突然撞进来，别看他五十多岁，精神得却像愣头青，
我饭量不如他，酒量不如他，掰手腕也很少有赢他的时候。三
叔曾一次吃掉半个猪头、两个猪蹄。可半个月过去，三叔仍没

露面。我突然有种不祥的感觉，三叔莫不是……我打了个寒噤。

我沉不住气了。虽然三叔不让我找他，但特殊时期他的话就成了泡沫。三叔住尖岭，是个城中村。我没敢坐车，两个小时怎么也走到了。数日没上街，看见什么都新鲜。水蛇一样扭来扭去的公交车，眼珠子一样吊在空中的霓虹灯，勾肩搭背的情侣。可惜没工夫细看，我急急窜行，脑子里轮番上演不好的念头。

我悄然走进那个大院，几间屋子亮着灯，但东边第二间黑漆漆的。我的心迅速下沉。我不知怎么走过去，怀疑自己戴了脚镣。眼睛有湿乎乎的东西往外渗，我像硬汉似的抹了抹，猛地一甩。屋里有声音，我屏息侧耳，不错，是三叔和一个女人的声音——我猜出她是谁了。

哎呀，瞧瞧你的肚。

谁让你带那么多大饼。

我没让你吃完呀。

那算啥，我过去吃过半个猪头、两个猪蹄。

三叔逮住机会就吹嘘他的饭桶战绩，放往常，我肯定要笑歪嘴巴，但那一阵，我愤怒得双目裂响。三叔没时间看我，却有时间和女人睡觉，我提心吊胆，他却在寻快活。还吹，吹个鸟！我猛地拍一下窗户，又朝门踹几脚。灯亮了，我转身就跑。为什么要跑？为什么不当面质问三叔？我不知道。

越过两个路口，我慢下来，看见拐角的烧烤摊儿，毫不犹豫地走过去。要了一把肉串，两瓶啤酒。夜凉了，没多少人。我前面的桌围着四个青皮，其中一个正吹嘘他打架的经历。我和三叔也在烧烤摊儿上吃过，三叔说钱不能乱花，但也不能过于委屈自己。那次，旁边一个青皮膀子上刺一条龙，三叔压低声音告诫我，这种人绝对不能惹。我和三叔灌完，匆匆离开。现在，我不着急，慢慢悠悠咬着瓶口。我甚至想喝到天明。我侧面是一个汉子，不时瞄我一眼。有几次，我和他对视在一起，每次总是我先避开。可能是这冷然的目光使我想到自己的处境。汉子是什么人？为什么这样盯着我？两瓶酒不知不觉就光了，我斜视一眼，汉子仍在喝。我结了账，走出好一段方回回头。没人跟踪我。

其实，在回去的路上，我已经原谅三叔。三叔没娶过媳妇，我很小的时候就晓得他与一个女人相好。父亲在世时总骂三叔是讨吃货，还一度要与三叔断绝关系。三叔被捉奸在床，父亲没有按要求去赎他，三叔的屁股被划了一刀。可三叔不记仇，父母过世后，是三叔养了我。那时，我刚上高中。三叔说只要我能念出个牛鞍鞍样，他卖血都行。我几乎哭出声。三叔没手艺，跑镇上帮人杀猪。他吃半个猪头、两个猪蹄其实是打赌，要是对方输了，三叔算是白吃，否则他自己哪舍得吃猪肉？当时正是我用钱的时候。后来，我沉迷小说，什么也没考上。三叔却只说过我一句，命里没有，折腾也白搭。没有三叔帮衬，我怕是要和他一样在世上赤条条走一遭了。我不知三叔在我念书期间找没找相好，反正我没听说。但是城里这个相好，三叔并没瞒我。我见过那个女人，又粗又壮，头发却稀稀拉拉，是个卖大饼的。

我有什么理由生三叔的气？难道我的事重要，三叔的事就不重要？我后悔踹了那几脚，生怕把三叔吓出毛病来。

快到住处时，我看见前面的黑影和一闪一灭的火星，明白三叔追来了。他没说话，我也没说话。我打开后门——房东走前门，租住者走后门——上楼，进屋。三叔跟我身后，呼吸声像牛一样粗重。

我坐床沿上，歪过头。三叔死死盯着我，直到我不得不抬头。他脏兮兮的总是洗不干净的脸被豆子摁过似的，一些地方洼下去，一些地方凸得很高。

喝酒了？

我含混地唔一声。

踹门挺过瘾？

我不答，心里虽愧，却不愿让三叔看出来。

半夜往外跑，喝酒，踹门，你出什么法相？三叔声音陡地变高。

我又偏过头。那张脏脸竟有些恐怖。

说呀！三叔吼道，随后似乎突然意识到是深夜，声音突然又低下去，为了追你，我差点儿就报销了，一辆破摩的，跑得比奥迪还快，妈的！我马上问是不是剐着他了？三叔说，差两厘米，亏我反应快。你别惦记我，少让我操心就烧高香了。你说你黑天半夜的，乱跑什么？我知道你等我，可这一段实在忙得不行，本打算今天来，偏巧那女人给我送大饼，我也是个人是不是？这女人对我死心塌地的，我打算给你找个三婶哩。找三婶也是我和三叔酒后的重要话题，他的梦想之一。我说了自己的担心，三叔说，能有什么事？我看你看书把脑子看坏了，胡思乱想，除非你自找。三叔还说，幸亏大饼女人不晓得我出事，不然——三叔重重刺我一眼，将后果的悬念留给我。

我急于打听白荷的消息，三叔说白荷好得很。三叔铿锵有声，我反而犯疑，可三叔是我信息的唯一来源，除了三叔，我又能向谁打听？我要具体点儿的，三叔说行啊，我把她每天吃什么饭都给你搞清楚。

但三天后——准确点儿说，是两天半——三叔把我从梦中摇醒。我马上意识到有麻烦，不然他不会扔下生意不干，大白天过来。果然是劈头盖脸的消息：有人张罗给白荷介绍对象。我的眼睛被劈蒙，雾罩罩的，不才两个多月吗，她就急着找男人？三叔说，不是她急着找，是别人踢破门槛给她介绍，这也正常，甭说她有二十万，就是一分没有，没女人的那些家伙也会打主意。我问，她答应了？三叔说，没有，不过……她可能顶不住。我死盯着三叔，三叔躲闪一下，摸着脏脸说，可能她和人见过面了。什么可能？肯定是。我质问，你早就知道是不是？干吗不早说？三叔说，是知道一点点儿，本来以为白荷回绝一个，就不再有人登门，谁知道……我往外急走，三叔一把揪住，问我要干啥。我说，要回去，必须回去。白荷都要嫁人了，我还藏个什么劲儿？三叔也很生气，说，你是死掉的人，怎么能回去？我说，我没死，是你让我死的，那钱我宁愿不要。三叔骂了句混账，狠狠一摔，我倒在床沿。我欲扑起，三叔死死将我抵住，他的脏脸涨得像一面锅盖。他骂我混球，我这样是拽白荷下枯井。三叔的眼球从锅盖凸起，你以为这只是你我的事吗？

　　我蔫下来，也冷静了许多。我问三叔怎么办，三叔说，我过来就是和你想办法的，你却像匹小公马，又踢又咬。勾了会儿头，我让他回村，把白荷接来。三叔说，我也想过，就怕她不出来，她凭啥和我出来？你要有个三婶就好办了。我说，把一切都告诉她。三叔皱巴一会儿脸，说，也只能这样。我带她走，怕是瞒不了别人的眼，我的名声……反正我名声也好不到哪儿去。我热热地叫声三叔，三叔白我一眼，说，我算毁你小子手上了，别高兴得太早，白荷来有来的麻烦。

三

白荷带着女儿和家当进城了。

我没兴趣讲和她见面的过程，也毫无必要。但有一点我不得不提，那不是我想象中的生死重逢，灌满我皮囊的不是兴奋，而是悲凉。白荷何尝不是这样？她流了不少泪，却不是喜极而泣的那种——或许，在漫长的旅途中，她的惊喜已消耗殆尽。她瘦了，但并非如三叔形容的脱了形，她的头发明显不久前修剪过，发梢不再齐整，而是又出数个燕子尾巴。我为什么在意这些？我边骂自己混球，边想象她剪发时的神情。

那晚，直到女儿总算困得合上眼皮，我和白荷方碰在一起。女儿又不认得我了，我同意三叔的提议，让女儿叫我叔叔。女儿对我这个叔叔似乎怀着警惕，总想抓我的脸，怎么讨好她都不行。白荷悄声说过两天她就习惯，我好一阵怅然。

我和白荷小心翼翼地摸着，不只怕惊动女儿，更怕惊了别的什么——桌子，水壶，甚至覆盖在身上的黑暗。之后，我和她久久地躺着。揣了一肚子的话，不知飞哪儿了，我搜刮半天，才寡寡地说，累了吧？白荷嘴里一边说着不累，一边往我身边偎偎。我说，吓着你了吧？白荷似乎要拧我一把，手触到我的脸，又胆怯地缩回去。她的声音湿漉漉的，要是没有你，我和女儿可怎么活呀。我说，我没了，也要让你活得好好的。白荷猛地捂住我的嘴，又烫了似的抽开。我说，这下好了，咱们不用分开了。白荷说她有点儿怕，还哆嗦了一下。我安慰她一番，尽管我的心也在半空吊着。

白荷一来，我出去的时候更少了。三叔领她买了趟电视，杂七杂八的事她自己就能跑了。当然，也没什么特别的事，不外乎吃饭穿衣。没有胡吃海花过，真的，我向老天爷保证。大部分时间，白荷待在家中，一般是她陪女儿玩耍、看电视，我看小说。我和白荷团聚了，比在一起更在一起——世上有多少对夫妻日夜相守？可是，我一点儿没高兴起来。以前是我一个人躲，现在一家子躲。除了对自己死者身份的担忧，心上还多了些疙瘩。自听到有人给白荷介绍男人，疙瘩就长出来，仿佛我的肉里一直埋着那样的种子。

我始终躲着那个话题，可那天晚上，我没躲开——抑或，我一直等待着机会？那天，白荷说起村里一个姑娘买嫁妆，被小偷掏了。我某个部位突然被刺中，"嫁"这个字让我疼。白荷似乎意识到，忽然不说了。我追问，她搪塞。她越这样，我越绕不开。于是，我直奔主题，问给她介绍的那些对象都是什么人。我把"那些对象"这四个字咬得很重。白荷明显痉挛了一下，警惕地问，问这干啥？我故意笑笑，随便问问嘛，还保密？白荷先说她不记得了，又说这不是她的错，她没让谁介绍，是那些不要脸的人非要登门。白荷不解释倒罢，一经解释，我反没了任何顾忌。不是她的错，为什么要解释？我也知道不是她的错，可是——我是不是很无耻？——我问她，那些人看中的是你，还是你手里的钱？白荷终于生气，我怎么知道？我说，你想呢？我不怕她生气，不过是随便说说嘛，她干吗不愿意提？白荷一句不清楚打发了我。

白荷背转身。我闭上嘴巴，脑子却敞开了。如果我真的死去，现在躺在白荷身边的就是另一个男人。白荷给他做饭，和他睡觉。女儿喊他叔叔或爸爸，他照样能逗乐她。恍惚中，我飘起来，像海明威一样贴在墙上，看着躺在白荷身边的男人。我就这样死死地盯着他。一阵冲动，我跳下去，狠狠扇他一掌。

白荷陡地坐起，你干啥？

我摸着自己颤动的脸，不干啥。

从那晚起，白荷便小心翼翼的，似乎什么都看我眼色。我恼怒地自问，干吗这样？干吗把我的白荷逼成这样？我死了，难道还不让白荷嫁人？我什么时候变得这样自私、阴暗？我鄙视自己，墙上那束硬扎扎的目光也含了轻蔑。但是，我就是管不住自己。那些折磨我的问题仍张牙舞爪。老子不是还考验过自己的女人吗？不是因为女人嫁人他才骑青牛出关吗？我问问又有什么不可？白荷为什么怕问？

仍在女儿睡觉之际，我主动出击。当然，我一副不经意的样子，问她见面的那个男人长什么样。她不承认，我冷笑，三叔都知道，你能不知道？她忽又哦了一声，说，二姨没打招呼就带个男人上门，真是臊死了。我淡淡地说，没啥，人总要活下去的。她的声音淌着委屈，真的不怪我。我说，我并没有怪你，我不在了，你找个好人家也是我的心愿。她求我不要再说了，可怜兮兮的样子让我难受。我艰难地咽口唾沫，连同嘴里的杂物。

和女儿的关系似乎也有点儿问题。她和我混熟了，叔叔长叔叔短的，她叫一声，我的心就酸那么一下。也许从开始就该叫爸爸，我们太小心了。现在改口更不妥，可……叫到什么时候呢？三叔说，叫什么都无所谓。虽然我也那么想过，现在却觉得没那么简单。

那天白荷出去买菜，我逗女儿一会儿，鬼使神差地问她，你爸爸呢？

女儿说，出门了。

我问，出门干啥？

女儿说，挣钱。

我问，谁说的？

女儿说，妈妈。

我问，爸爸挣钱干啥？

女儿看我一会儿说，买好衣服。

我问，爸爸好不好？

女儿说，好！

我问，爸爸好，还是叔叔好？

女儿看着我，黑眼珠亮亮的。

我说，大胆说。你说了，叔叔给你买好吃的。

女儿说，叔叔好！

我突地横下脸，做了个抽打的动作，女儿哇地哭了。直到白荷进来，女儿还在抽噎。白荷什么也没说，只狠狠瞪了我一眼。

我怎么会这样？我胆小不假，可不是小肚鸡肠的男人。我的心什么时候被尘土塞满了？我为什么用自己的不痛快刺白荷，让她和我一样不痛快？

　　或许与两个人日夜厮守有关，单调的日子没什么可嚼，就琢磨着闹别扭。我萌生了找活儿的念头，要是总这么藏着，不等麻烦登门，自己就出问题了。三叔没有以前那么爱来了，但半月二十天总要跑一趟。他那张总也洗不净的脸成了平安的信号旗。三叔再次登门，我还没张嘴，白荷抢先说了。她与我的想法一样，找个活儿干。她和我想到一起了，她害怕或腻烦与我关在笼子里。只是，她为什么不和我通气？我不满地刮她一眼，说，找活儿也是我去。白荷说，你不能去，反正，没人认识我。我粗声道，你以为这是什么地方？活儿在大街上等你？我毕竟在皮城待了两年，知道难处。一直不吭声的三叔举起酒瓶，我喝酒容不得别人拌嘴，想让我醉呀。我和白荷沉默，三叔的话却像撕裂袋子的豌豆。他吹嘘几天前打赌的经历，连吃五碗面条，还要吃第六碗，和他打赌的家伙吓坏了，认输不说，还掏了二十块钱。白荷眼睛瞪得茄子一样，三叔，你不怕撑坏？三叔不屑地说，这算啥？我吃过半个猪头、两个猪蹄哩，就是现在，一顿也得一张大饼，你三婶——白荷的茄子晃了晃，三婶？三叔说走嘴，自嘲地笑笑，还没成呢，改天让你见见她。不说她了，咱说正事。我为什么喜欢打赌？喜欢白吃不假，主要是有赢的把握，我能掂量准自己的肚皮。你们的想法没什么不对，金山银山也经不住坐吃，可现在还不是时候。现在不过八成把握，等有了九成，想干啥都行。

我问，什么时候有九成把握？三叔说，过了年。现在就算找个活儿，能挣几个？莫要因小失大。三叔不明白我不愿躲的原因，我自己也不敢说真正明白。别看三叔没文化，但正如他所言，他里外都磨出油了，我虽说识几个字，但还是青得很，因此许多事我都听三叔的。但在这个事上，我不想听，我突然想和三叔拧着干。我不能对不起墙上那束硬扎扎的目光，我为什么要一而再再而三地听三叔的？

三叔没说动我，豁地站起，说即使我上天他都不管了。走到门口，他想起什么，把杯里剩下的酒一饮而尽，掉头离去。

白荷责怪地瞪我一眼。

我不在意三叔的翻脸，相反，奇怪的快意涨满胸口。我像三叔一样饮尽剩下的酒，不顾白荷劝阻，大步下楼。

我转了一圈，出了街，一直走到二环。夕阳像捏碎的蛋黄，稀稀拉拉地流到地球另一端。我没醉，却像个醉汉一样摇摆。雾罩罩的空气涂抹着我的鼻子、脸颊。我拐上斜出来的一条路，黄昏稠稠糨糨地浸过我的头顶。我突然想起几个月前那场车祸，不知具体位置，是不是就在这条路上？那片杂地是不是三叔撒尿的地方？那个人，我顶替他死的那个人始终模模糊糊，此时竟在昏暗中凸出一个瘦长的影子。我蓦地站住，感觉自己正跟着他走。他要把我领到哪里？不，我慌慌地抹抹额头，掉转方向，飞奔起来。黑暗被我撞得稀里哗啦，鱼鳞般乱溅。

终于看见灯光，我慢下来，仍心悸地回回头。甩掉他了，长舒一口气。

就是从那晚起，我反复做一个奇怪的梦。我的身体被旋出一个小孔，风从小孔穿越，呜呜地响。

四

我仍然记得白荷看见我的样子，枯白的脸，被冰雹袭击了似的目光。一枚锋利的东西嵌进我并不发达的肌肉。我淡淡地说，没什么事，憋得够呛，出去跑了一遭。她不停追问，显然怀疑我。你这么不放心，下次跟着我好啦。我粗暴地回复了她。我明明心疼她，为什么不换一种方式打消她的疑虑？我不知道。白荷拾起我换下的衣服，泡在洗衣盆里。我看着她将粗糙的手浸在冷水里，捞出，再浸入……她机械地重复着这一动作。我忽然想说什么，那句话跑到嘴边却又飞掉，我不知说什么，就那么看着她。

隔天，三叔上门。他琢磨过了，这么长时间了，该有事早有了，我找个活儿干也好。白荷问，是不是再等等？三叔喊地哼了一声，天塌下来我顶着！我没料到三叔转得这样快，其实，我没起初那样坚定了。但三叔这样说，你不能再退缩了。三叔不让我出去瞎碰，他先帮我找找。我的第一份活儿就是三叔找的。二十天后，我成了居美家具城的守夜者。居美家具城与建材市场一条街，三叔说费老鼻子劲了，他指着脏脸上凸起的眼球说，晓得吧？陪帮忙的老李喝酒，眼都喝出血了，你可得好好干哟。家具城不像别的地方，守夜不能自由进出，每晚我被关进去，第二天早上他们打开门我才能出来。三叔确实费了心思。我等于被关进封闭的箱子。不过，也合我意。没人打扰，正好安安静静看小说。午夜，我巡视一圈——门锁着，又有什么可巡视的？这个差事像专门为我准备的——在躺椅上迷糊一会儿。按规定，我不准睡觉，可又有谁会半夜查岗呢？

白天，我补一觉，帮白荷干点儿什么。不用再小心翼翼地躲藏，我不那么堵了。我竭力忘掉我死亡的那段日子，白荷所做的一切。如果我真到了另一个世界，还能管住白荷吗？我没理由怪她。我鄙视和愤怒自己对心爱女人的清算。但是，我总觉得白荷眼睛深处除了担忧，还隐了些别的什么——似乎，她的某个角落对我封闭了。还有，我不时地想起那个人，那个面目模糊、背影清瘦的人。不过稍一停，我就像写错字一样，毫不客气地擦掉。

转眼就是夏天，开过花的红叶李放肆地生长着，一树肥叶缀满金色的阳光。我不再那么小心，像正常人那样出入商铺、药店，甚至带白荷、女儿逛了两趟公园。由于守夜的关系，我和三叔见面反而少了，他只在阴雨天过来。没有消息就是最好的消息。喝酒是我和三叔的重要内容，也是我报答他的最直接方式。每当三叔那张被鸡爪踩过似的脏脸涸了酒意，便吹嘘他的饭量——白荷不得不准备很多——或奚落墙壁上的人，我不知三叔为什么看海明威不入眼。

遗忘总是有个过程的，对不对？就像树木的生长，需要数个春夏秋冬——如果没什么意外的话。

那天，我半躺着翻阅一本缺了页的小说。买的时候没细看，不知哪个缺德鬼干的。我只得靠想象连接断开的故事。白荷带女儿出去了，她已经喜欢上这个城市。弥接故事，很辛苦，但也有一些乐趣。我口干舌燥，竟不愿动弹。

白荷几乎是撞进来的，我觉得床颤了一下。

慌慌张张的……我说半句便收住，白荷脸色涨红，鬓角处头发湿漉漉的。她把女儿往床上一搁，迅速掩了门，舒出一口气，方看着我，那目光让我想起被驴啃过的青苗。

出什么事了？我失去耐性。

我……渴。白荷说着捂捂胸，仿佛那里长了无数张嘴巴。

我跳下地，倒杯冷水。我突然渴得更厉害了，但是忍住没喝。

白荷喝水的样子像三叔，有一半流到嘴外。甚至她的动作也像，草草地抹抹嘴巴。还好，声音是她自己的，我碰见赵青了。

我眼睛猛地一涨，生气地说，你碰见他干啥？

我急得失去理智，这话太没道理，但白荷被我吓住了——她还未从惊恐中醒过神儿，不安地说，不是我要碰见他的，我在那儿等车，恰好让他看见了。

我说，行了行了，他和你说什么了。

白荷说，他硬要送我，我没让……我甩掉他了。

白荷鼻尖吸着一枚汗滴，晶莹透亮。

楼道内传来白荷、白荷的叫喊，白荷和我对视一下，脸色骤变，他跟来了？……怎么办？我插住门，不让他进来。她自问自答。

我说，不行，他会怀疑，我先躲躲，你应付他。匆忙嘱咐女儿几句，我贼一样钻到床底。

几分钟后，赵青的声音随着杂沓的脚步进来了，我没打算过来的，后来一想，我连个地址也没给你留，万一你有事找我呢。一个村出来的，在城里就算亲人了，你别见外。

白荷小声说，我没见外。不知窘迫成什么样了。

赵青责怪，还没见外？这么远的路，你非走着回来，我好歹有三轮嘛。

白荷说，我走惯了。

赵青说，还是见外吧？可别这样。听说你来城里了，我早就想打问打问，一直没碰到范秋三叔。

白荷给赵青倒水。我张着嘴，渴得舌头要冒火苗了。我生白荷的气，和他啰唆什么？三叔曾说，赵青这几年攒下钱了，他小偷小摸的把式在城里派上了用场。我和他没什么往来，倒不是瞧不起他——在皮城，这似乎算不上毛病，说长处可能更准确——而是没话可说。

赵青说，地方蛮不错嘛，范秋三叔帮你找的？

白荷蜂鸣似的嗯了一声。

赵青说，范秋三叔人倒不坏，不过，你也得长个心眼，这年头！

白荷说，你喝水。

听见赵青咽水的声音，我的嗓子剧烈地咬痛。他似乎没走的意思，问白荷找活儿了没？白荷说，没有。赵青说，是啊，孩子小，反正你也不缺……只是一个人，怪不容易的。

白荷说，习惯了。

赵青伤感地说，意外谁也料不到。

白荷没答，我听到她拾弄盆碗的声音。我猜出她的意思了，赵青还算识趣，终于要走了。他留下地址、电话，让白荷有什么事儿尽管找他。白荷哎哎地应付，赵青杂沓的脚步渐渐远去。

我钻出来，像三叔和白荷那样狂饮不止。

白荷在我身后说，你慢点儿，他走了。

我灌饱，方恼怒地训斥，干吗那么客气？

白荷怯怯地看我一眼，委屈地说，总不能马上撵他走吧。

我骂，这个没皮脸的货。

白荷问，怎么办？

我说，还能让他吓住？不理他！

白荷问，万一他再来呢？

我说，不至于吧，他来干什么？又没酒菜给他备着，就算他来，大不了我再钻一回床底。

白荷问，要不要告诉三叔？

我也正想这个问题，可是白荷先说出来，我甚是反感，我不能让三叔的脑袋总是插我脖子上。

白荷阴郁着脸，吃饭时再次解释，真是不小心碰上的，她以后不上街了。我只好拿宽话安慰她，大不了咱再搬一次家。白荷说，现在就搬吧。我说，交了一年房租，退不出来，搬也得到期搬。

我宽慰着白荷，心里其实直敲鼓。那一夜，我没看书，巡游神一样从一楼转到三楼，从三转到一楼。赵青会不会这个时候敲白荷的门？白荷会不会禁不住他敲而打开？我甚至有回家瞧一眼的冲动。但走不出这个封闭的大屋，只好烦躁不安地巡游。清早回家，白荷和女儿完好无损，我松口气，暗怪自己胆小。我搬出三叔的话，天塌不下来。

白荷果真不再上街，除了偶尔买买菜。这和掩耳盗铃没什么区别。可是，我说什么好呢？这个女人承受着从未承受过的压力。

大约是十几天后，我从一个废品站买了几本旧书回来，看到门口焦急张望的白荷。白荷边跑边冲我挥手，到了近前，她紧张地告诉我，赵青来了，我得躲躲。我的心迅速沉落，没好气地说，他怎么又来了？明明不是白荷的错，我却是责备的语气，仿佛赵青是她邀来的。白荷急道，快走呀，小心他出来。我走开，白荷的叮嘱隔着老远扔过来。

躲到什么地方去呢？似乎什么地方都有被赵青发现的可能。我绕开村子，一直往西，远离皮城，也就远离了危险吧。我不知赵青跑过来干啥，他比我大十多岁，他是有家口的。可是，这能证明什么？我急急地走着，明知赵青不会追来，还是停不住，稍一慢，脑里便是赵青站在屋里的样子。我只能用急走驱逐他。

无路可走，我站住。日已西斜，回头望去，一片苍茫。我甩掉了赵青，也甩掉了皮城，甩掉了整个世界。一只突然脱笼的鸟，自由了，但是往哪儿飞呢？我甩掉皮城不假，同时也甩掉了白荷和女儿。对了，家具城要关门了，我不能误了。我撒腿往回奔。我走出太远，实在是太远了。我是被拔光羽毛的鸟。我大汗淋漓，气喘吁吁地奔到家具城，大门刚刚锁上。我好一通解释，得以被关进笼子。那是我的安全所在。

次日，我竟没有急着回去。我不知自己耗什么，又较什么劲儿。或许是害怕什么？白荷迎上来，失魂落魄的。我又是心疼，又是恼怒。白荷毫无隐瞒地告诉赵青来干什么，说了哪些话。我猜，她应该不会隐瞒，可即使她隐瞒了，我又怎么会知道呢？我瞅着地上那捆已经发蔫的菠菜，这是赵青上门的缘由。我踢踢，丢到门外。白荷怯生生地看我一眼，捡起地上的一片叶子，扔出去。

我一声不吭。白荷突然说，他再来，我不给开门。

我说，解决不了问题，看样子，他是盯上你了。

白荷惶急地问，怎么办？

我说，只好换个地方。

白荷担心地说，要是他再找见呢？

我的目光猛地甩过去，白荷被抽疼了似的，小声道，我是怕……

我说，怕什么怕？他还能把皮城跑遍？

白荷说，让三叔帮着找房。

我恼火地说，我找得见！

难道离了三叔，我连房也租不上了？或许我不该对白荷粗暴，不该迁怒于三叔。但我应该怎么做？谁能给我一个明白的答案？

那几日，我不再困觉，四处找房，终于在南二环边上问了一处。竟然被一个乡邻逼得搬家，有些窝囊不是？搬家前一天，我收拾了几本没有留用价值的书，打算卖掉。我下楼梯，一个人正上楼梯。我和他就这样对视在一起。我躲不掉，他也逃不走。他惊骇着，椭圆形的眼睛暴突着，随时都有碎裂的可能。

五

三叔险些将我骂成泥浆。他嫌我不和他通气，蚂蚁背大象，死撑。赵青第一次来，当天就该搬家，但我错过了。我不吭声，并非不敢和三叔顶嘴，而是挨骂的感觉不可思议地痛快。此时，如果白荷或赵青骂我，或许我都会张开耳朵。白荷不安地站在三叔身后，三叔喝一口，她马上续满，不知想讨好三叔，还是要把三叔灌醉。我忽然想，如果我真到了另一个世界，白荷还会不会这么怵三叔？三叔还敢不敢对白荷吆三喝四？她和三叔会是什么样的一种关系？三叔会把那二十万全部给白荷吗？三叔和白荷要是吵闹了，我会站在哪一边？我是不该这么想，如果没有这档事，我永远不会把自己想象成一个亡灵。我不是故意要想，而是控制不住。

三叔骂了一阵，态度忽又变了，说一个赵青不必放在心上，这事不碍他，他未必能咋样，只要不得罪他就是。三叔嘁地哼了一声，天塌不下来，塌了我顶着。三叔甩着头，吃了酒的脏脸甚是悲壮。白荷哆嗦了一下，酒洒了。三叔忙伸手蘸了，吮吸几下，对我说，你倒是说话呀，别只在脑里做事。我说，你这么大脾气，我哪敢呀。三叔嘴咧得老大，你倒是有怕性，不过……他往墙上扫一眼，似乎很矛盾的样子，你是该做个硬汉哩。

没了搬家的必要。我仍在那儿住着，每天晚上仍准时被关进那个封闭的空间。我和三叔请赵青吃了顿饭，用三叔的话说就是给赵青喝点甜甜水。赵青提到车祸，三叔懊恼地骂道，搞他妈错了！然后又指着我说，这小子和我闹别扭，悄悄去了大同，我以为他被撞了，我这双老眼，认错尸了！你说冤不冤，把个没名没姓的家伙埋我家坟地！赵青眼睛放着贼光，白得二十万，这个买卖划算呀。三叔没好气，屌毛！那钱敢要？早退了。赵青显然不相信三叔的话，但装出惋惜的样子，你不退又有谁知道？三叔喊的一声，那钱是咱花的吗？赵青说，那是，那是……不过，都说白荷得了二十万呢。三叔的脏脸扭得像麻花，咱缝不住别人的嘴，可要是谁敢造谣，我真敢撕了他。我没儿子，范秋就是我儿子，糟蹋他等于糟蹋我姓范的。又指着我说，看他脾气好啵？急了连我也不认！赵青说，那是，不说话的狗咬人嘛。三叔的话有许多漏洞，赵青不是傻子。他不说，不是被三叔骗住了，而是那样的场和三叔较真没什么意义。送走赵青，三叔得意地说，咋样？一顿饭就把他摆平了，他还去交警那儿查不成？可我不这么认为。临走赵青要了盒烟，不值几个钱，但我觉出不妙。不久，我的预感得到了证实。

赵青来那天，我和白荷都在。赵青是碰巧走到这边，顺便上来坐坐。皮城大，可没个说话的人。赵青说了不少村里的事，谁发财了谁遭祸了，谁家男人养不住女人，谁家儿媳生了双胞胎。赵青似乎要透给我一个信息：他人在皮城，可什么都晓得。我哦哦地答应着，盯着他那张棕色的脸，奇怪，他的脸怎么是这样一个颜色，且很均匀，像印子拓出来的。他耳廓前长着一个长长的肉瘤，他说话，肉瘤就不停地动，很合拍。我的思绪不时滑远，如果我真到了另一个世界，他会不会纠缠住白荷不放？白荷讨厌？躲避？无可奈何？如果躲避不掉呢？赵青纠缠白荷是打那二十万的主意，还是有别的目的？这没法验证，也决不想验证。我一次次吃力地把思绪拽回，又被它如野马般挣脱缰绳。

赵青没有走的意思，我让白荷出去买菜。赵青嘴上说着破费了，却不客气地拿起筷子。我问他营生咋样？赵青马上吊了脸，不好干呀，收破烂的太多，干这行也就是糊个口，这年头胆大才能发财。他话有所指，我面不改色，心却被他咬疼。我恭维几句，他说，也是，比起不如咱的，咱是上人，说不定哪天也能撞大运，你说是不是？我笑笑，他像在我脸上发现了什么，盯了半天才说，兄弟，你印堂红亮亮的，也有发财的命呢。我暗暗骂娘，嘴上随他胡说八道。酒足饭饱，他依然没有走的意思，直到女儿困了要睡，他才站起，热情地让我和白荷抽时间去他那儿坐坐。

我让白荷晚上插好门，故意轻描淡写。白荷听得却重，回答得也重，很坚定，却透着委屈。也许根本用不着我强调，可我是她丈夫啊。忽又想，如果我是那个已死的人，谁来叮嘱她呢？她将怎么办？

那天夜里，我又做梦了。我走在旷野，风从我身体穿过，呜呜地响。身上的孔变大了，起先只有筷子粗，现在已能伸进手指。我没有痛感，仿佛那不是我的身体，而是被丢弃的乐器。

一个星期后，赵青又来了。不是碰巧，是"有事求我"。我问是什么事，他却吞吞吐吐的，说不好意思张嘴。我豁达地说，乡里乡亲的，有什么不好意思？他这才说，女人害病，没得抓药钱了。我知道你也不容易，可除了你，我找谁去呀？他凄惶得像要落泪，但耳边的肉瘤放肆地颤挺着。我不由在心里骂娘，这厮的狐狸尾巴终于露出来了。我迅速想了一下，说，我也没钱，可谁没个困难，我一定想办法。需要多少？他说，两千，两千就够。我让他明天来，赵青欢喜着，整张脸像上了油的皮革，闪闪发光。

赵青没留下吃饭，得抓紧挣钱。白荷埋怨我不该答应得那么痛快，他不至于两千块钱也拿不出。我说，好歹张开嘴，不能顶回他。这当然不是真正原因，我知道为什么借钱给他。简单了说，消灾。复杂了讲，那不是我的钱，我能花，赵青为什么花不得？再说得透彻点儿，三叔没哄住他。不过，也许他在试探？我答应，反授之以柄。我有些后悔，答应得草率了，可又想，若不答应，难保这厮不去举报。那样，绝对得不偿失。

那些钱，我和白荷没舍得花，也不敢花。没料，第一个花的竟是与此事毫不相干的赵青。次日，赵青拿钱，我让他数数。他说，数啥，我还不信你？赵青要拽我出去吃饭，我说，你家里有病人，你快忙吧。赵青豪爽地说，他一定要表示个意思。我没让他破费——那不等于拿我的钱请我？——打发白荷出去买菜。赵青嘴上说那多不好意思呀，却将屁股牢牢贴在凳子上。

我对赵青有说不出的讨厌，以至于看见与棕色相近的颜色便有不适感。那日，我买菜，掂掂茄子，说，怎么这个颜色？卖菜的妇女嘴快，茄子就是紫的，红的是辣椒。我说，你怎么不让我说话？妇女蛮横道，谁不让你说话？你买菜还是挑刺儿？我没敢和妇女吵，不是不值得，而是想到自己的身份。白荷有同样的感觉吧，赵青一走，她那么用劲地擦拭赵青坐过的凳子。如果是她一个人，也会这么狠劲地擦吗？我的脑子又开小差了。

但我对赵青还是保持了适度的客气，甚至装出笑脸，毕竟，这厮手里有"武器"。赵青再来，仍要请我，我应了他，我不想让他的噪音吵醒了女儿，不想让那张棕脸不停地支使白荷，一会儿要蒜一会儿要酱的。

出门拐出十几米便有餐馆，赵青点了酱大骨、红烧鱼、砂锅羊肚和花生米。我说多了。赵青说，人活着图啥呀，不就图个吃吃喝喝嘛。此话竟与三叔如出一辙。赵青兴致甚高，我基本上是听他那张喇叭广播。碰瓷、钓鱼、放鸽子，都是搞钱的邪招。他眼睛放着鱼鳞样的光，兄弟，别看咱收破烂，认识不少牛人呢。先前和我一块骑三轮的河南侉子，现在是富豪夜总会老板，晓得他咋发财的？……不说了，不说了，说出来怕吓着你。没一会儿，他就憋不住了。结账时，他左掏右掏，咦，钱呢？明明装在兜里呀。我交了钱，他还在那儿装模作样，诚恳地说，这多不好意思，下次一定补上。这厮真是无赖，亏得小餐馆只能做出不太贵的硬菜。

半个月后，赵青送来半颗冬瓜，扯了会儿闲嘴，赵青忽然一拍头，哎呀，差点儿把正事忘了，兄弟，得跟你抓借几个钱。我和白荷迅速撞了一眼。赵青说，实在不好意思开口，可……你嫂子的爹过世了，我俩得回去，盘缠路费倒是够了，可咋能空手呢？这是急事，范兄弟！我盯着他，如果撕裂他的棕脸，他会怎样？赵青说，你实在没有就算了，我可愁死了。你说他干吗这会儿死？等我有了钱死，给他风风光光办一场，现在……兄弟，要是拿张烂席片卷了，会不会让人笑话？我咬咬牙，问他要借多少。他说，五百就够，反正他不止一个儿女。我让白荷凑凑，一张一张点给他。他晃着头，我还信不过你？没必要点的。也许真是没必要，但我一定要点。点完一遍，又来一遍。两遍的数不一致，我点第三遍，第四遍。赵青和白荷一左一右，急于帮忙，我没让。我固执地说，我就不信点不清楚。

女儿的哭声把我从遥远的疆界拉回，我让赵青数数。那厮，揣了钱后匆匆离开。

白荷小声问，咋办？

我像刚干完繁重的体力活，虚弱地反问，什么咋办？

白荷满眼愁绪，要是他一直借下去呢？

白荷说出了我的担心，我空嚼着嘴巴，饿极了的样子。

白荷说，和三叔说了吧。

我突然火了，动不动就三叔，他能咋的？

白荷低下头，似乎不愿让我看到眼睛里的东西。三叔来过几趟，我没说赵青的事，三叔问起，我马上支应过去。不是排斥三叔，而是不想什么事都遵照三叔的意愿。我后来意识到，那是我和三叔对顶的开始。

赵青打发老丈人回来，带了些炒大豆。他说老家的东西干净，不像城里的食品，什么都添加。赵青仍要出去坐坐，我不去，他死乞白赖地拽我。不只叫我，还叫白荷。他动手拽白荷，我只好答应。我没让他点菜，羊毛出羊身上，我已做了出血的准备。谁想这厮上趟厕所，顺便加了个红烧肉。结账时，他故伎重演。我耐着性子帮他"恢复记忆"。难道丢在路上了？他咕哝，要去找找看。演出到此结束，我把捂出汗的钱拍给了服务员。

每次回去，白荷都追问赵青说了什么。我搪塞，不愿复习被宰割的过程，更怕她搬出三叔说事。她劝我不要再和赵青下馆子，他借一趟钱，请我吃一趟饭，将来说不清的。我恶狠狠地骂，他愿意破费，活该！白荷忧心忡忡，欲言又止。我的鼻子忽然灌了醋，夸张地打个喷嚏。她不会知道，赵青支使她拿这拿那时，我常常有砸他一酒瓶的冲动。她不会知道，在那样的场合，我竟然冒出无耻的念头，如果我真的不在了，赵青会不会是白荷的常客？

没几日，赵青又来了。白荷急急牵了女儿去买菜，仿佛赵青是天天盼的稀客。赵青恬不知耻地说白荷厨艺好，把他死了的馋虫都勾活了。收破烂已然是副业，讹我吃我成了他的重要营生。我忽然想教训教训这厮。他不是喜欢喝吗？我灌死他。我没三叔那样的酒量，甚至不如赵青，但我可以做手脚。赵青没瞧出来，一杯一杯灌着，眼睛终于滞笨得难以转动，脸也成了深棕色。白荷给我眼色，我不理会，仍劝赵青干了一杯。赵青舌头僵着，反复说着兄弟放心。我说时间不早了，劝他上路。赵青磨蹭着不走，仍让我放心。片刻之后，身子一歪，倒在地上。白荷责怪我不该让赵青喝这么多，出事咋办？我说，我这就拖醒他，让他走。白荷急切地说，不行，不行，让他睡会儿吧，这么出去真要出事。我还算冷静，没轰他。其实，哪轰得动？他醉得像头死猪，我和白荷费了老鼻子劲才把他抬到床上。

本来要教训教训赵青，没想弄出一摊麻烦。直到晚上，赵青也没醒。我能把他丢给白荷吗？没办法，我旷了一夜工。我摸出他的钥匙，把他的三轮车锁进房东的前院。要是车丢了，我少不了得赔一辆。

就这样，赵青横在我和白荷的床上。我怕挤着白荷和女儿，紧紧贴住赵青后背。一抬头，恰好触见墙上嘲弄的目光，我的脸被烫出一个个深坑。半夜，赵青酒醒，或者是被尿憋醒。楼上有卫生间，但房东总锁着，夜晚跑楼下不方便，小便只好在屋里。赵青没出屋，像在自己家那样，对着门口的塑料桶，射出一屋噪音。

白荷蒙住头，而我雕塑一样凶视着那厮的后背。

六

那是一段黑色的日子。赵青像一只直肠子寄生虫，怎么也喂不饱。开始还有借口，小姨子做手术，大舅子开商店，要镶牙，要换三轮车，后来借口也没了，只说借钱。三五百，两三千，数目或大或小，我不敢得罪他，一次次忍让。我成了他的银行，还挺有规律，借一次钱，必定要请我吃饭。有了教训，我不再在家里招待他，门口小饭馆的老板都认识我和赵青，看见我俩，热情得像亲兄弟。

三叔知道此事，已是几个月后，赵青借走了一万多。白荷告诉三叔的，我没怪她，我快撑不住了。三叔自是没少数落。他和我琢磨对付赵青的招数，如：找人卸他一条胳膊，挑了他的脚筋，或干脆做了他。白荷吓得脸色都变了，直叫使不得。可我不害怕，因为我知道这不过是三叔的臆想。他还说过当了总统如何如何呢。三叔说，白荷不同意，就不要这样了。软不得硬不得，三叔想不到办法，最后只有两个字：不借，天塌下来他顶着。按他的意思，不能突然拒绝，我已把赵青惯坏，口要慢慢封。

赵青再借，我给他数目的一半，赵青明显不快，捏捏，还一张一张地照。我和白荷说了不少为难的话，仿佛赵青是债主。再来，借得更少。赵青腔调怪怪的，知道你们难，可我比你们更难。

我没有望见曙光的喜悦，相反，心更加沉重。不知道接下来会发生什么。白天提心吊胆，夜晚缩在封闭的笼子里长吁短叹。

从我"死"那天，不安便在心里筑了巢。二十万对我和白荷确实是天文数字，可是换来这样一种日子，值不值得？如果我不是这样"死"掉，赵青还敢这样吗？我和赵青无多少瓜葛，因他手脚不干净，我瞧不上他，但现在他成了我的噩梦。这都是我"死"惹来的。我鄙视赵青，可仔细想想，我和他区别不大。他变得这样贪婪，追溯起来，还是我造成的。

我不想再"死"下去了。

等不到三叔上门，我很有些迫不及待。三叔正和几个趴活儿的吹大牛，裸露的肩膀泛着紫光，比他的脸干净许多。瞥见我，三叔离开那几个人，边走边拎裤子。把我扯到墙角，急吼吼地问，那小子又逼你了？

我说，没有。

三叔问，那你来干啥？

我说了两句，稍有些卡，但很快顺畅起来。我的目光从三叔的脏脸移开。对面卫生器具店门口，一个小男孩旁若无人地撒尿。

三叔往前伸伸头，看不清我似的，钱呢？

我说，不要了。

三叔说，好！像个硬汉……你以为退钱就完事了吗？

我说，坐牢我认。

三叔问，我呢？让我也跟你坐牢？

我说，我一人担着。

三叔偏着头，看看我左脸，又瞧瞧我右脸，研究够了，方喊地冷笑一声，你这脑子硬是看花书看坏了，你一个人担？你有几颗头？我可以陪你坐牢，白荷怎么办？让她也陪你？啊？三叔越说越快，越说越高。如果不是这样一个场合，手掌没准会甩我脸上。

我不是没想过自首的后果，可经三叔一说，感觉就严重了许多。如果我去自首，等于害了三叔和白荷。三叔没花一分钱，白荷管着但也没花，让三叔和白荷跟着坐牢实在太冤。抛开这个不说，我又怎能把自己的亲人送进监狱？

我退缩了，但并未彻底打消那个念头。我承认，三叔更多是为我和白荷着想，但仍对他怨气冲冲。是三叔造成我的死亡，没经我同意就让我死了。事实既成，我没有选择。当然我也有责任，还有白荷。是三叔、我和白荷一同让我死掉的。可既然这样，三叔、我和白荷为什么不能让我活过来？难道活比死还难吗？忽又想，造成我从这个世界消失的并不只是三叔、我和白荷。还有……我觉到巨物的存在，却说不上来，甚至说不清那是一张面孔或别的什么，总之，那是三叔、我和白荷难以操控的力量。我的脑子只够看小说，想这样的问题很是吃力，但不能不想。

活过来这样难，我只好继续死下去，厌恶、畏惧、讨好着赵青，由着赵青像出入自己家门一样来去自如。

　　赵青借钱越来越频繁，有时，头天刚借，第二天又杀上门。当然，我借给他的越来越少。那天，我终于让他吃了闭门羹。我穿着白荷几天前打了补丁的裤子，向他哭穷。赵青看我半天，冷不丁问，不借给我？我说，老兄，你盘算盘算借走多少钱了？实在没有了呀。赵青说，我不想盘算，我想弄清你还能借给多少。这厮，耳朵聋了吗？我咬定没钱。赵青又道，真没有？好，我不逼你！

　　赵青冷脸离开，白荷惶惶不安，问赵青是不是真翻脸了？会不会做出什么事？我有些烦，让她闭嘴。她移开哀怨的目光，可一会儿又盘桓在我脸上，探询地说，要不，再借一次？我叹口气算是回应。其实，我更不踏实。

　　结果是不但借了，而且给赵青送到手上。幸亏赵青留了地址，找他没太费事。我解释半天，赵青说，放心，总有一天，我发了财，加倍还你。我踏实了，可又极其后悔，我到底是个什么东西？

　　那天晚上，那个人，那个面目模糊、身体清瘦的人又飘进脑海里，我没像过去那样毫不客气地砍走他，让他停在那儿。足足五分钟，他悄然而逝，拖着长长的叹息。我呆坐着，似乎等他回转，他却没有。我的脑子混乱不堪，像整个屋子的家具都丢放在里面了。不知什么时候睡去的。我又站在旷野上，身上的洞又粗了许多，能插进两个拳头。风飕飕地响，从看不到的地方刮来，又刮到看不见的地方……

我对他及与他有关的"兴趣"，大约是从那时开始的。范秋这个名字死了，但我还活着，顶替范秋死亡的、那个真正死去的人究竟是谁？叫什么名字？妻子是否在寻找？一直寻找，还是寻找一段放弃了？那个女人在什么地方？过着什么样的日子？身边已经有了别人，还是苦苦等待但别的男人却纠缠不休？越想问题越多，探寻的欲望也愈强烈。

我不知道自己为什么要弄清楚他，弄清楚了又能怎样。也许只有搞清楚才能明白。

我不再提心吊胆地待在家里，算计、等待着赵青上门。我扑进皮城，寻找与他相关的线索。我没告诉三叔和白荷，这是我一个人的事，必须秘密进行。理由是躲赵青。于是白荷也带着女儿，整日耗在公园商场。这样也好，惹不起躲得起，难道赵青满大街追我？

我跑了两个火车站，四个汽车站，然后沿路寻找公交站牌。电线杆、商铺及饭馆门口，都不放过。我像一只猎犬，这儿嗅嗅，那儿嗅嗅。先前，我只是抄录与他接近的寻人启事，后来看到任何寻人的线索都要记下。我请收购站老板吃了顿饭，每天借一卷旧报纸，第二天再送回去。在那个封闭的笼子里，一页页搜寻着报纸的边边角角。

不到一个月，我就抄了厚厚两本。失踪者竟然这么多，超出我的想象。有男有女，有老人也有孩子，有的写得很细，穿什么上衣什么下衣，鞋的样式及颜色都清清楚楚；有的只说个大概相貌，连照片都没有；有的写明在皮城失踪，有的没写，想来从什么地方消逝的还是个谜。

失踪者已然消亡，还是出于某种原因隐匿在世界的某个角落？仅仅是一时兴起，还是要永远隐匿下去？是自己的选择，还是迫不得已？我的思绪一路狂奔，当然没有答案。但想到他可能就在其中，我竟有一种躁乱的兴奋。

我检索出几十条重要线索，誊写到新本上，一一编号。我没有停止搜寻，线索不断增加。

一天中午，我拨打了一号的电话。一号三十几岁，与我年龄接近。当然，他不是在皮城失踪的，是在另一个城市，可万一他的家人搞错了呢？通了，我把耳朵往紧贴贴，恨不能钻进去。电话另一头是女人的声音，我的心再度狂跳，以至于有些口吃，你是……寻……寻人吗？女人似乎没听明白，问我说啥，我重复了一遍。女人哈哈大笑，而后突然一转，那王八蛋早回来了。

我愣愣地站着，良久方摸摸耳朵。好好的，没削掉。

几天后，我拨了二号的电话，两个，均是号码错误。我不甘心，接着拨三号的电话。这次是个男人，我刚说一句，他便挂了电话。我拨了七八次，他方又接起来，声音恶狠狠的，再骚扰，我就报警！没容我再说什么，再次挂断。放在过去，我是没胆量再拨的，即便对方可能在千里之外，可那日我只是斟酌了一会儿，毫无惧意地打了过去。他终于接了，我抢着叫了声哥，显然这声哥，抑或我悲切的声音起了作用，他没有马上挂掉电话。老天保佑，我没有结巴。他沉默几分钟，缓缓开口，可是我仍能感觉到压抑的愤怒，你编出花也骗不了我，这是我接到的第一百二十个电话，我告诉你，我弟弟半年前就找见了，他死了！晓得不？他死了！你甭想领到赏钱，永远甭想！……

我忘了是我先挂掉的，还是对方先挂掉的。只记得我迷失了方向，站在路口盯着变换的红绿灯，不知往哪里去，直到饥饿咬痛我。后来，我觉得自己可笑，死都可以，挨顿骂算什么？何况，他的愤怒不是对我，而是那些不轨之徒。一则了无生气的寻人启事，背后演绎、隐藏着多少庞杂的故事？我忽然想，如果我不是明明白白的地"死亡"，而是离奇失踪，白荷也会这样寻找吧？她会接到什么样的电话？会不会受骗？会不会有我这样的隐匿者被她棍棒般的语言杀伤、击打？我还想顺着思路走下去，脑袋涨得麻包一样。我迫使自己打住。

但是，我不会放弃寻找。

七

毫无疑问，对他的寻找在某种程度上让我走出了赵青的阴影，想他，就会忘了赵青。但我并没有摆脱赵青，这厮寻不见我，便到家具店门口堵。那天早上，我刚出门便看见那张棕脸。他"请"我到对面吃早点，说怎么怎么想我。我真想把滚烫的豆浆泼他脸上。

再下班，我会在门旁观察几分钟。如果他在正门，我就从侧门离开，如果他在侧门，我就绕到正门。躲猫猫的游戏玩了几次，赵青换了招数，直接去找白荷。白荷白天可以躲，晚上无处可去。一次，他赖到十点多钟，还让白荷给他炒菜。

我搬了家。再如此下去，白荷会被他逼疯。这样，白荷也不用再躲。赵青只能堵我，我是那么好堵的吗？我的游击战术已经很纯熟。三叔总说我看花书看坏了脑子，起码在这点上三叔是错误的。一个早上，两处门都没有赵青的影子，待我出去，背后猛地跳起一个声音，我的头皮一阵麻颤，但没有回头，撒腿飞奔。我知他追上来，因为叫喊始终在身后，一个小时后，我甩掉了他。我开始搜寻找人的线索时，赵青便成了脑里的一个斑点。

有两个月时间，我没和赵青正面交锋，没给他开口的机会。我奈何不了他，他又能把我怎样？他握有秘密武器，但绝不会轻易告发我。我进去，他吃谁？去哪里找这样的金库？不用任何手续就可以拿钱？

那天，我转了几条街，中午吃了两个烧饼，喝了碗馄饨，在公园长椅上打盹。节令已是深秋，凉飕飕的，可是我太困了。我睁开眼，似乎瞥见什么，再瞅，只是几棵被秋风剃光叶子的梧桐。大约看花眼了。一男一女进入视线，在我前面不远的椅子停住。男的已经谢顶，女的像个中学生，一坐下两人的嘴便咬在一起。和一则则寻人的故事比，实在不新鲜。忽然想，那谢顶男人岂不是个隐匿者？他顶替的不是别人，而是他自己。是另一种形式的隐匿。这个世界有多少隐匿者，就有多少形式的隐匿。

出了公园，我在门口的报亭打十号的电话。前面的已被我一一剔除。对方是个女的，这最好——我希望他妻子在等他。周围嘈杂，我怕她听不清，将衣服罩在头顶。样子很鬼祟。

陈雷？……你是陈雷！女人的声音透着惊喜，你在哪儿？

我犹豫一下，说，我不是陈雷，我看到……

不，你是，我听出来了！女人大叫。

我说，我不是……

女人道，就算你装出别人的声音，我也能听出来。

我说，你先听我说。

女人叫，你不用解释，你在哪儿？

我说，你一定要听我说。

女人说，无论你做了什么，我都不计较，只求你回来。

我说，你冷静些。

女人说，我找了你一年多，我还以为你……陈雷，回来吧。

居然与他死亡的时间吻合，我凉下去的心又慢慢热了，可女人不给我说话的机会，我有些生气，叫，你不让我说，我就挂了！

我的威胁奏效了，女人近乎巴结地说，别挂，千万别，我听。

我舔舔干渴的嘴唇，我真不是陈雷。

女人问，那你是谁？

我说，你不认识我，我是看到寻人启事的电话。

女人问，你有陈雷的消息？

我说，可能吧，我需要与你核实，陈雷他……

女人忽然发怒，陈雷，你别装，你要干吗？戏弄我？还是羞辱我？

我说，不是这样的。

女人吼，够了，有种的你当面和我说！

我沉默了，不知是该挂掉，还是该等待。

女人忽又软下来，陈雷，求你，别躲着我……

我缓缓地，残忍地把电话撂回去。交费时，电话被扎疼似的叫起来。我迅速离开。据说夫妻是有感应的，如果他就是那个陈雷，他的妻子该不会这样。那个陈雷在哪儿？已经魂归九泉，还是隐匿在某个地方？我不会操心这些，但很长一段时间，陈雷的故事徘徊在我脑海里。

我又转了一条街，看到一个挤在商铺中间的小书店。我有很多天没看小说了，搜寻、整理几乎占据了我所有空闲的时间。我犹豫一下，走进去。选了本五折的《罪与罚》。出来，挤上 21 路公交车。

我详细记录这一天的行程，因为我想在记录的过程中发现某些被我忽略的迹象。车上，我的头扭来扭去，似乎在寻找一个熟人。好像那个对我叫嚷的妇女，或是那个叫陈雷的男人就在车上，她或他的脸上有隐秘的只有我能识别的记号。我试图往前挤，旁边的男人纹丝不动。我一向胆小，出格只在梦里。如果我是已经死亡的人，还会害怕这个并不孔武的男人吗？这么想着，我生硬地闯过去。他看我一眼，没说什么，扭开头。我一一辨识那些脸，男的，女的，胖的，瘦的，爬满皱纹的，青春勃发的，遐想沉默的，佯装睡觉的。陈雷究竟在不在车上？谁是陈雷？没那么容易弄清，但我猜车内一定有隐匿者。

换了一趟公交。下车，买菜，我不买茄子，好长时间我不吃茄子了。拐进巷子，我似乎回了下头，又似乎没回，这个细节记不起来了。

开门，肩膀被拍了一下。我差点跳起来。那张棕脸像幕布一样悬在面前，几乎将背后的墙遮住。熟悉的让人别扭的笑，随便丢在幕布上，随风颤着，满是嘲弄。

后来回想，赵青其实跟踪了我一天，我有所察觉，但没引起警惕。我沉溺于隐匿者的思考，没想到，赵青就隐匿在我身边。

赵青借了两趟钱，我就搬家了。我不敢大意，这厮，什么时候会这一手？我甩掉任何可能的尾巴——万一这厮雇人跟踪我呢？不得不防。但百密一疏，赵青还是嗅见我和白荷的新家，我不知究竟哪里出了问题。反正家什也简单，搬呗。于是，我不停地换住处，大年三十那天还搬了一次。可是，那厮像撕不掉的狗皮膏药。

转来转去，我又搬回西二环那个住处。房东多加了五十块钱。当时搬得忙，忘了揭海明威的画像——墙上已贴了某个女影星，我抱着试试看的心理摘下女影星，那硬扎扎的目光狠狠戳了我一下。

赵青再次追来，我一点都不惊讶，只是沮丧。白荷正在洗衣服，她埋下头，动作很快地搓着。我暗暗祈祷，可千万别掉眼泪，那厮不吃这一套。我的祈愿怕是要落空，我分明看见什么东西坠进脸盆。我瞅瞅女儿，她睡得正香。

兄弟，好久没见了呀，真想你。赵青往那儿一站，掏出烟。

我说，今儿先别洗了，豆豆感冒刚好。

赵青埋怨，你搬来搬去折腾啥呢？瞧瞧，把孩子折腾病了吧？

我问，借多少？

赵青愣愣，忽而一笑，兄弟真是痛快人，两百就够了。我发了财，肯定加倍还你。

我丢给他，他却没有走的意思。闲扯几句，仍要出去坐坐。我说就在家吃吧。在外边太费钱了。不吃饭他不会离开，早早吃了，让他早早滚。钱都借了，一顿饭算什么？我瞅白荷一眼，她仍在发狂地搓洗。我出去买菜。

我估摸了一下，我大约花了十几分钟的时间。这十几分钟发生了什么我不清楚，可正在发生的事清楚地烙进我眼珠。也许我有预感，平时我花去的时间要长。可那天，我心慌得很。上楼，我猛跨两个台阶。我看不到白荷的样子，白荷被他抵在墙角。那厮背对着我，后脑屋檐般翘起。听到声音，他松开白荷。白荷满面通红，又羞又恼。那厮竟毫不慌张，咧咧嘴，开个玩笑哦。嗓子眼儿窜上什么东西，我吃力地吞进去。手攥了攥，仅仅是攥了攥。瞪着他，仅仅是瞪着他。我说，跟我来。转身下楼。我怕他不会跟上来，在门口停停。他跟上来了，没有一丝惧意。

我走。

他跟着。

紧紧地，似乎怕我甩掉。

我穿过烟气腾腾的街道，一片稀拉拉的树林，在郊外的水塘边立住。水塘没水，横七八歪的枯草霸居着。风很硬，我的后背却伏了一层滚烫的汗。日头无精打采，对尘世厌倦的样子。二环距此并不是很远，但听不见任何声音，像被切刀齐齐整整地削掉了。我和赵青对视着，那张棕脸依然阔大，眼珠跃跃欲试。我的身体突然叫起来，那是风穿越而过的声音。呜咽与号角混杂着。

我声音发抖，你究竟要怎样？

赵青伸出巴掌，我要这个数，给了我，我绝不再麻烦你，咱们还是兄弟。

我明白了，这厮就是逼我翻脸的。

我竭力控制着，凭什么？

赵青说，你明白，你吃肉，我不过喝碗汤。

我说，我要是不给呢？

赵青说，你明白。

我大声道，我不明白。

赵青说，别嚷嚷，我不怕你，是你怕我！晓得不？

我猛地撞过去。我在孩童时代亲眼看到，七十岁的老汉将一个壮汉撞倒。赵青绝没料到我敢动手，他毫无防备。仰面倒在枯竭的水塘中，他竟惊异地瞟我一眼。这更加激怒了我。我跳进去，骑他身上，挥舞双拳。我没打过架，这是头一次。因而打得毫无章法，叫嚷了些什么自己也不知道。那张棕脸，终于掺了别的颜色，眼窝周围也爬满我没见过的目光。

没想这厮竟是个软蛋，这么快就开始哀求。我又揍他一拳，你不是要去告吗？去呀！赵青难以躲避，龇着嘴说，他是开玩笑，绝不会告我。我大吼，你去告！他说不告，我揍他一拳。他还说不告，我又揍他一拳，你去告，告呀！他骇然地瞧着我，说我去告。我没打他，只是嚷，你告我去，你必须告我去！赵青惶惶地嗯嗯着。

三叔后来夸我像个硬汉，老嫖客的画像没白挂。我绝不是硬汉，我太清楚自己。我不怕赵青告，赵青没了讹我的武器，先就虚了。那样说并不是愤怒得失去理智，而是真的萌生了那样的念头。我不想隐匿下去，但又不能害了三叔和白荷，怎么办？这个"忙"只有赵青能帮。就算连累三叔和白荷，毕竟不是我造成的。我是不是真的看花书看坏脑子，想出如此歪招？我这样就对得住一分钱没花的三叔和白荷了？我不敢想下去，更不敢说出来，不得不说的是，那个念头挥之不去。我自然瞒着三叔和白荷。我是个自私的家伙，可以前不是这样的，或许，我过去没有发现？

赵青离开时，把刚刚借的两百块钱留下了。次日，我破天荒地没去搜寻他的线索，直接去了赵青家。赵青歪在床上，我进屋他就把女人支出去。他仍龇牙咧嘴的，兄弟，你出手真狠呀，脸成了这样，咋出去收破烂？我脱口道，我赔你损失，多少？你说个数！赵青慌道，你说哪里话，我正想歇歇。赵青态度逆转，绝不是因为我厉害。不是的。我问他，说话还行吧？他频频点头，没问题。我说，你的话可还记得？赵青嘿嘿一笑，兄弟，我不过说着玩的。我板着脸，你必须去告我。赵青仍以为我在试探他，保证，那档事不光我要烂在肚里，也要让女人烂肚里。我那口子你放心，我说一她绝不敢说二。这我晓得，赵青曾因他女人和邻居多说了几句话，在村里用裤带抽得女人满街跑。我背着手，来回转了几步，尔后盯住他，让他把吃掉的钱一张一张吐出来。赵青应得很痛快，我还，我还。随后，他像变戏法一样从床边翻出五百，正是上上次借的数目。

八

我和三叔在酒馆吃酱大骨。三叔过生日，必定放开肚皮吃一顿。不同的是今年我给他订了一盒蛋糕。我毕竟是个有良心的人。三叔不让打开，趁早给白荷带回去。三叔惦记着下午的营生，只喝啤酒。嫌不过瘾，又改成白酒。他豁出去似的，说一年只过一次生日，就给自己放半天假。三叔总能找出理由。我说，是呀，以后过生日，我给发饷。三叔左右扫一眼，压低声音说，别整掉一个赵青就大意了，嘴巴要严，什么饷不饷的，烧包。眼窝被酒淹出些许红色时，三叔嘴巴便漏风了，说半个月前他其实过了一回生日，是那个卖大饼的女人给他过的。我吃惊道，过了？你有几个生日？三叔嘿嘿笑着，脏脸横满得意，你三婶说我过生日要给我个大礼，我等不到，就提前过了。你还不知道我的生日咋回事？我得补充一下，三叔的生日是我俩喝酒喝到头大时我替他选定的，他根本不知道自己何月何日出生，户口本上的日子也是别人代填的。三叔当然不晓得，他认可的生日与他一直瞧不上的海明威生日相近。

我问他，她给他送了什么大礼？三叔和我碰一杯，却摇头，不能说，不能说。你别看三婶长得不咋样，浪得很呢。我已猜出大概，三叔的脏脸油光闪亮。他止了这个话题，让我再讲讲教训赵青的经过。我都讲了几十次，实在烦透了。可三叔求我，说就当给他加个硬菜。我杜撰了一些细节，三叔边听边给我倒酒——之前都是我为他倒，而后评价，男人就得这个样子，你越怕他，他越想欺你。我觉得三叔喝到口无遮拦，很随意地问了一个蓄谋已久的问题，三叔，你还记得那个人长什么样不？

哪个人？三叔没反应过来。

我说，死了的那个。

三叔勾我一眼，问这干啥？不记得了。

我说，随便问问，不干啥。他的口音呢？

三叔语气更重，不记得了。

我忽然指着窗外，瞅啊，三叔。对面，一个穿着裸露的女人牵着一条牛犊子大小的狗。三叔收回目光说，要是我女人我非收拾扁她。隐匿者，我如是想。我没再问。三叔让我好好过日子，有个长远打算，不枉女人跟我一场。

我拎回蛋糕，还买了两斤酱骨。赵青吃我，我嘴巴也没闲着，只是苦了白荷和女儿。没了赵青的逼迫，白荷眉头舒展许多——山珍海味也没这功效。间或，她眼角仍会划过不易察觉的阴影，我猜不出那是什么。但相比那一段黑色的日子，已是翻身农奴获解放。

女儿嘴边、鼻尖沾满奶油，她蹭一下，整个脸都是了。吃得油汪汪的白荷给女儿擦拭，结果她也沾上了。久违的笑起起落落。我盯着白荷，身体悄然膨胀。我说出去转一圈，让白荷哄吃饱的女儿睡觉。白荷瞥我一眼，脸微微红了。那些日子夜晚上班，白天被赵青追赶，哪有心思？偶尔接触一次，做了贼似的。

我折回屋，女儿已经睡了，白荷正洗膀子。我等不及了，把沾了香皂沫的白荷推扔到床上。完事后，我躺着，白荷爬起来，找出那个小本。就像白荷不知道我拥有失踪者档案一样，我也不知道白荷留了这样的心思。她把赵青借过的每一笔都记着，包括日期。我算了算，被那厮借去三万多呢，还想再要五万，他哪来那么大胃口？如果他适可而止，如果他不调戏白荷，我或许就认了。赵青已还回三十几笔，白荷在后面打了小勾。赵青肯定也有这样一个本子，因为他还钱很有顺序，每一笔都与白荷的记载吻合。后来——我一再用这个词并不是叙述上的喜好，而是我没有海明威那样的脑子——我品味出白荷此举别样的心思。

白荷乐此不疲地加着赵青还回的钱。没了膨胀的欲望，我的脑子开小差了。我不是我，我已经死了，刚才和白荷做爱的是另一个男人，此时凝视白荷的也是另一个男人。这个男人在想什么？白荷的身子？白荷的钱？他想没想过白荷和她的前夫？而白荷在想什么？女儿？前夫？还是现在的男人？

我自嘲，如果我死了，怎么会想这些问题？想这些有什么意义？可我控制不住，就像我的脑子也被替换了。这让我难受。若不想，除非我不再是隐匿者。

不仅仅和白荷、三叔、赵青的关系上，在许多事上，我的思维都会滑偏。有必要说说那宗持刀砍人案。那天，我在搜寻线索，忽见行人四处奔逃。听说是疯子砍人，我和别人一样转身就跑。跑了两步，我停住，如果我是个死去的人，我还怕他？不错，正是这样奇怪的想法撑壮我的胆子，似乎我逃跑会玷污那个身份。我折回去，果见一汉子挥刀砍向一个老妇。地上已躺了一个人。我边跑边抓起一把破旧的阳伞。汉子往上砍，我捅他裤裆，往下砍，我戳他眼睛。

过程随你想吧。警察赶来，我已把汉子制服。警察给汉子戴手铐的当儿，我悄然离去。不知是累的缘故，还是看见手铐，我的心跳得很厉害。第二天，我在报纸上看到《歹徒持刀砍人，路人徒手擒凶》的消息，把我写成了英雄。我怀疑那个人是我，我只在梦里才有那样的壮举。我想，我如此勇猛不只是为了制服狂徒，也是在制服自己。是活着的我制服死了的我，还是死了的我制服活着的我，我就说不上了。

并没有到此结束。第三日的报纸进行了后续报道，多位市民讲述目击过程。末尾，让看到消息的我尽快与报纸联系，并请路人提供相关线索。接下来，还有《英雄，你在哪里》的报道，据说我可以领取皮城的见义勇为奖。那几天，我反复地阅读相关消息。我是一个隐匿者，永远不会站出来。如果不是这个原因，我抵挡不住奖金的诱惑。可如果我不是隐匿者，还会有那样的胆量吗？

我绝不让自己的身份如此大白于天下，宁可让赵青告发。

看小说多了，我常常胡思乱想，但制服歹徒事件，绝对不是为了往脸上贴金编出来的。对于隐匿者，贴金有什么意义？

另一档事，也是在寻找失踪者线索的时候发生的。我看到一个男人往电线杆上贴着什么，忙凑过去。是寻爱犬的启事，提供线索者赏谢五千，送犬上门者赏谢一万。我吃了一惊，问，什么狗这么值钱？男人白我一眼，少见多怪，上千上万的犬多得是。我问，这狗是你的？男人纠正，是犬，不是狗。我哑然失笑，犬和狗有什么区别？男人说，犬是犬，狗是狗，不一样的。等于废话，我嘎地笑出声。男人甚是恼火，你取笑我？我说不敢。我不是惹是生非的人。可突然间，我邪性了，仿佛立在男人面前的是另一个我，我怕事，并非另一个我也怕事。

我傲睨着他，狗就是犬，犬就是狗，都是哺乳动物，种类很多。我不知哪个种类多少钱，但我知道与狗有关的词比犬多，狗宝狗屁狗熊狗吃屎狗尿苔狗腿子狗急跳墙狗皮膏药狗头军师狗仗人势……我一口气说下去，男人先是愠怒，继而惊讶。他说，没看出你还蛮有才，我正想找个人请教呢，能不能借一步说话？我稍一迟疑，跟了男人便走。我甚至轻贱自己的迟疑。走了几十米，拐进巷子，男人停住，不知何时，一高一矮两个青皮跟上来，我情知不妙，但已无退路。男人咬定我偷了他的犬，我辩解，霎时被三个人打倒。数日前我是见义勇为的英雄，此时被人打得鼻口流血，直到把仅有的四百块钱赔给他。男人尚不甘休，非让我说狗和犬不是一回事。我不再逞能，承认狗是狗犬是犬，还被汉子逼着说一通我是狗宝狗屁狗屎……

我为自己的卖弄付出了代价。本可以事后报警，寻犬启事上留有男人的电话，可警察询问我的姓名，我该怎么说？我是谁？我认了，反正没人知道——就算男人满世界炫耀，他又知我是谁？

那次挨打之后，我和三叔正面对顶了一次。我的惨样把白荷吓得够呛，两三追问。她叫我别再出去乱跑，不然早晚要出事。我能听她的？这样，三叔便正式出场了。三叔问我满世界疯跑究竟干什么，我说，憋得不行，透透气。三叔的脏脸顿时涨起来，憋就可以打架？就可以横行？你打出瘾了？你以为收拾了赵青所有皮城人都能收拾？你是谁？你以为你是谁？

最后这句话击中我的隐痛。让我死的不只是三叔，但始作俑者绝对是他。我活着，可一部分已经死掉。我当然知道我是谁，可现在我总不由自主替换他人或被他人替换。我不想与三叔掰扯这些，只是硬硬地回击，你说我是谁？

三叔的脏脸似乎掠过什么东西，翅膀硬了呀。

白荷急着推我，我狠狠甩开她，咋？你不让我硬？

三叔瞪视着我，像从墙壁上射出来的，硬扎、粗粝，忽然之间，没有任何过渡的，目光稀癃下去，好，你硬，看你硬上个天。

白荷拽三叔一把，没拽住。三叔怒气冲冲的，但我知道他发怵了——尽管不知道那是为什么。

白荷想责备我，但又不敢，便蹲在地上猛搓衣服。其实，三叔出门我就后悔了。三叔对我像父亲一样，他是让我死了，但那是意外不是？他没拿一分钱。他没有让我活过来的能耐，不然他还会让我活过来的。我怎么这样待他？那个时候或许是另外一个人替换了我。

我打算给三叔认个错。没等我行动，和上次一样，三叔先上门了。他检讨自己的"冒凉"话，伤了我。我说哪里，谁让你是三叔呢。我不计较。我大度地"原谅"了他。我和三叔不可思议地倒置过来。

九

儿呀，是你吗？

我一下愣住。电话里女人的声音几乎和我母亲一模一样。是母亲活过来了，还是我真的到了另一个世界？下意识抬起头，一辆公交车摇摇晃晃地驶过。

女人又追问一句，我听到啜泣声，眼泪坠落的声音。我慌慌地问，你是孙智的母亲？启事写得很明白，孙智，男，四十岁，连鬓胡，出走时穿蓝夹克，黄色胶鞋。

顿了顿，她问，你不是孙智？你是谁？

我似乎看见她失望的样子，甚是不安。我小心地说，你不认识我，我看到启事……

女人语速很快，你有我儿的消息？

我说，不知道是不是他。我本来想问一下这个叫孙智的男人是什么时候出走的。可女人连珠炮似的追问，你什么时候见到他的？你在哪里？怎么联系你？

我说，我在皮城，你联系不到我，我没电话。

女人急速地说，你联系我二儿，他和我去。没容我再说什么，匆匆挂掉。

我被搞蒙了，听口气她要来，可我什么都不能提供，她来干吗？她是不是糊涂了？我查查区号，是商丘的，离皮城并不远，但这和远近没关系。我可不想把她骗来。我什么都说不出，她不抽我嘴巴子？待了十几分钟，再打，无人接听。我打启事上的手机号，得知我就是刚才打电话的，并说不出任何有用的内容，他质问我为什么骗一个六十多岁的老人。我语无伦次地解释，让他千万不要来。他叹口气，说他和母亲已经上路。我烫了手似的扔掉话筒。

我匆匆逃回家。白荷问我怎么了，我说没怎么呀。她不再问，幽怨晃荡着，几乎溅出来。我照照镜子，脸色灰不溜秋。白荷以为我又闯祸了。这不是祸，但我不安。明明清楚女人不是我骗来的，她来也找不到我，我还是发慌。不见她，我打定主意。但是耳边总晃着她的声音，苍老，枯瘦。我端起白荷盛好的稀粥灌了一口，突然喷出，没抓稳，碗摔地上了。女儿尖叫一声，眼泪奔腾。白荷给女儿脱袜子，我试图帮忙，白荷用肘抵拒了我。我只好站着，还好，只是烫红一点儿。白荷狠狠剜我一眼。我清扫了碎碗、残粥，颓然离开。

他又出现了，模糊的脸，瘦长的身架。足足停了五分钟。我试图追他，可我瘫在那儿，有被碾碎的感觉。直到进入梦乡，我才竖立。身上的洞有碗口那么粗了，风哗哗地穿越，没有停歇的意思。

我没打那个电话，不知老女人和他儿子是否到了皮城。可是，她的声音像被雨浸坏的泥皮，不时脱落。儿呀，是你吗？儿呀，是你吗？我跑三叔那儿，套问那个人是否长了连鬓胡，自是一无所获。三叔没训斥我，但"什么都不记得了"。

我反复翻着这个标号二十八的档案。所有档案都是语言的组合，像枯了的石榴，干瘪，了无生气，但只要撩开一角，气息、声音透出来，就不一样了。我已经撩开二十八号的帘子，就此掩上吗？

第三天，我终于忍不住，打了男人的手机。男人说，我知道是你，我和母亲等你两天了。我很紧张，话却是埋怨的，叫你不要来了嘛。男人说他母亲要来，他拦不住，已经来了，务必见个面。我问，孙智什么时候失踪的？男人说，五年前，走了就再没回来。男人开始求我，说他母亲哭瞎了双眼，只想听听他哥的消息，我编几句就行。

我最终和男人在小旅店门口见了面。他也是络腮胡，和孙智的照片毫无二致。他嘱咐我一番，并要塞给我五十块钱。我拒绝了。

那个哭瞎眼的老女人先在我身上嗅嗅，而后伸出青筋突暴的手上上下下摸了个遍，开始问，你见过我儿？

我说，见过。

她问，那你身上怎么没我儿的味儿？

我慌了，不知怎么答。

她问，什么时候？

我说，半年前，在一辆车上。按照男人的叮嘱，我小心叙述着，女人不时插问。

女人长长地舒口气，我知道他还活着，他受骗了，没脸回家。你要是再见到他，叫他一定回去看看。

我虚虚地应了一声。离开时，老女人再次在我身上闻嗅，时间更长。我没法形容当时的感觉，我像一只青蛙，四肢被冷冻，肚皮却坠入沸水中。她说，我闻到了，是有我儿的味儿。我的头皮猛地一炸。男人送我出来，两三句致谢，说两个月之内，他母亲会好过一些。他求我两个月后再给他母亲打个电话，这样的请求，我怎能拒绝？

我本来希望与他的父母、妻子联系上，但和老女人见面后，我突然意识到，没有结果其实是最好的结果。如果我证明了他就是孙智，孙智就是他，我该怎么办？把钱转给老女人？真能一了百了？

那几日，我受了挫似的，没搜寻失踪者的线索，也未打任何电话，除了去找赵青，就是在家睡觉。白荷踏实许多，变着法给我做好吃的。我嚼得无滋无味，甚至一边吃饺子一边无耻地乱想，如果我真的死了，白荷会不会挖空心思伺候另一个男人？我就是那个男人的话，会咋样待白荷？与我和白荷的生活一模一样，还是一种我不熟悉的日子？

后来，我的思绪失控，无边无际地蔓延……如果我是孙智，我是流落他乡成为一个隐匿者了，还是安睡于另一个世界？我是否知道老母亲哭瞎了双眼？我受了什么骗？

匪夷所思地，我忽然想尝尝受骗的滋味。我又不安分了，白荷的厨艺没拴住我。报上每天都登骗与被骗的消息，让人觉得这个世界到处都是骗子。但真想受一次骗，也非易事。滑稽吧，我出了问题，还是世界出了问题？

为挨一次骗，没少费心思。我请了两夜假，从黄昏便守在二环上，拦截过往的车辆。那些司机准以为我是骗子，没一辆停住。午夜时分，一辆大货车驶来，我猛地跳过去。刺耳的刹车声。司机伸出头，骂了一通娘，绝尘而去。我傻兮兮地想，那个孙智挨了骂会怎么样呢？和司机叫板，还是求司机拉他一程？

第二天黄昏，一辆三轮车终于停住，车主问我去哪儿？我说我受了骗，只有五块钱，随你拉到哪儿。我拽出鞋垫压着的臭烘烘的票子，递给他。车主接了，让我上车。和某个场景重叠了，我又兴奋又紧张。一个疑问悄然冒出：那一切是不是三叔设计的？车主会不会也停下车撒尿？我紧盯着车主的后脑勺。进城又驶了一段，他停住，但没有撒尿，说到家了。我没有被这个人骗，很沮丧。竟把三叔想得那样险恶，我几乎想抓自己的脸。

我想放弃挨骗的尝试，机会却送上门。那时，我又开始搜寻失踪者的线索。走过火车站前面那条街，一个黑眼圈的中年女人问休息不？并压低声音说有我想要的任何服务。三叔曾经讲过，某个趴活儿的同乡在火车站被类似的女人骗过，惨得裤子都被扒了。我怎么忘了这一茬呢？

我搭讪几句，黑眼圈死死咬住我，说得天花乱坠，似乎花一块钱就能睡遍全世界的女星。我问，不骗我吧？黑眼圈发誓，如果骗我，我可以抠出她的眼珠。我跟在女人身后往巷里走，往骗局里走。我才不抠她的眼珠呢，我尝的就是这个味儿。如果我不是顶替他死亡的隐匿者，绝不会生出这样的嗜好。

拐了一下，走进一个更窄的巷子。黑眼圈说好酒不怕巷子深，怎么个好，我待会儿就知道了。三叔曾问我为什么喜欢那个老嫖客，是不是想做老嫖客的徒弟。现在，我正作为一个嫖客进入秘密场所，但不是因为那个老嫖客。三叔绝不会想到与他有关。

黑眼圈在一个挂着布帘子的茶吧停住。我稍一愣，黑眼圈诡秘一笑，这样安全。我想起电影里的情报机关多设在药铺、粮店，恍惚中，我又成了联络员，差点问黑眼圈有什么接头暗号。

带我进入房间，黑眼圈拍拍我，说你就等着好好享受吧。

三个凶蛮的男人闯进来，我的享受就此开始。一个男人打我一掌，让我老实配合。我没有一丝惊异，主动抬起胳膊让他搜。男人生硬地摸一遍，问，钱呢？

我脱了鞋，抽出一张二十元的票子。

男人受了污辱似的，才这么点儿？

我说，已经不少了，买二十个鸡蛋呢。

男人又捆我一掌，骂了数句脏话，扬言要把我交给公安。

我说，好啊，就等着这一天呢。

另一个男人踹我一脚，别以为老子不敢。

我说，欢迎。

三个男人嘀咕几句，让我滚蛋。我不滚，说，要么把我交给公安，要么杀了我，反正我不走。

一直没说话的那个家伙皱着眉说，怎么弄个傻子？

我说，我不是傻子。

对方骂，你不傻，那爷们就是傻子。他踢了我一脚，让我滚。

我不滚，死死抓着床沿，并不清楚要干什么——那个时候，我已变成另外一个人，我绝无这样的胆略气魄——我不晓得他怎么想怎么做，或许就是现在这样，横出不要命的样子。

我挨了一顿打，但最终是那个黑眼圈哄我半天，我才离开。他们没要那二十块钱。我对黑眼圈说，你那眼珠我就不抠了，留着给你照个亮吧。我转过身，听黑眼圈低声骂，傻×！

受骗是什么滋味？我仍说不上。不错，我尝到了，但究竟是他人的，还是我自己的？一笔糊涂账。

十

我要说赵青了。有一阵没提他了，并不是忘了他，或是懒得搭理他。实际情况是，每隔四五天我就找他一次，像过去他频繁地缠我那样。我和他的关系颠倒了。我没提，是因为一说那个事我就常常扯不开脑子。现在，得说说我是怎么熬炖那厮的。

片段之一

我拿了钱，却不走，坐姿松松垮垮，一只脚耷拉着，另一只跷在床沿。什么东西都不缺，杂七杂八，光电视机就两个。赵青跟着我的目光转了一圈，问我看中啥了，随便拿。我说，偷来的吧？赵青嘿嘿一乐，我要有那能耐，还住这憋屈屋？我说，你能耐大了，什么时候告我？赵青忙保证——这厮，我一撺掇他告，他就发誓——兄弟，我要漏一个字，你就缝了我的嘴。我说，我可不敢。赵青再次问我，相中啥了？我说，倒是看中一样，就怕你不给呢。赵青豁达地说，瞧兄弟说的，就是要我这不值钱的命，我也不会说个不字。我说，不要你的命，我相中你女人了。赵青的棕脸猛地映出一抹青绿，瞬间，棕色又漆了一样均匀，他嘿嘿笑着，就怕你看不上。我说，我偏看上了。赵青说，随你，我把她叫回来？我说，改天吧。我就是想激怒他。我不信这厮有撑船的肚量。

片段之二

我进院，赵青正烧铜线，院里弥漫着呛鼻的焦煳味儿。我问，销赃呢？什么地方偷来的？赵青说，是收的，偷的才没这个胆子大白天烧呢。我说，卖铜线的人是偷的，你收也就是偷。赵青说，兄弟，干这行不易呀，不抓叨点儿填不饱肚子。我说，有个大买卖你干不干？他问，啥？我说，抢银行。赵青的棕脸被瓜分了一样扭了扭，进屋取了钱，说，以后别跑了，我给你送。我说，咋，嫌我烦了？赵青忙说，没有，我巴不得有个人说话呢。我家那口子，一天没几句话，像个哑巴。我和他闲扯了一会儿，他要喊回女人做饭。我说，也太没出息了吧？到处是馆子，你不认得？我领你去。不由分说，热情地把他搜出来。

片段之三

赵青搬出一个坛子，神秘地说是滋补药酒。我问，哪来的？赵青嘿嘿一笑，反正不是买的，咱哪买得起？我没舍得喝，就等兄弟你来呢。我说，我可不会客气。赵青说，咱就别往外跑了吧？我说，这么好的酒，得配硬菜呢，你搬不动，我来！赵青忙不迭地说，搬得动搬得动，不过，还是倒出一瓶吧。我没反对。点菜时，我毫不手软，每点一个，赵青的脸肌便颤一下。酒足饭饱，我问，你结还是我结？赵青哭丧着脸，我装着钱呢。

那天我搜寻失踪者的线索，并没有找赵青的打算。但中途下起雨，丝毫没有停歇的意思，我又没带伞，只能去寻赵青。眼睛不大睁得开，挤出的那一绺仍瞅着沿路的墙体、电线杆。拐弯踩进坑里，闪倒，膝盖狠狠与地面咬了一下，火辣辣的。稍有些瘸，还好，没掉进缺了盖的下水井，不然就报销了。恼火还是涨出来，这账要算赵青头上。如果不找他，我就不会走这条路。

赵青正和女人打架。女人仰躺在地上，他骑她身上。他举着鞋，她奋力争夺。女人头发散乱，我还是瞥见她脸上的伤痕。这厮，进城多年还是老毛病，对付女人，不是裤带就是臭鞋。赵青看见我，龇龇牙，我以为他要放开女人，没料，女人大意之际，他突然抽出鞋，照着女人打下去，并叫嚣着，我让你偷，我让你偷！女人再夺鞋已不可能，便双臂交叉，死死护着头部。

我霹雳般怒喝一声，你他妈住手！

赵青僵住，阴阴地斜我一眼——我熟悉这眼神儿，他斜过之后，就要和拉架的人纠缠了——却出奇地，一副委屈的腔调，她是我女人啊。

我冷冷地，你女人咋的？就由着你了？

赵青说，她欠打。

我说，欠打的是你。

赵青说，兄弟，这事与你无关，收拾完她，咱俩喝酒去。

我不说话，只是死死地钳着他。

赵青从女人身上离开，说，既然兄弟替你求情，我就饶了你，看你以后还敢！赵青女人爬起来，仿佛怕我看到她脸上的伤痕和泪痕，背转身靠在那儿。

按理我该到此作罢，清官难断家务事嘛，我能喝开赵青已经不简单，三叔也未必敢拉赵青的架。但我不甘心，赵青惹着我了。我想知道我能把赵青剃成什么样儿。说穿了，不是把赵青咋样，而是我能咋样。

赵青责打女人的原因很简单，女人把赵青捡到的一副跳棋送给和她一块干活的女人了。忘说了，赵青女人是个清洁工。

我问赵青女人为什么要送？赵青女人答，她同伴有个十岁大的孩子。我问赵青，听见了吗？赵青说，那也得和我说一声啊。我骂，你活半辈子的人，咋屄毛长眼上了？一副跳棋值得大动肝火？你他妈是两条腿还是四条腿？啊？阴天下雨打女人，说的就是你这种缺德货！

我放肆地叫骂着，但凡赵青辩解一句，我就用话向他砸更多的石头、瓦块。难以置信，那厮竟豆芽般缩着。赵青承认了错误。我说，这就完了？你抽半天白抽了？我让那女人抽赵青，女人不动或是不敢，赵青也劝她，她还是不动。我说，只好你自己代劳。赵青果真抽自己两下，棕脸马上贴上一层茄子皮。

我问，以后还毛驴不了？

赵青说，不了。

我叫，大声点儿！

赵青说，不了！

我说，再让我碰见一次……我冷笑一声，又对女人说若赵青不长记性，我给她做主。女人感激而又惶然。她不会明白，我其实是给自己做主。

我再去，拿钱，吃饭，还要问赵青打女人没有。问了赵青，还要问女人。不仅如此，我还特意去赵青女人干活的地方找过她一次，暗中调查。我像不像个侠客？老实说，我盼望赵青再打女人一次，我实在想知道我还能释放出多少东西。

赵青被我熬炖怕了，余下的钱一次性还了我，还卖乖，兄弟，我七拼八凑，说啥也要还了你。那天，赵青很是慷慨，主动让我宰了一次。我离开时，他抓着我的手，恋恋不舍，像生离死别。

几天后，我出现在赵青面前时，他吃惊得几乎咬了舌头，我……不是……还完了吗？

我说，你是还完钱了，我来看看你还不行吗？

赵青的棕脸抽了抽，垂头丧气地说，看就看吧，可你早该看腻了啊。

我说，看见你这张脸，我胃口好得不得了。

白荷清点完那些钱，欢欣地说一分不少，之后很奇怪地问，赵青咋就怕你了？我说，一物降一物，先前是我没降住他。白荷看我半天。我没法说得更清楚，本来就说不清楚。赵青怕我绝不仅仅是因为那顿打。另外一个人指挥着我，赵青其实怕的是另外一个人？还是别的什么？我不能把白荷的脑子也搞乱。白荷劝我，赵青还了钱，就不要再和他来往，这种人还是躲远点儿，说不定哪天他会反咬。我说，我不去赵青就要过来，你是让他来，还是让我去？如果是过去，我绝对和白荷一样的心理，但现在……我倒是盼他反咬哩，这厮却一天比一天皱巴。

　　赵青的耐性终于耗尽，我再一次登门，他的棕脸憋了半天，问我到底想干什么？我毫无表情，去告我，别忘了你说的话。赵青说，不过随便说说，哪能当真？我说，我当真。赵青眼珠滑动着，干吗让我告你？我告了，你莫非能发横财？我说，我想死，我真是想死啊。赵青掩藏在棕脸下的愠怒忽然稀里哗啦地垮掉了，整张脸瞬时瘪下去。他苦巴巴地回答，我不告，打死我也不告。他到底怕什么？我真想问问他。

　　赵青竟也搬出三叔。三叔没有劈头盖脸训我，和我喝了会儿酒，问，你让赵青告你是什么意思？我说，没啥，我看看他告了我能咋样。三叔问，万一他真告呢，你想过后果没有？我语气甚是不恭，三叔，你咋就恁胆小呢？早就没事了。三叔说，万一……我纠正，没有万一，绝对没事。我真正的心思不敢透给三叔，如果说我担心，也是担心三叔和白荷。三叔说，还是别冒险吧。我不想再与三叔讨论，三叔不会明白一个隐匿者的心理。我说，赵青不会告，你放心好了。三叔为赵青求情，我点着三叔鼻子，你得了他什么好处？怎么替他说话？三叔涨着脏脸，百般发誓。三叔不外乎吃赵青一顿，我心里有数。瞧他如此，我很是痛快。我成了狼崽子不是？不能完全怪我，我是不由自主。我的脑子被分裂成两个阵地，其中一个早就不再归我指挥。

赵青搬家了，像我过去那样。这厮无招了。难不住我，我跟踪赵青女人一次，便将赵青套住。半个月后，赵青又搬一次。我费了不少时日，还是找见他的新窟。就这样，赵青不停地搬，不停地寻找隐蔽之所。我边搜寻失踪者线索边侦察赵青的窝，比皮城市长还忙，但乐此不疲。

赵青居然又搬到原先的小院，滑稽不滑稽？兔子逼急还咬人哩，我如此熬煎赵青，他会不会反扑？

十一

遇见那个女人时，我已打过四十三个寻找失踪者的电话，除了那个老女人和她儿子，我没再和对方见面。五花八门，我不赘述了。那天，我打二十八号——那个老女人的电话，她儿子求过我的。她儿子告诉我，他母亲已于二十天前过世，母亲闭眼前仍相信大儿子还活着。远方的男人悲伤地说，谢谢你，以后不劳烦你了。我的脸湿湿的，以为下雨了，抬头，天空蓝得没一丝杂质。

我无精打采地转着。那个叫孙智的男人，是失踪了，还是隐匿着，怕永远是谜了。路口围了些人，城管正训斥一个女人，她在地上坐着，怀里抱着包。女人在皮城五彩的宣传牌上贴了一张打印的纸，像美女患了白癜风，确实不雅。我瞅瞅，目光突然被割疼。城管仍在训，并试图抢女人手里的包。女人死死抱着，腰折得更弯。我看不清她的脸，但觉出她在咬牙。

我拍拍城管，借一步和他说话。城管打量我一下，随我离开。我自称为记者，问他看没看过上周的《皮城晚报》。城管问我到底要说什么？我说，晚报登了则认尸启事，和这个女人寻人启事上的人一模一样，是你们告诉她，还是我来跟她说？城管忙着执行公务，撕了白癜风的小广告，迅速离开。

我蹲下去，冲女人说，他们走了。

女人抬起头，脸色稍黑，长相普通，但很揪人。她四处瞅瞅，竟然笑了，真走了呀。

我说，你不该贴这种地方，你前脚走，后脚就被撕了。

女人委屈地说，别的地儿我都贴过了呀。

我问，找的是你什么人？

女人目光黯淡下去，声音也扁了，我男人。

我问，他瘦长瘦长的？

女人几乎揪住我，随即又松开，急促地问，你见过他？

我说，随我来。

这个叫杨苗的女人讲她丈夫到皮城寻活，一走再没音讯。有人说，她丈夫发财后抛弃她了，也有人说可能遭遇不测，但哪种结果她都不信。她发誓找到他，三年来她以皮城为中心，贴遍寻人启事。时间吻合，年龄吻合，瘦长瘦长的形象也吻合，他就这样与杨苗的丈夫重叠在一起。因而杨苗再次问我时，我说，我在书城扛麻包时，有个和你丈夫差不多的人，不过……我费了点儿劲才接着说，他干半个月就不干了，我再没见过他。但就是这一信息，使杨苗听得光芒四射。她问一句我答一句，末了，她大声说，没错，大哥，就是他呀。

夜晚，我囚于笼子里，不安地等待他，猜测模糊的脸是否清晰起来。他飘了一下，但没停留，没容我看清便走了。我竭力想从暗影里拽出他，反而是杨苗闪出来，执着，忧郁，不失乐观。我骗了她。我只能这样拴住她——她也会拴着我的——准确地判断尚需时日。我发誓，我绝无花花肠子。

翌日一早，我赶到杨苗住的小店，听她讲她丈夫，我则回忆和她丈夫扛麻包的经历，讲到我和她丈夫差点打架时，她睁大眼，真的呀？你可别计较他，他是直筒子，不会拐弯的。我笑笑，哪里，下午我俩就和好了，都是卖力气，闹什么别扭？杨苗说，大哥这么通情达理，他咋就不和大哥一块儿干了呢？我说，可能他找了更好的活儿吧。杨苗信任地望着我，他没和你说什么？我说，没有，我俩还没混到那份上，毕竟时间短了些。

我带她到图书批发大厦转了一圈，她怜爱地摸着堆叠的书，就像那是丈夫的脸。中午吃饭，她和我商量，能不能跟她回趟家，她想让公婆见见我。她说，我说的话，他们怕是信不过。我问，你是想给他们一个安慰吧？我和你丈夫见面是很久以前的事了呀。她说，你就说一年前才看到他嘛。我骗了她，她和我合伙骗她的公婆——我想起老女人的儿子，酸楚不已。我没有拒绝老女人的儿子，同样不能拒绝杨苗。正好，我也想看看她的家——走近他的一种方式吧。我请了假，随杨苗回家。

杨苗住在距皮城二百公里的一个村庄，不大，村前有河，村后有树。尽管河已干涸，树稀稀拉拉，但看上去是个住得下去的地方。我见到了她公婆，她女儿。杨苗介绍完，我便讲我和他们儿子的短暂交往。从开始我就觉出她公婆眼里的敌意，或许是心慌的缘故，我不像骗杨苗那么顺畅了。她公公不停地搓捻着一个什么东西，她婆婆头发花白了，竟然还绣花。她举起针眼照照，仿佛透过那个小孔能照见我的原形。我更慌了，额头满是细汗。杨苗婆婆问，你热啊？我下意识地摇头，忽又改口，是，有点儿。杨苗公公问，你穿几码的鞋？我说，四二。就这样，两人轮番问，却没一个问题与他们的儿子有关。我意识到，他们越来越怀疑我。

那晚，我住在专门给我腾出的屋子。杨苗瞧出我的不安，解释，自打她丈夫离家，他们就这样了，对谁都这个态度。她说明早一同陪我返回皮城。

我要睡了，杨苗公公进来，我慌慌地赔一个笑。他不说话，目光铡草刀一样切割着我，我耐不住，叫了声叔。

他伸出手，我以为他要握手告辞，也机械地伸出手。结果没忍住哎呀惨叫一声——我的那只手几乎被他捏碎。他停住，我疼得哎哎几声，他再次用力，我尖叫起来。

舒服不？他的声音仍是沙哑的。

我说，不……舒服。

他说，讲！

我问，讲啥？

他又一捏，我疼出眼泪。

我叫，叔……呀。

他说，你要敢骗她，我就捏碎你。

我说，没……没呀。

他低低地说，讲！

我嘴都张不开了。这时，有人敲门，他迅速松开了我的手。杨苗进来，瞅瞅我，看看她公爹。他公公慢慢踱出了屋子。杨苗问我没事吧？我摇头，让她赶紧走。她离开，我马上把门插住。

我疼得半夜没睡，也不敢睡，忍不住胡思乱想。他有这样一个有掌力的父亲？老汉不停地搓捻大约是在控制自己，刚见面他就想捏我了吧？他怎么一眼就看出我是骗子？看出我是骗子为什么不当杨苗的面揭穿？稍有动静，我受惊似的竖起。

次日，我和杨苗离开，她公公和我握手告别，我远远地躲开。他锋利地瞥我一眼，我读出老眼里的警告，不快地也是紧张地扭过头。我为什么如此怕一个老汉？是我怕，还是那个占据我脑子的家伙害怕？我从未这样糊涂过。坐上车，我已谅解老汉，换了我，我也不信"我"会跑这么远只为讲一丁点儿没有任何意义的消息。"我"必定有所图。我对杨苗讲，她公爹大概看出来了。杨苗说，你受委屈了吧？我说，没有。差点就说，那个家伙才不委屈哩。杨苗还是给我道歉，同时为公婆开脱，他们听得多了，对什么都疑神疑鬼。反正我心里明白。她强调。我心里想，你明白个啥？你公爹怀疑我打你主意哩。但我没说出来。或许是另一个家伙没让我这么说。毕竟我没打她的主意，并不等于他也不打。他什么事不敢干？我稍稍挪挪身子，仿佛这样杨苗就安全了。

分手时，我和杨苗要了些寻人启事，并告诉她去什么地方找我。每隔一段时间，杨苗便来找我一次，讲她寻的经历，我会告诉她我做了些什么。每次，她都让我讲她丈夫扛麻包的事，我读的小说派上了用场，编也得有个谱不是？自然，我也从她嘴里获得她丈夫的更多信息。我和她就像两个盲人画画，一点点儿依据对方的描述，勾画出一个清晰的人貌。不同的是，她勾画的是现在的丈夫，我勾画的是她过去的丈夫。她闻听呼吸，而我审视那个人怎样消亡，她的眼睛烁亮，我则难掩凄然。

　　我仍在搜寻失踪者的信息，但没再打电话，似乎没必要了。那个人和她丈夫越来越接近，两幅画像几乎重叠在一起。但是，我没有尘埃落定的轻松，反而更加不安。接触老女人时遇到的问题重新挡在面前，我该怎么办？把真相告诉她？说她丈夫正躺在我父母身边？把二十万给她，求得她的谅解？她能谅解我吗？她谅解了，她公婆会饶我吗？不饶我可以，能饶三叔和白荷吗？——不错，我是自私的，但我并不愿三叔和白荷受牵连——还有，现在，她心目中的丈夫活着，我若告诉她，就彻底杀死了她的丈夫，或许还有她，她的公婆。一边是二十万和结果，一边是无期的等待，哪个对她更好？也许是后者。那么让她继续找下去，我揣着二十万，继续隐匿？我不知道。我真的真不知道。还有一点，我不踏实，那个人与她丈夫只是在我脑里重合，并无铁的证据。

十二

　　我和杨苗断断续续来往着。我仿佛陷入沼泽，既无力前行，也难以后退。

狂躁时，就去找赵青。潜意识中，我把赵青当成一味药了，究竟这味药能治什么，我却说不清楚。赵青不搬家了，躲猫猫。我还没坐稳，赵青就要上厕所。上次，他也是这么躲走的。我总不能跟他后面，让他快去快回。这厮，一走就没影儿了。躲了和尚躲不了庙，我决定死等。我让赵青女人炒菜，她炒了一个土豆丝、一个瓜片。我皱皱眉，她赶紧说自己不管钱。没肉怎么喝酒？我摸出二十块钱，赵青女人买回一只猪耳朵，我问她喝点儿不，她摇头，一脸怯意地看着我。

我不信那厮能躲天上去。你躲，就让你女人侍候。我想了会儿杨苗、她的公爹，手隐隐疼起来，抓酒瓶竟有些吃力。赵青女人盯住我的手，我恼火地松开，让她给我倒。她很乖，很听话。她立着，我坐着，我喝一盅，她弯一下腰。我恶狠狠地想，老子就是要当这个屋的皇帝，抑或是那个家伙这么想吧。

我喝得晕乎了，赵青仍未露面，压抑的火气冒上来。我问他女人，他去哪儿了？女人摇头。我醉眼审视着她，你一定知道。她说，我真不知道。我问，他骂过我没有？女人说没有。我不信赵青没骂过我，显然女人说谎。我替她主持公道，她却包庇赵青。我看不到她的可怜，她眉眉眼眼藏着奸狯。我的目光在她周遭滑了几下，邪意渐生。

我嘿嘿笑着，她害怕冷似的缩缩。她的动作彻底惹恼我，我问，我很可怕？

她摇头，又补充，不。

我没好气地，干吗不敢看我？

她怯懦地笑笑，目光在我脸上游弋。

我问，我好不？

她慌慌地说，好。

我问，我的话你听不？

她说，听。

我说，把衣服脱了！

她的脸抖了一下，人却未动，像被针定在墙壁上的蝴蝶。

我说，没听清？

她蚊鸣似的叫，大……兄弟。

脱！我恶恶地吼。

她看我一眼，恐惧地躲开。一只手摸到扣子，解了一粒，触到第二粒，她央求地望着我，试图等待我反悔。

快点儿！我凶狠的声音连自己都吃惊。

她的脸失去血色，黄黄的，如一页陈年的宣纸。她依然脱得很慢。脱了外衣、背心，露出松松垮垮的奶罩。两只奶罩颜色不一样，明显是两个旧奶罩缝合在一起的。我喉结动了动，不说话，只是盯着那个地方。她停停，没等听见我的命令，慢慢把奶罩褪去。女人出奇地瘦，肋骨都要刺出来，两只干瘪的奶子垂在胸前，有一只泛出青光。安静极了。女人没哭，可我分明看到一颗泪珠砸落地上，吧嗒，吧嗒，到处是溅起的回音。

我突然结巴了，你……穿上吧。她尚未反应过来，我跳起来，抓起她的褂子扔给她，夺门出来。

我重重地扇自己一个嘴巴，恶狠狠地骂，操你妈赵青！

那天，对，就是日头灰嗒嗒的那天，我逃回家，三叔迎候贵宾一样慌忙站起来。我不知他注没注意我的神色，反正我瞥见的是一张死灰样的脸。他问我是不是喝酒了？我点头，责备白荷怎么让三叔干坐着。三叔赶紧说，我不喝。三叔上门不喝酒，很罕见的，我也不习惯。我问他是否有事，三叔说，也没什么事。我马上明白，三叔遇上麻烦了，他可不是吞吞吐吐的人。我扫白荷一眼，白荷领上女儿，带门出去。

三叔像在水里闷了太久，突然喘上气似的，秋啊，三叔求你来了。

他和卖大饼女人出事了。两人被大饼女人的丈夫和兄弟捉住。三叔被逼着写了五万的欠条。我问，她不是快成三婶了吗？怎么跑出个丈夫？三叔沮丧地说，我让那女人骗了，她说男人瘫痪了，她早晚要离婚，谁想……秋，他们限我十日内交钱，不然要卸我的腿，瘫的可就是我了。我听出三叔的意思，还是问，你要五万块钱？三叔说，你知道我没攒下钱，我去哪儿弄去？秋，我向你爹保证，我从未打过那二十万的主意，三叔是给你挣下的，可现在……只有你能救我，我瘫了，最终还是麻烦你。绝对如此。但……我问，你怎么断定他们敢卸你的腿？为什么不报警？三叔说，咱理亏呀，报什么警？他们肯定会卸，我知道。秋，这钱算三叔借的。一直把世界不放眼里的三叔竟如此软塌，和赵青没什么两样，令我很意外，很失望。我必须帮三叔，但不想借给他钱，过去我绝对会借，我比三叔胆小怕事得多，现在已经不同。

我简单说一下解决过程，我不想炫耀自己多么了不起。说到底，我不想给另外一个人脸上抹金。我和三叔上门，我看了三叔的借条，两下就撕碎了。大饼女人的丈夫和兄弟还未反应过来，我一顿乱砍。晓得吧？我带刀了。这一招，连三叔也瞒着。事后，三叔问我想没想过后果，要是我把人砍了，或是他们也动刀，砍了我。我冷冷一笑，没有把握，我还是我吗？三叔没听明白，看我的目光甚是惧怕。我的凶恶镇住他们。我没砍着谁，只是砍了一气破烂的家具。完后丢下几百块钱，作为赔偿。

我替三叔解决了麻烦，三叔诸事都要向我讨主意。我猜，他准在向他的趴友吹嘘他侄儿怎么怎么厉害。我再次询问几年前那个晚上的事，没想他更记不得了，近乎哀求地叫我不要再问。

我没再问，或许，他真记不得了。问题的棘手不在于三叔遗忘的记忆，而在于该不该及怎样和杨苗说——我难以把那个瘦长的人和杨苗丈夫分开了。

那是一段难以描述的日子。我辞了职，离开了那个窒息但安全的笼子。我已经安全了，没人找我麻烦，我像任何一个皮城人随意在白日和夜晚出入——其实早就这样了。我可以干任何想干的正事和歪事。是不是这个世界的隐匿者太多了，没人注意我？是啊，我算什么？但我的心始终被顶着，在我命令赵青女人脱衣服时，在我挥刀横劈滥砍时，我以为那个坚硬的东西会消融下去，事实是顶得更加厉害。三叔劝我做些生意，那曾是我和三叔的梦想，但我没有兴趣。很长时间没看小说了，我静不下来，那股力量洪水似的挟裹着我。三叔说的没错，我白白得了二十万，没缺胳膊没缺腿，汗毛都没缺一根。但是我的脑子被替换了。没人看得见，我自己明白。我自由了，可仍然是隐匿者。

煎熬中，我做出决定，把那二十万还给杨苗，不说是她丈夫换来的，我想了一个理由：她丈夫寄在我这儿的。我不晓得钱怎么来的。我本来想吞掉，到底没那样做。这样，她会接受。至于她的丈夫，让他安睡在我父母身边好了。我绝对没做圣贤的想法，只想换回自己的脑子。

我跟白荷说了杨苗的事和我的打算，白荷没有任何犹豫，只是问，要不要告诉三叔？我说，自己的事，告诉他干什么？绝非对三叔不恭，而是没必要。隐闪在白荷眼底的阴霾忽然淡去。我终于明白了那是什么。我怎么没考虑到？白荷心头也压着石头呢。我扫过墙壁，那目光依然硬扎扎的，我很想问问他，我离硬汉有多远？

杨苗有些日子没来了，又打不通她电话，不知道怎么回事。我猜，她可能是闹病了，累趴了。寻找丈夫，是身体和精神的双重耗损。我等不到，决定去一趟。

我也累了，上车没多久就睡着了。又站在旷野上，我惊喜地发现，身上那个窟窿正在缩小，很缓慢，但能感觉出来。我等待它合上，我听着那嘶嘶声——车颠簸一下，我从梦中跌出。想骂，但控制住了，久久望着窗外。

门虚掩着，一推就开了。杨苗的公婆在院里对坐，没见到杨苗。两个人显然正说什么，被我打断，他们嘴巴半张着，目光齐刷刷横扫过来，依然那样硬。我是怎样走过去的？我不知道。我站到他们面前，两人双双站起。老汉没伸手，我当然不会伸过去。我问杨苗呢？老汉反问，找她做什么？我说有重要的事告诉她。老汉冷冷地说，她不在，告诉我好了。我松口气，这么说，杨苗没生病？我犹豫着，是先跟她公婆说，还是等她？我问杨苗什么时候回来？老汉生硬地问，你究竟想干什么？

我不想和仍然揣着敌意的老汉对峙，小心地说了来意。

杨苗的公婆迅速对视一眼，目光齐齐盯我脸上。不说话，就那么看着我。没有我想象的惊愕，敌意似乎肢解了，但没有碎裂，横七竖八的。没有声音，像赵青女人脱掉奶罩后突然而至的死寂，但是更漫长。过了几百年似的，老汉方滑过一抹古怪的笑，他抓我的手，我没有躲，机械地递过去。

嘎吧一声，我没来得及喊便抽成一团，而后，方从身子下方冒出飘忽的"叔呀"。

老汉松松，但仍旧抓着，我儿子给你留了二十万？

我龇牙咧嘴地讲，是……我没花一分。

老汉问，带了吗？

我说，我带不方便，让杨苗跟我取吧。

老汉再一用力，我疼得大叫，叔呀……我……我说不出了。我的手肯定被老汉捏断了。也许是我痛苦的样子让他怜悯，他终于松开了手。我蹲在地上不敢站起，又觉得没说清楚，吃力地张着嘴，叔，你这是干吗？

老汉说，还装！你不是想找杨苗吗？她在医院陪我儿子呢。

我魂飞魄散,他……没死?

老汉目如锋刀,你盼他死是不?他没死,他让人骗去干了三年苦工,可是没死!杨苗找见他了。

我头晕目眩地喃喃自语,这是好事。可我搜寻那么多线索,耗费那么多精力,还是搞错了,那个瘦长的人是谁?

老汉重声道,当然是好事,你拿二十万骗谁?

我突然清醒,从地上弹起来,撞开两扇年久失修的门。我不知往哪个方向跑的,等我气喘吁吁地停下,才发现自己站在河岸上。老汉没有追来,赛跑他不是对手。也许他根本没追,他不想追一个骗子。

我在裸露的河床坐下,面前是沙粒、石块、杂草。风很缓,却钩子般挠着我的嘴巴、鼻子、眼睛和额头,我感觉有什么东西正从皮肤渗出,淹没了沙粒、石块、杂草和我。隐匿,还是寻找?我不知道。我吃力地仰起头,看到那一枚巨大的蛋正从西天坠落。它颤得那么厉害,坠一下,又升一下,坠一下,又升一下。再坠,突然啪的一声,汤汤水水地碎裂了。

//风止步//

一

　　那个人是从后面抱住王美花的。往常这个时候，王美花肯定在地里。那天她去了趟营盘镇，回来快晌午了。天气晴好，王美花想把闲置的被褥晒晒。被褥是儿子、儿媳的，每年只有春节前后用那么几天，大部分时光躺在西屋昏睡。但每个夏季，王美花都要晾晒两三次。晾出一床被子一条褥子，抱起第二床被子时，意外地瞥见燕燕的花布棉袄。王美花顿时僵住。西屋用来堆放杂物和粮食，窗户用黄泥封着，仅留半尺宽的缝儿，光线不怎么好，但王美花一眼就认出来了。棉袄被压皱了，那一朵朵紫色的小花没开放便枯萎似的，蔫头耷脑。晕眩漫过，王美花扶住旁边的架子。

被抱住时，王美花结结实实吓了一跳。但"啊"到一半便及时而迅速地收住，像坚硬的东西撑胀了喉咙，头跟着颠了几颠。她闻到呛鼻的老烟味，整个村子，只有他一个人抽老烟。王美花奋力一甩，没甩开，便低声呵斥，放开！他不但没放开，反用嘴噚住她的后颈。王美花再一甩，同时掐住他的手背。他的胳膊稍一松脱，她迅速跳开，回头怒视着他。

马秃子一半被光罩着，一半隐在阴影中，这使他的脸看上去有几分变形，左眼下方那一团鸡爪似的褐痕格外明显。他笑得脏兮兮的，咋？吓着了？

王美花往后挪了挪，竭力抑制着恼怒，你疯了？怎么白天就过来？

马秃子欲往前靠。王美花喝叫，马秃子定住，不痛快？你明白我为啥白天过来。你明白的。这半个月你黑天半夜进门，天不亮就走，你让我啥时过来？

王美花艰难地吞咽一口。但她嗓子里什么也没有，我干活去了，谁干活不这样？我没躲你，真是干活去了。你快走，大白天……不行！

马秃子目光从王美花脸上移开，往四下里戳，寻找什么的样子。王美花闪过去，竖在马秃子和被垛中间。不能让他看见那件小棉袄，绝不能。马秃子歪过头，叼着古怪的笑，不行？

王美花声音硬硬的，不行！

马秃子又问，不行？

王美花喘了一下，说，不行，大白天，你别这样。声音里已经带出乞求。

马秃子的笑抖下去，我就要干，干定了。你不痛快，我还不痛快呢。嫌我大白天过来，你再躲，我去地里找你。要不你试试？来吧，你自己脱，还是我替你脱？……今儿我帮你一回吧。

王美花叫，别过来！

马秃子已经抱住她，你大声喊嘛，声音这么低，谁听得见？

我……自己……来，出去……别在这儿……王美花像摔到石头上的瓦罐，哗啦成一堆碎片。

马秃子说，这就对了嘛，又不是我一个人痛快。

王美花带上西屋门，出去关院门。院子大，多半一块儿被矮墙隔成菜园，从屋门到院门那段路便显得狭长。走到一半，王美花心慌气喘，但她没敢停步。阳光像剥了皮的树，白花花的。两侧的门垛各有一个铁环，王美花把丢在一侧的橡子穿进铁环，院门就算拴住了。其实是个摆设，从外面也能轻易抽开。刚才就是插上的，马秃子还是闯进来。门前是一条小街，经过的人很少，王美花仍吃力地却又装出若无其事的样子往两边扫了扫。返回的时候，她巡睃着左右。其实两边都没人住。左边的房盖起不久，院墙还未来得及垒，那对结婚不久的夫妻便打工去了。再左边是马秃子的院儿。右边倒是老户，三年前老汉就死了，住在县城的儿子封了房门，再没露过面。再右边是菜地。王美花住在村庄的孤岛上。但她仍怕得要命，毕竟青天白日。一只鸡赶上来，在她脚面啄了一下。王美花蹲下去，那只鸡却跑开了。起身，王美花借机回回头。一棵又一棵的日光竖到门口，密密匝匝的。王美花掸掸袖上的灰尘，把慌张死死摁在心底。

马秃子已扒个精光，除了脑顶不长东西，他身上哪个地方都毛乎乎的，两腮的胡子多半白了，胸前腿上的毛却一根比一根黑。王美花发呕地扭过头。马秃子催促王美花快点，他憋不行了。王美花扣子解到一半，又迅速系上，然后把裤子褪到膝盖处。马秃子拧眉，就这么干？王美花骂他，老杂种，想干就痛快点。马秃子说，我不是驴。王美花说，你就是驴，比驴还驴。马秃子欲拽王美花的裤子，王美花挡着不让，你滚吧，你他妈快点滚吧，你个死东西。马秃子缩回手，看来，你非要等天黑啊，我有的是工夫。王美花被他捏到疼处，边骂边把裤子蹬掉。

王美花火辣辣地疼。她好几年前就绝经了，身体与村东的河床一样，早就干涸了。她强忍着，一声不吭。马秃子喜欢他干的时候骂他，她偏不。老东西六十多岁了，一下比一下猛。王美花觉得什么东西滴到脸上，她抹了抹，同时睁开眼。马秃子嘴大张着，一线口水还在嘴角挂着。马秃子的牙黑黄黑黄的，唯独上门牙左边那颗通体透白。镶牙的钱是她出的。王美花没再闭眼，死死盯着她的钱。钱已长在他嘴巴里。她想象那是一棵树，那棵树疯长着，疯长着，终于戳裂他的脑袋。马秃子啊了一声，脸上却是心满意足的痛快。

王美花迅速穿了裤子，抓起马秃子的衣服摔他身上。马秃子磨磨蹭蹭，终于穿上，却赖着不走。王美花恶狠狠地骂，你要死啊，滚！马秃子说他偏不滚。王美花的手突然攥紧，顿了顿，又慢慢松开。声音出奇地平和，说吧，还要怎样？马秃子说这阵子手头紧，借我几个钱。王美花胸内有东西杵出来，瞪视数秒，很干脆地说，没有，我哪来的钱？马秃子挠挠脸，我知道你去镇上了，去邮局，干什么，你清楚。王美花说，你休想！马秃子说，你也是一个人，要钱干什么？……好吧，没有就算了。

王美花看着马秃子的背，他迈过门槛那一刹，叫住他。王美花背转身，摸出一百块钱。钱带着她的体温，热乎乎的。马秃子捏了，说，再来一张，再来一张就够了，我会还你。王美花的目光在他胡子拉碴的脸上咬了几下，掏出来，同时低喝，滚！

马秃子闪出去，却又退回来，你记住暗号，我白天就不来了。

王美花咬住嘴唇，嘎嘎吧吧地响，像干裂的柴。她瘫下去，歇了好大一会儿。随后换了衣服，洗了手洗了脸，把留在身体上的老烟味抹得干干净净。燕燕的棉袄仍在那儿团着。揣在怀里发了会儿呆，放进柜里。那节红柜专门放燕燕的东西，鞋、衣服、布娃娃、彩笔、手推车、干脆面的卡片。燕燕吃干脆面似乎就是为了搜集这些卡片。然后，王美花把余下的被褥全晒出去。

那只褐鸡又啄她脚面了。王美花晓得它馋了，撒了两把麦粒。王美花养了七只鸡，别的鸡懂得去他处觅食，褐鸡却是又馋又懒。王美花并不讨厌它，它一只脚残了，跑起来一跛一跛的。王美花坐在门口，看着褐鸡啄麦粒。啄一下，看看王美花，再啄一下，看看王美花。

阳光仍然白花花的。没那么粗，也没那么硬了，柔软得像麦秸。好像什么事也没发生，王美花很安静地倚着。褐鸡吃饱，大摇大摆地离开。王美花终于想起一件事。她从被垛底摸出手机，还有那张硬纸片。纸片上记了两个号码，一个儿子的，一个女儿的。女儿在东莞，儿子、儿媳在北京。女儿在什么厂子，两年没回家了。儿子、儿媳都在收购站，过去每年都回来，今年不会回来了。王美花知道的。拨了两通才拨对。女儿很恼火也很紧张，说过白天别打电话，怎么记不住？王美花慌慌地说，钱收到了，我有的花，别寄了。女儿说，知道了。王美花发了会儿愣，犹豫好半天，还是拨了儿子的电话。儿子没那么恼火也没那么紧张，好像刚睡醒，声音松松垮垮的。王美花说，是我。儿子说，知道。王美花说，鸡蛋攒一筐了，我一个人也吃不了。儿子说，吃不了就卖，没人收卖给小卖部。王美花说，舍不得卖，如果捎不到北京，我打算腌了。儿子说，你看着弄吧，腌也罢卖也罢，打电话就为这事？王美花顿了一下，声音不自觉地压低，燕燕……还好吧？儿子没答，王美花以为儿子要挂，她的手有些抖。可是儿子没挂，她能听见他拉风箱一样的喘息。王美花快要撑不住了，鼻子又酸又涩，我就是……问问。儿子终于挤出一个音儿，好！

二

男人穿了件夹克衫，可能是风大的缘故，往前冲的时候，夹克衫蝶翅一样张开。嫌疑人不像电视中演的那样戴着头套，他的脸裸着，脖子细而长。男人动作猛，但仅砸了一拳便被警察扯住，倒是他暴怒的声音一浪又一浪，余音久久不去。

那天，他们就是看完这段视频后争吵的。有那么几分钟，左小青微垂着头，表情浑杂，双手不停地绞着。吴丁觉得他的话起了作用，但她还在挣扎和犹豫。毕竟，这是个艰难的选择。这需要一个过程。只要迈出第一步，不，哪怕半步，吴丁就会推着她往前走。吴丁语气适度，这没什么可耻，隐忍那才可耻。看起来一切过去了，与你没关系了，其实是欺骗式的遗忘。一个人是很难骗自己的。被垃圾蹭到，再脏也要捂着鼻子丢进垃圾箱，今儿绕过去，说不定明儿还会被蹭上。

左小青突然抬起头。她眼睛大，睫毛长，如波光粼粼的深潭。即便她生气，吴丁也喜欢凝视，甚至有跳进去的冲动。此刻，深潭结冰了，透着阴森森的寒气。

你就是为这个才跟我在一起的，是不是？

吴丁叫，你想哪儿去了？我怎么会？这怎么可能？

左小青叫，你就是！你就是！！她的脸青得可怕。

吴丁试图抓住她，左小青狠狠甩开，你别碰我，我是个脏人，脏货，垃圾。吴丁没想到她如此暴怒，退后一步道，你别乱想，我们在一起这么久，你该明白我的。

左小青挥舞着双手，我不明白，也不想明白。

吴丁劝，你冷静些。

左小青哽咽，你撕我的伤口，还劝我冷静，你个冷血动物。难怪你第一个女友会疯。她是被你逼疯的，她跳楼也是你逼的，你个凶手！

血呼地涌上头顶，吴丁脑袋涨涨的，你别提她！

左小青叫，就要提！你怕碰自己伤口，凭什么给别人伤口撒盐？

吴丁大叫，这不是一回事！

左小青毫不示弱，这他妈就是一回事。你还想把我逼疯吗？还想逼我跳楼吗？你还想当凶手吗？你上瘾了是不是？

吴丁动手了。后来，吴丁一遍遍回想当时的场景，懊悔得直想把自己剁了。他劝左小青冷静，自己却昏了头。他的巴掌并没落到左小青脸上。挥过去的同时，触到左小青冰冷的眼神，迅速回撤，还是慢了些，指尖掠过她的鼻翼。吴丁不是暴躁的男人，也没长出打人的样子，整个学生时代，一直是被欺负的对象。那样的举止他自己都吃惊。没挨到左小青的脸，也是打了。事实上，他当场就认错了，抓着左小青的胳膊让她打他耳光。左小青甩开，他抓住她一条胳膊。吴丁一遍遍地咒骂自己，并以实际行动惩罚自己。左小青仍要走，怎么劝也不行。那时，十点多了。吴丁让左小青留下，他离开。他被逐出门外，这总可以吧？左小青一言不发，执意离开。吴丁揪心地说，黑天半夜的，你去哪儿？左小青终于将寒冷的目光甩过来，她一直低着头的。不劳你操心，地方有的是。吴丁央求她明天走，至少要等到白天。左小青讥讽，你担心什么？我被强暴？你煞费苦心，不就想让我当证人吗？我成全你！你会拿到证据的。从未有过的痛肢解着吴丁，左小青拽门的一刹，吴丁及时从身后抱住她。不让她走，有些要横的意思。左小青仰起脸，对着门，一字一顿，你还想把我逼疯吗？吴丁松开，左小青闪出去。

吴丁木然地站着，许久，突地给自己一个嘴巴，追下去。哪里还有左小青的影子？她的手机关着。吴丁仍然拦了出租。转了数条街，直到午夜，没有收获。皮城不是很大，八九十万人口吧，转遍每条街也是不可能的。左小青不会失去理智，故意在深夜的大街上游荡，那么说不过是气他。但整个夜晚，吴丁没有合眼。他候在电脑前，一遍又一遍给左小青留言。她的QQ头像是灰的，但她总会上线的。他觉得已经挖出自己的心，那么，把五脏六腑都掏出来，让她瞧个清楚。

黎明时分，吴丁进入了正义联盟QQ群。这个QQ群是他建立的，三年了。在这里，他是令狐大侠，是盟主，他把所有可用的时间都交到这儿。他在这个世界能嗅到现实世界嗅不到的东西。这个世界是吴丁进入现实世界的通道。永远有人夜半不寐，吴丁进去不到一分钟，便有人和他打招呼。

三

燕燕离开那日，天阴沉沉的。从医院出来，径直去了车站。王美花小声提醒,昨儿个燕燕说想去公园。儿子没反应,王美花便闭了嘴。儿子走得快,后面的王美花只能看到儿子那一头乱发。车站广场两侧挤满店铺,王美花给燕燕买了一瓶饮料,一包饼干,两包干脆面,交款时,瞥见架上的雨衣。儿子已经买了票,正四下寻找她。王美花紧赶两步,凑上去,把东西往燕燕手里塞。儿子皱着眉问,这是什么?王美花说,雨衣,没准要下雨。儿子狠狠咂巴着嘴,在车里坐着,哪会淋到雨?王美花说,到了北京,回家不还得两三个钟头嘛。儿子看着她,谁说北京要下雨?儿子眼睛赤红赤红的。王美花说,万一……儿子说,用不着,你拿着吧。王美花知道儿子窝着火。王美花和儿子耗了一个通宵,凌晨时分,儿子终于同意了她的决定。她吃的咸盐多,知道怎么做更合适。不,那不叫合适,是没办法的办法,是没选择的选择。是钝刀子割肉。往远想想,也只能这么割。不是她说服了儿子,是那个理由压住了儿子。儿子要把燕燕带到北京。没有任何征询的意思。王美花没说什么。能说什么呢?

从县城到北京的车要经过营盘镇,走了一段,王美花和儿子商量能不能回家一趟,燕燕的书包还在家里。儿子在王美花前排,没有回头,但王美花看到了他的神情。票都买了,回什么回?王美花说,燕燕冬夏的衣服……儿子打断她,北京什么都有，你别操心了。王美花闭嘴。她不怪儿子，过去儿子没有过这种口气。

在镇上下了车，王美花有些惊恐地看着客车远去。那么快，霎时就没了影儿。王美花站了好一会儿，嘈杂的声音终于爬进耳朵。从镇上到村里十几里，平时也就一个多小时，根本不停歇的。但那天，她走了一段，腿就成了软面团。她打算稍歇歇，坐下去，身体彻底成了摊饼。疙疙瘩瘩的云悬在头顶，要砸下来的样子。王美花大睁着眼，等待着。云层翻卷变幻，却不肯触碰她。她一声又一声地哀叹着。

看见村庄，已经是下午。王美花立住。她仔细拍打着衣服，把衣服上的沙尘一粒一粒摘干净，然后醮着唾沫，将头发捋顺。后又反复揉搓脸，觉得不那么死僵僵了，才往回走。她没去地里，是从县城回来的，得有从县城回来的样儿。燕燕闹了点儿小毛病，在医院住了三天，没事了，儿子把她带到了北京。什么事也没有。没发生过别的事。对于一个村庄，一个女娃随父母进城不是什么重要新闻，但总会有人问的。

王美花怎么也想不到撞见的第一个人竟然是马秃子。其实也不奇怪。王美花和马秃子都住后街，邻居。马秃子常常坐在门口的石头上晒太阳。王美花要么从东边进院，从西边进院必经马秃子家。从镇上回村恰是走西边。王美花看见他的刹那，血液几乎凝固。本打算从房后绕到东面，马秃子已经看见她。王美花低头疾走。她不是怕他，是不想看那张老脸。没发生什么事。她什么都不知道。她吞咽着唾液，吞咽着血，吞咽着刀叉棍棒。她没看见石头，没看见石头上那个出气的东西。

经过马秃子身边，王美花突然定住。不知道自己咋就定住了。并不想停下的。她吞咽得鲜血淋淋，那一刻却怎么也吞不下去了。那一块儿东西飞出来，射到马秃子胡子拉碴的脸上：

畜生！

马秃子抹着脸，什么也没说。

王美花终于拔起脚。后背始终有东西扎着。王美花已经懊悔了。她把那层膜捅破了。刀子都吞进肚里，咋就咽不下一口气呢？王美花走了三天，鸡都饿坏了，特别是那只褐鸡委屈地往她腿上靠。王美花飞起一脚，褐鸡被甩到墙角，哀怨地咕一声。王美花愣了愣，扑过去将褐鸡抱在怀里。

马秃子就是那个晚上叫门的。天才黑了不久。王美花胡乱塞了一口，独自发呆。先是敲玻璃声，王美花打个激灵，问谁呀？听出是马秃子，王美花的胸顿时炸了。马秃子让她开门，他有话说。王美花让他滚，滚远远的。马秃子没滚，反敲得一声比一声响。话一句比一句高。王美花慌了，老东西不怕，她怕。

王美花几乎是把马秃子拽进来的。插上门，挥手就打。已经捅破，还装什么装？马秃子并不躲，伸长脸挨着。她要打青打紫打碎打裂。打了几掌，脑袋里什么东西闪了一下，她骂着畜生，蹲下去，爆出凄厉的哀号。就那么一声，戛然而止。她洗过脸，逼视着马秃子，说真想杀了他。

马秃子胡子重，那张脸看不出什么变化。他说，我也想杀了自个儿呢。你动手吧，我不躲。

菜刀在案板上，两人都看得见。

王美花骂，你是个畜生。

马秃子说，我早就是畜生了。

王美花压制着恼怒，问他还想干什么？

马秃子说，人交给你了，蒸也好煮也好，你咋解恨咋来。

王美花吐了一口，吐到地上，我嫌恶心呢。别在这儿戳着，赶紧滚！

马秃子问，撒完了？

王美花大叫，滚！

马秃子摸摸头，往前移移，竭力看清王美花似的。呛鼻的老烟味扑到王美花脸上，王美花没躲。你下不去手是吧？那就去告发我，让政府惩罚我。

王美花猛地哆嗦一下。她扭过头，不让他看她的脸。

马秃子不说话，似在等王美花回应。好一会儿，他说，我去自首。

马秃子转过身，王美花一阵狂抖。马秃子推开门，王美花怒喝，你他妈站住！马秃子回头，王美花恶恶地叫，你不能去！马秃子盯住王美花，眼四周的肌肉往中间缩去。他看穿了她，她捅破那层膜的时候就看穿了她。自首不过是虚张声势，不过是试探她。可是她怕呢。她撑不住。王美花不是没有主心骨，可万一呢？马秃子已经坐过三次牢，再坐一次又能咋着？一个六十几岁的老东西，牢里牢外都是政府的累赘。他豁得出去，她不行。

不是王美花剐他，是他在割王美花。王美花已经露出白森森的骨头。他仍嫌不够，问为什么不能自首？她不就盼他千刀万剐吗？王美花叫，我说不能就不能，没有为什么。马秃子说，我正想找个养老的地方，你成全我吧。王美花戳着他的眼窝，你个畜生，看你敢去！马秃子反问，要是我一定要去呢？王美花拍打着炕席，喘息一会儿，声音软下去，别去了。马秃子说，是你求我的对不对？王美花说，是我求你的，咋？马秃子再次靠近王美花，我是畜生，还没坏到脚底流脓的地步，我听你的。不过，你也得帮我个忙。我会对你好的。我会牢牢管住嘴巴。王美花看出他打什么主意，一点点退到屋角。顺手抓了一把铲子。只要他再靠近，就让他脸上见血。她的家什挡住了他，却不能挡隔他锯齿般的声音，你不想让我管住嘴巴？

四

出了墓地，吴丁在花坛边沿上躺下去。广场不大，花坛更小得可怜，水泥边沿倒是很厚实，吴丁可以把整个身体丢上去。吴丁一两个月或两三个月来一趟墓地，凭吊，也是积蓄能量。他精疲力竭、放弃的声音在耳边回响时，就往墓地跑。在墓地里面并不太久停留，时间都耗在花坛上。那次竟然睡着了，滚翻到花坛中央。不知道什么原因，花坛里从来没长过花。三年了，吴丁来过十几趟，没见过一枝花。吴丁往里撒过花籽，再来的时候，小小的幼芽从杂草中冒出来，第三次来，看到的只是枯干的花茎。吴丁每年都撒，从未见到花开。

除了清明节，墓地很冷清的，偶尔有人过来，也不理会躺在花坛上的吴丁。信心无声无息地往体内输送，吴丁听不见，但能感觉到。从大地深处，从前女友躺着的地方冒出来，穿过花坛，流进身体。

为买这块墓地，吴丁买断了工龄。这个疯狂的决定，震惊了所有认识他的人。这等于自断后路，他参加工作刚满五年。没人能阻止吴丁。吴丁不想用借债的方式偿还债务。一块墓地并不能勾销他和前女友的一切，有些债，永远还不清的。他更不会因此而心安。毕竟，他做了一些，为她做了一些。做，总比不做强。前女友的父母想把女儿运回老家，女儿孤单地躺在这儿，他们不忍。你会经常看她？他们问。吴丁发誓，会，经常。他们又说，城里一个墓用二十年，二十年以后呢？你还管吗？吴丁再次发誓，会，永远都管。

躺下，吴丁从来不看时间。他得躺够。他知道什么时候不够，什么时候够。就像手机充满电，信号灯会亮起来一样，他心中也有一盏灯。灯亮，吴丁便弹起来。刚才还是软软的一摊，此时已是充了气的轮胎。暂时遗忘的那一切重新回到脑里，他不敢再待下去。那么多事等着，一分一秒都是宝贵的。

清早没吃饭，吴丁等公交车的时候，顺便买了一张煎饼。倒了几趟车，到批发城快中午了。吴丁在旁边的饭馆买份面条给左小青送上去。左小青在二楼卖文化用品。她爱吃面条，吴丁连着送三天了。左小青仍在生气，面条留下，但不和吴丁说话，也不回复吴丁的任何信息。她吃他买的面，那就意味着，她多少还有一点在乎他。他喜欢她。他用了两年时间才从伤痛中走出，不久便遇到她。这三天，吴丁反复用左小青的话审问自己，究竟是喜欢她这个人，还是因为了解她的过去而与她在一起。结果挺沮丧的，他确实喜欢她。与后者也不是一点儿关系没有。但他与她在一起的目的绝不是她说的那样，把她当作证据。绝不是的。如果她永远沉默，他当然尊重她的沉默。这肯定让他不舒服，连自己爱的人都无法说服，凭什么又怎么可以说服他人？但他仍然会同意她的决定。他不会也没资格强迫她，更不会犯像对前女友那样鲁莽的错误。自然，他会劝说，劝她改变主意。他和左小青的日子会伴随着争吵。对和错不就是在争论中才露出各自真正的面目吗？

从批发市场出来，吴丁去了自己的单位。准确地说，是混饭场所。只有一间屋，挂的是某杂志社的牌子，社长也就是老板承包了某个杂志的下半月，刊发收费论文，据说一年纯利润上百万。吴丁买断工龄后，推销过半年保险，后经朋友介绍进了这个杂志社。不用坐班，房间小，也没法坐，领了任务回家完成，正合吴丁心思。然后，吴丁又跑到出版社。他在那儿揽了校对文稿的私活儿。就这，还常常入不敷出。有些开销在别人看来毫无意义，完全可以省下来。但他知道，那不可以。他不会停止。

回到家，吴丁埋头便干，几个懒腰伸过去，屋子已经暗下来。泡了碗面，他打开电脑。昨晚，他和那个白衣仙子聊到半夜。她告诉吴丁，她是医生，那个女孩是她收治的。她把那个过程讲得很清楚。很多天了，她心口都堵着石头。那样稚嫩的一个女孩。在吴丁的追问下，她一点一点往外掏。吴丁问女孩的姓名、住址，她却沉默了。过了一会儿，她回复不知道便下线了。她不会不知道，吴丁理解这种简单借口后面的担心。吴丁有办法撬开她的嘴巴，只要她上线。他盯着电脑屏幕，耐心等待。

五

王美花躺在马秃子身下，用能想到的所有恶毒的语言喷射他。不得好死断子绝孙头长疮脚流脓肉腐烂骨化粪死后也遭雷劈入火海下油锅。骂他的爹娘爷爷奶奶太爷太奶，骂他的老祖宗。骂过去再骂过来。骂他也骂自己。她恼恨自己。她脏了，臭了，和他一样猪狗不如。后来，她发现她骂得越狠他干得越欢，就闭上嘴巴。疼得难以忍受时，就死死咬住嘴唇，有一次竟然把嘴唇咬破了。他抹一抹，然后竖起蘸了血的手指，这是何苦？她吐他一口，马上封住嘴。虽然他捏住了她的七寸，但也不能什么都让他得逞。

起初，马秃子只有那个目的，后来就开始借钱，她不掏，他就不走，像在县政府、乡政府那样。马秃子好多年前就不种地了，没钱就往政府跑。躺在大门口，是吃惯拿惯的无赖。北京开什么重要会议，就是马秃子的节日，乡政府早早地送来米面，送来油和肉，还有钱。那年，乡里专门把马秃子请到乡里住了半个月。当然有专人看管。对于马秃子来说，这不是问题，有吃有喝就行。马秃子盼北京一年三百六十五天都开会，那样他每天都是节日。北京不开会，马秃子就没那么重要，没有谁再惦记他。马秃子就得自己找上去。偶尔会往北京跑一趟，虽然北京没有重要会议，但跑一趟，县乡政府就不敢再忽视他，他往门口一躺，总会有收获，回来多半是专车。有吃有喝，马秃子会老实待在村里。马秃子不种地，日子一点儿也不差，有时会带一块熏肉给王美花。王美花绝不吃他的东西，他前脚走，她后脚就扔了。马秃子借钱当然不会还，王美花很清楚。但他赖着不走，她就害怕。马秃子把对付政府的招用王美花身上，王美花咋能不怵？

夜晚对于王美花一直是难熬的，自马秃子敲门，就更加难熬。何止是难熬，简直就是噩梦。她怕他来，耳朵却又时时竖着，门一响，她马上打开。不然，他会一直敲。她的惧怕，倒像在惦记他。她有这种感觉，马秃子也有，那次进门就涎着老脸问，早就等上了吧？王美花有捅了他的冲动。

王美花惹不起，只能躲。天不亮就离开村庄，估摸马秃子睡了才回家。她和儿子的地包出去了，只留了两亩菜地。空闲时间她就到外村打工。往年也是这样。清早，雇人的车停在村口，收工再送回来。那时，王美花惦记燕燕，下车一溜小跑。现在，等着她的是一具老皮囊。她看上去是往家的方向走，走一段便拐到村外，随便一躺。一次竟然睡着了。若不是梦中男人那两巴掌，没准睡到天亮呢。

那个白天之后，王美花不敢再躲。他黑夜过来，总比白天保险。就当养条狗吧。想不出别的办法，只有和他耗。他六十好几了，她相信自己能耗过他。他总有干不动那一天，总有闭眼那一天。

所有的安慰和妥协，都像薄脆的玻璃，经不起敲。特别是马秃子站到她面前的时候，她的火气一股一股往上蹿。

那天傍晚，王美花进院就看到门垛上那块砖。马秃子夜里要过来。老东西！王美花咬牙切齿。抓起砖块狠狠往墙角一抛。她没进院。从菜地穿过去，沿林带走了数百米，靠树坐下。翻翻包，早上带的干粮吃完了，仅剩半瓶水。燕燕在的时候，不管干多重的活，从不觉得累。想起燕燕，王美花眼角润湿了。好多天了，儿子没打电话，她不敢给儿子打。自发生那件事，王美花就成了罪人。儿子并未拉下脸斥责她，可是她不能原谅自己。每个夜晚，王美花都反复审问自己。判自己的刑，加起来有上百上千年了。王美花用审判打发孤寂的长夜。

觉得差不多了，王美花顶着繁星往回走。坐得久了，腿有些麻。她是从西边绕回去的。马秃子家没大门，院墙很矮，整个院子黑漆漆的。马秃子落空了。他以为捏住王美花的七寸，他的话都是圣旨？王美花暗暗冷笑。像打了胜仗，王美花有说不出的得意。已是午夜，她没凑合，生着火，痛痛快快吃了一顿。备好干粮，仍意犹未尽，洗了两件衣服才躺下。

次日一早，王美花便候在村口。那天的活计是锄草。雇主雇用过王美花，知道王美花是干活好手，悄悄往王美花手里塞十块钱，是让她打头的意思。她在前面带头干，别人就不好偷懒，这种"头钱"王美花不是第一次拿，起初有些别扭，后来也习惯了。其实没头钱，她也会卖力干。挣人家的钱，却磨磨蹭蹭，她做不来。前半晌，王美花还欢实，后半晌就蔫下来。渐渐地，锄头不听使唤，眼睁睁地把菜苗斩断。马秃子说会到地里寻她。不是没可能。一个敢在政府门口睡大觉的人什么做不出来？仿佛马秃子已经在地头候着，王美花噌地站起。干半截拿不到工钱，可相对于马秃子的威胁，那八十块钱实在不值一提。王美花不是没主心骨的人，可在这个事上，她赌不起，也不敢赌。

王美花是走回村的。日头还没落，她到小卖部买了一袋盐，一袋碱面，一包花生。顿了顿，又买了一瓶酒。店主什么也没问，她仍装出随意的样子解释，累得不行，酒解乏。王美花有意绕到西边，马秃子会看见她。昨晚他落了空，今儿她早早赶回来了。王美花看到自己的无耻，可必须这么做。不能惹急他。事情弄到这一步，她完全没有料到。可已经这样，就只能顺着他。慢慢耗吧。脏一次和脏一百次也没有多少区别。

王美花差点叫出声。马秃子在自家门口的石头上坐着，距他几步远，果果正在踢毽。果果和燕燕一个年级，燕燕在的时候，果果常过来玩。仿佛脚底埋着地雷，王美花每走一步都心惊肉跳。终于站到马秃子面前。马秃子像没看见她，对果果说，踢到一百了，这盒泡泡糖奖励给你。王美花劈手夺过去，扯着果果的胳膊就走。果果叫，奶奶，你抓疼我了。王美花稍一松，马上又抓紧。到院门口，果果说什么也不进去，踹着王美花的腿。王美花说把燕燕的玩具拿给她，她才老实一些。王美花给了果果几张卡片，一个塑料小鸡，还有燕燕没来得及吃的干脆面。王美花问果果，咋会给马秃子踢毽？果果说，她经过时，马秃子问她会不会踢，能踢到一百就奖她一盒泡泡糖。王美花压低声音，是第一次给他踢吗？果果点点头。王美花说，不要再给他踢了，更不能要他的泡泡糖，什么东西都不能要他的，他那么脏，吃了会得病，记住没有？果果扑闪着眼睛说，记住了。王美花把泡泡糖撕开，扔到地上，狠狠踩了几脚。

王美花椅在门框，看着果果离开。果果是往东去的，拐过弯就是另一条街。她家在那条街。王美花仍慌得要命。喂了鸡，打算烧两壶水，划了半盒火柴，好容易点着火。本来要和面，手一闪，整个舀子掉进盆里，结果面不成面，汤不成汤。

只好切点葱熬糊糊。糊糊还冒着热气，就往嘴边送，结果摔了碗。她失魂了，得寻回来。

王美花仍是平常的步态，再慌也不能让人瞧破。果果的父母也是常年打工，在呼市。果果跟着爷爷、奶奶。奶奶腿不利索，几年前就卧床了。爷爷身体还硬朗，像王美花一样打零工，基本也是天亮走天黑回。王美花和他们没有多少来往，但有些话，得和他们说说。必须说说。看到果果家的大门，王美花却慢下来。有声音从心里传出，像褐鸡一样啄着她。离门口越近，啄得越狠。站到门口，整个尖喙刺进王美花的肌肉。王美花站立不住，往后闪了闪，慢慢顺原路返回。差点犯了大错。庄稼人脑里没那么多弯，可……再简单的脑子也闲不住。王美花不能说别的，只能委婉地提醒他们看管好果果。他们自认为是看好果果的。先前，王美花也自认为看好燕燕的。王美花现在知道，她犯了大错。他们还不知道，需要有人提醒。可是，他们的疑问也会随之而来，他们问谁说我们没看管好果果？怎么就算看管好了？她怎么答？就算他们很客气，对她的提醒心存感激，不问什么，他们闲不住的脑子会往别处想，自然也会往燕燕身上想。王美花惊出一身冷汗。

听到门响，王美花慢慢转身。马秃子穿着红背心，褂子有些大，快到膝盖了。马秃子的衣服都是白来的，没几件合身。

王美花没插门，这种示好，马秃子会明白。也正因为知道他明白，愤怒和屈辱像门板紧紧夹住她，瞬间呼吸就不通畅了。

脸咋这么白？不舒服？马秃子想摸王美花，被王美花打开。马秃子看到柜上的酒和花生，脸绽得要崩开了，我就知道有好吃的。

畜生！

马秃子不恼不急，说，我知道自个儿是畜生，你不用老是提醒我。他欲拧瓶盖，王美花突地夺去。马秃子稍愣一下，咋？给别人买的？

王美花盯住他，你是不是打果果的主意？

马秃子说，别这么凶嘛，谁说我打果果的主意？我就是想看看她踢毽。

王美花恶狠狠地说，你再祸害果果，我砸烂你的头！

马秃子偏过头，好像看不清王美花，她是你什么人？

王美花叫，别祸害她！

马秃子说，好吧好吧。不过，你不听话，我就会生气，生气难免干什么坏事。

王美花恼怒地骂，我连屎布都不如了，你还要怎样？

马秃子说，你别装糊涂。

王美花说，你个老种驴，少干一次，你能死呀？

马秃子笑，你这是夸奖我呢。

王美花把酒瓶重重搁柜上，神速地扒下衣服，躺下的同时骂了一句，老叫驴！

六

到营盘镇已经是下午。吴丁先到县城，白衣仙子说要和他见面，吴丁在她指定的地点等了两个多小时。没等到，也联系不到她。她想得太过复杂，有太多的担心。好在她说了女孩所在的镇和村庄。她说记不得女孩的姓名了，显然是搪塞。这倒不打紧，一个村庄能有多大？

镇不大，有几栋楼，多数还是平房。吴丁转了转，选中一家旅店。吴丁问能不能借自行车用，他付押金。老板说押金倒不用交，就是自行车有点破。吴丁说不要紧。他不是来享受休闲，享受休闲，也不会到这么个地方。老板从旮旯推出来，吴丁才明白老板为什么有点不好意思。自行车锈迹斑斑，灰头土脸。老板说好久没人骑，还说到北滩打车也就十五块钱。吴丁说就它吧。不是心疼这几个钱，是不想引人注目。不是见不得人的事，但那个秘密捅破前，他必须慎之又慎。骑自行车不招摇，当然也有省钱的意思。跑一趟肯定什么也做不成，他清楚。也许十趟，也许二十趟。和打仗差不多。就是打仗。没有硝烟的战争。没有经费的战争。没有摇旗呐喊的战争。没有喝彩的战争。一场孤零零的战争。

蹬上那个缓坡，吴丁歇了一会儿。车链生锈了，嘎嘎吱吱的，骑起来特别吃力。北滩就在缓坡下，不大，几十户人家。吴丁在村口打听学校的位置，得知学校很久以前就撤了，孩子们都在宋庄念书。吴丁稍愣了一下，转念一想，这样更便于行动。吴丁看看表，尚有时间，便急急赶往宋庄。宋庄在北滩正东，大约七八里。

那个老师四十几岁的样子，头发杂乱，脸色晦暗，对吴丁记者的身份没有表示任何怀疑。听说吴丁调查乡村教师生存状况，马上说先把学生打发走。吴丁问，到放学时间了吗？老师无所谓地说，没个准点儿，几时放学我说了算。老师一定要吴丁去他家看看。调查生存状况，不去家里咋行？他家就在学校院内，和教室并排。其实就是一间教室。屋内荡着浓烈的药味。角落搁一张床，床上躺个女人。看见吴丁，女人要坐起来，老师制止，你躺你的，人家不是来看你的。女人就没动，但吴丁觉得她一直在看他。地上乱七八糟，难以下脚，老师说，你看看就行了，咱到外边说话。

老师说他原先住在村里，后来四年级以上的学生都集中到镇上，他就搬进了学校。曾经的四个老师，一个调到县城，两个调镇上去了。他没门路，调不走。就算能调走，也不能去。你都看见了，女人常年闹病，到城里活不起。所以，一个人在村里教书，他没任何意见，也没特别的要求，但起码的尊重应该有。老师突然愤愤不平。女人有病，他买不起营养品，想着养只山羊，女人可以天天喝点奶。没多久就有人告状，说他把学校当成羊圈。白天山羊是拴在外面的，放学后他牵回来。怎么解释也没用，上面说不把山羊处理掉，他就得搬出去。他在村里的土房破旧得不能住了。不得已，只好把山羊卖了。可气的是，随后村里就把学校院当成了牲畜圈。村里把外村跑进草场的牛呀羊呀关进学校院，交了罚款方可把牲畜认领走。有时关半天，有时会关两三天，学生去厕所都得他领着。他向上面反映，上面让他和村里协调，他找村里，村里说只是临时借用，他养山羊是长期的。不养山羊只影响他个人，村里这么做则关系到全村人的利益。村里没牲畜圈，学校院是村里的，村里用自己的院子关牲畜没什么不妥。他妈的，这是人话吗？老师愤愤地骂，晦暗的脸扬起片片青色。他还让学生家长出面反映。村里不再把学校院当牲畜圈了，他也因此得罪了村里。原来每个春节上面的救济下来，村里都给他一袋面、一桶油什么的，自此什么也没了。他问村里，村里说他挣工资，不需要救济。他确实挣工资，可他的困难他们都清楚。我不能离开，离开就没工资，留下来，就得憋着窝囊气，你说，我该怎么办？

老师的情绪渐渐激动，吴丁不好打断，当然，也不愿意打断。吴丁想到两个词：控诉和倾听。但愿老师的控诉能冲淡心中的怨气。倾听也是吴丁帮他的唯一方式。吴丁不是记者，是记者又怎样？老师的委屈与许多事比，实在算不了什么。吴丁问到学生的情况，老师说，共十五个学生，北滩七个，宋庄八个。三个月前北滩一个学生进城了，现在只剩下十四个。转走的学生和吴丁同姓，叫吴燕燕。

七

躺下不久，王美花就听到雨声。她坐起来，揭开被子。尽管刚刚冲洗过，仍觉得身上有老烟味。她想赤裸站在院里，没在雨水中。她曾经那么站过。那次，男人打得狠，把她半颗牙打掉。她昏睡了三天，三天后便下了地。那时年轻，有个头疼脑热，扛扛就过去了。现在怕是不行了。自己倒下不打紧。马秃子有半口气，她就得留在世上。她没看管好燕燕。那比捅她还难受，就算捅一万刀，也不能把时间倒过来。她能做的，就是捂住马秃子的嘴，捂住这个秘密。她要耗死马秃子。必须结结实实的。

她又缓缓躺下。脸还有些疼。她和马秃子干架了，三个多月，第一次和马秃子干架，在她的炕上。

挺后悔的。天大的痛都忍了，干吗在意他的破嘴？没想到马秃子那大火气。她没骂过他的女人，骂遍他的祖宗三代，没提过他女人。她忘记马秃子还有过女人。这个狗操的，快忙活完了，还嫌弃她，抓着她松弛的肚皮嘲讽，她顺口就还击回去。他打她一巴掌，她的火噌地蹿上来。两人不管不顾地撕打着。马秃子突然号啕大哭，她顿时蒙了。好一会儿才意识到还抓着他的胳膊。她一点点松开，往后退了退。马秃子边哭边打自己，不是装的，是真打。她愣了一会儿，突然扯住他的手腕，就势用毛巾捂住他的嘴。马秃子倒配合，硬是将哭声闷回去。这是她没见过的马秃子。马秃子还会流眼泪？真是稀奇。静默老长时间，她沉不住气了。难不成要坐到天亮？她撺他，他没耗着，却硬邦邦地警告，你骂谁都行，就是不能骂她，我是畜生，她不是。她喉咙痒痒的，终是忍住。

风小了，雨密集了许多。王美花挖了半天，也没想起马秃子女人的模样，只记得她很瘦。没人能听懂她的话，马秃子也听不懂。她的脑袋有点问题。谁也不知道她是怎么走到村里的，马秃子收留了她。他四十大几了，仍光棍一条。也只有他这样的人才会收留她吧。马秃子和整个村庄闹翻就是因为这个女人。马秃子让村里给她分地，他和那个女人没有合法手续，这个门槛挡住他。马秃子不死心,弄了张纸,挨门挨户让村民签字。当然,没一个人签。马秃子把整个村庄骂遍了,尤其喝了酒,站在当街,骂得极脏。所以他女人闹病,没一个人借钱给他。女人死后不久,村主任家的柴垛被点着,马秃子第一次坐牢。那个女人,王美花没记忆,别人也差不多吧?没想到马秃子还挺有情义。若不是当面,真不敢相信这个老东西还会流眼泪。他哭得那么伤心,看上去有点人样,咋就不积点德?咋就畜生一样活着?

　　清早,雨仍滴答着。这样的天气不能干活。王美花想擀点面条,热乎乎地吃一顿。柴火受了潮,火不旺,蓝烟一阵一阵往外扑,呛得王美花直流泪。可能是性格原因,王美花爱吃硬巴一些的东西。烙饼要带糊的,米饭要粘锅的,面条也须是硬面的。火势软,面条煮得时间久,一捞就断。吃得不那么爽,鼻尖仍冒了汗。收拾完,她摸出手机。好几天没给儿子打电话了,儿子也没给她打。不知北京下雨没有。燕燕跟她在的时候,天稍阴一点儿,她就让燕燕带上雨披。老天爷的脸谁说得准呢。上午晴天,下午稀里哗啦也是常事。如果燕燕忘了带雨披,她肯定送到学校,不管手头正干什么。什么也没有燕燕重要,燕燕是她的宝。千惦记万惦记,还是……身边住着恶人,想想心就滴血。

　　拨弄几次,终是没敢摁下去。万一儿子正送燕燕去学校呢,他听不见,听见也不方便接。等一会儿吧,不急。等了一会儿，又想儿子可能已经忙上了。儿子说他那儿挺忙。忙当然好，不忙老板就挣不上钱，老板挣不上儿子自然也挣不上。忙着的儿子接电话，老板会不高兴吧？算了，还是算了，晚上打，晚上一样的。可是，王美花手痒痒，不给儿子打给女儿打。问问女儿东莞下雨没有。她不知东莞在什么地方，只知道比北京远多了。这会儿女儿也上班了，女儿不让上班时候打电话，王美花没忘记，可是忍不住。就问一句，一句还不行吗？

王美花正要摁下去，看到窗外立着人。她惊了一跳，马上把手机塞到被垛底下。来人披着黄色雨披，面孔陌生。他敲着玻璃，大声问他可不可以进来。王美花怔了怔，问他找谁？男人说，我就找你啊，婶，你打开门。王美花稍一犹豫，打开。大白天的，怕他什么？

男子摘掉雨披，王美花帮他挂在门上。男子说，谢谢婶。王美花把毛巾递给他，他又说谢谢。看样子是城里来的，乡下人没这么多客套。随之，疑问也扑上来，城里来的找她干什么？她没有城里的亲戚。男子三十上下，瘦得像吃不饱饭，脸也没通常城里人那样白，有些黄，有些晦暗。

你找我？王美花脑里的问号涨得越来越大。

男子笑笑，额头亮亮的，是呀，我来好几趟了，今儿终于见到你了。

王美花说，我不认识你呀。

男子又笑笑，现在不就认识了吗？

王美花愣怔着，不知他要干什么。

男子说，我叫吴丁，喏，这是我的身份证。

王美花没接男子的身份证，只是扫了一下。身份证上确实是那个名字。她不认识他，他叫什么和她毫无关系。

吴丁说，我不是骗子，婶放心。

王美花说，我不认识你。骗子我也不怕，这个家什么都没有。

吴丁说，婶是痛快人。

王美花说，别给我撂好话，找我干什么？

吴丁说，我是来做调查的。

王美花不由一哆嗦，调查什么？

吴丁又笑笑，掏出一张表格，挺简单的，农村外出人员状况和留守儿童调查。婶说我填就是。

王美花问，你每户都调查？

吴丁说，每户都查，喏，这是你们村的调查表。

王美花认识那些名字，暗暗松口气。她给吴丁沏杯茶，问吴丁看得清楚不？要不要开灯？然后坐吴丁对面，他问，她答。有些问题能答上来，有些问题答不上，比如儿子、女儿一月挣多少钱？只知道儿子最近忙，女儿挣钱多，就是离家太远。女儿很久没回来了。

问到燕燕，王美花被锥子扎了一下，心一阵抽搐。

孙女在，婶好歹有个伴儿，她一走，家里就你一个人。你不舍得她离开吧？

王美花说，当然不舍得。舍不得也不能霸住她不放。这孩子和爸妈在一起还是好，村里的学校破，城里的学校再差也比村里的强。只要孩子好，我一个老婆子咋着都行。

吴丁笑笑，婶可不老，瞧我的白发都比你多。

王美花说，不多也老了。她的白发是近几个月才冒出来的。

吴丁和王美花拉会儿家常，转到燕燕身上。燕燕学习不错吧？口气就像说自己的妹妹，特别自然。

王美花点点头，还行。随后转移话题，你孩子多大？

吴丁笑笑，我还没结婚。

王美花说，你们城里人结婚晚。有对象了吧？

吴丁说，有了。

王美花啊哎一声，瞧我这话说的，咋会没对象呢？你们城里为啥结婚那么晚？不想养孩子？还是电视里演的那样，买不起房？

吴丁说，可能都有吧。我和别人不太一样，我有点特殊。

王美花看着吴丁黄暗的脸，没说话。

吴丁的目光移到后墙。墙上有一面镜子，镜子的图案是喜鹊登枝，我和女友张罗结婚那一阵，有一天下夜班，她遇到了坏人。

王美花瞪大眼。她本来有问题的，嘴唇有些抖，说不出来。

吴丁说，想起来我就难过。我对不住她。平时我都去接她，那天我喝醉了。

王美花突然站起来，我得去地里了。

吴丁问，下雨也去？

王美花很艰难地挂出一丝笑，庄稼人，分什么雨天、晴天？

吴丁说，那我改天再来。

王美花愣住，干吗？

吴丁说，我还有话。

王美花说，后生，给别人讲吧，我听不得苦故事。

吴丁说，不是我的……我想和你说说燕燕。

王美花警惕道，燕燕？燕燕有什么可说的？

吴丁，燕燕不久前才转到城里的吧。

王美花大声道，这关你什么事？你想干什么？

吴丁说，婶，你听我慢慢说。

王美花不耐烦地挥手，我不听，快走，我要锁门了。

吴丁说，你让我走我就走，但我肯定还会来。婶，你为什么不听我说完？

王美花瞪他一会儿，气呼呼地坐下，痛快说，我可没闲工夫。

八

开口是很难的。难也要说。他就是为这事来的。吴丁话没落地，王美花噌地站起来，腮帮子像装了鼓风机，突突地抖，谁说的？谁这么造谣？吴丁说谁说的并不重要……王美花往前一拱，几乎撞着他。她的脸是青的，双目喷着血汪汪的火，咯吱声不知是从她嘴里发出，还是她身体某个部位进开了，异常骇人。

吴丁下意识地往后移了移，和她拉开距离。她紧逼过来，牢牢焊住他。她的目光变狠了，铁棍般戳着他。这个样子是要动手了。撕了他？咬了他？吴丁预料不到。预料到也不会逃。吴丁没有路，这就是他选择的路。这几年，吴丁接触过各种类型的，挨揍也是常事。头发一绺一绺揪下来，身上青一片紫一片，脱光衣服就是豹子。劝说那对夫妻，男人一拳砸他眼眶上，他捂着眼跑到医院。眼底出血，他挺紧张。眼睛恢复得不错，倒是头疼了两个多月。还有动刀子的，那个报案又撤案的父亲，操着水果刀横在门口，同归于尽的架势。吴丁是从派出所探到消息的，他不敢硬闯，折身劝警察一同前去。没少费周折，终是让那个父亲改了主意。

吴丁不是硬汉，身板不是，性格更不是。他怕。镇静是装的。怕也不能逃。怕挨打又期待挨打，只要不致命。他的经验，挨了打，反更容易被接纳。这些人憋着气，自然要找出气口。他就是。

吴丁遇到各种各样的人，挨过各种各样的打，但没一个人有王美花这样吓人的表情。那些人的表情可以形容，王美花的不能。他迅速在脑里搜刮着，找不出合适的词汇。

你再说一遍！再说一遍！

吴丁又往后挪挪，她的脸顺势贴过来。吴丁的脑袋被她戳得满是窟窿，冷风往脑仁深处穿。吴丁盼她动手。她这样不要说交流，喘息都困难。

咽回去！

吴丁叫了声婶。

咽回去！

吴丁突地甩自己个嘴巴。他撑不住了。她不像别人那样动手。他代劳。

吴丁准备甩第二掌的，王美花突然笑了。她在笑，表情也瞬间恢复正常。

　　大兄弟，是不是吓着你了？好端端没招谁没惹谁，你给我泼脏水，搁谁也生气。再年轻几岁，不撕你的脸我就不叫王美花。脚正不怕鞋歪，干吗和你一般见识？我孙女有多清白我心里清清楚楚。我不知谁在造谣，不知你为什么信谣言，你别说了，要不我又生气了。雨停了，我真得下地，不像你们城里人，坐着就来钱。庄稼人就得干活。王美花转身，从角落拎起一个筐。

　　吴丁赔着笑，婶，我帮你干吧？

　　王美花嘘一声，你这么金贵，我可雇不起。

　　吴丁说，义务的，义务的！我怎么会要婶子的钱？

　　王美花拉长声调，哟，你这是做好人好事来了？那就更不敢了，我没生你没养你，你没欠我的债，凭什么让你干活？想做好事，大马路上找去。

　　王美花推吴丁一把，吴丁摇了摇，定住。

　　大兄弟，我和你没仇吧？王美花语气硬，表情却绸布一样柔软。她把火，把气，压在最深处。

　　吴丁说，婶说的哪里话。

　　王美花问，你说，我和你是不是有仇？

　　吴丁老实答，没有。

　　王美花拱起满脸笑，这不结了？你和我没仇，我和你也没仇，你干吗和我过不去？

吴丁恳求她听他说完。王美花说，你想待着也行，走的时候把门带好。没值钱东西，看哪件顺眼就带走，只要不拆房就行。吴丁琢磨，跟着她还是要点赖皮在屋里等。王美花滑了一跤。吴丁跑出去扶她，她推开吴丁，自己爬起来。袖子和腰以下全沾了泥水，王美花嘀咕，看来今儿真是不顺。

王美花换过衣服，说天不早了，劝吴丁吃了中饭再走。吴丁苦苦一笑，心想她真有一套。王美花说，放心，不收你饭钱。

王美花烙饼，吴丁蹲在灶坑烧火。油味、烟味呛得吴丁一阵阵咳嗽。王美花打趣，瞧瞧你们城里人金贵的。吴丁笑笑。他咳嗽半年多了，不闻油烟味也咳。他不敢再说什么，得缓缓。王美花脑里是死弯儿，一下子掰直几乎没有可能。需要时间。

吴丁和王美花同时出门。他想还是不能赖着。尽管某些场合赖过。现在还不是赖的时候。王美花不简单。她不是他的敌人，她和像她一样的他们都是他的战友，他的帮手。但在她和他们接纳他被他说服前，她和他们会敌视他甚至仇视他。张弛适度，他懂。

吴丁没回旅店，直接去了网吧。吴丁带着笔记本电脑，旅店没网线。镇上唯一的网吧，空间狭小，烟味浓重。坐下就一阵咳嗽。

王美花饼烙得不错，吴丁吃得多，晚上十点才觉出饿。

泡了盒方便面，简单洗了一把。刚躺床上，收到左小青的短信。吴丁一阵狂喜。她上 QQ，却不理他，他每天发十多条短信，她一条都不回。

左小青说青园街有家专做麻辣小龙虾的大排档，她晚上经过，流口水了。左小青爱吃麻辣小龙虾，吴丁和她交往一年多，吃过差不多百次。她这样说，自是怒气消散，打算与他和好了。她就这样，没前奏，突然生气，也突然不生气。

吴丁回复说在外地，回去请她。她问，干吗？吴丁还没摁上去，她的短信就来了，我知道你在干吗，忙你的正事吧。吴丁再说什么，她都不回了。打过去她也不接。

两人住在一起，左小青才晓得吴丁的主要精力花在什么上面。她当时淡淡地说，人的爱好千奇百怪，你这样的爱好还真少见。想当英雄？那天夜里，吴丁向她讲了过去，他和前女友的一切。她叹口气，不再说什么，脸却含着隐隐的忧伤。

这个故事是最好的答复，吴丁不想多说。打过交道的民警都问过吴丁。吴丁也就是笑笑，故事都懒得讲。吴丁只想让犯下罪行的人受到应有的惩罚，让这个世界干净一些。他不是英雄，充其量是一把扫帚。

九

暮色从窗户爬进来，将整个屋子，还有发呆的王美花染成一个颜色。王美花在地里转一遭就回来了。干什么都没心思。路上摔了两跤，进门摔了一跤，加上之前那一跤，一天摔了四跤。

哪里出了问题？王美花一遍一遍凿着脑壳。她没说，儿子不说，马秃子也不可能。她下作得不像个人了，马秃子不会不明白。他不会乱嚼。村民不会知道，如果知道，她能从他们的表情和眼神窥出来。她可没那么笨。那么，哪里出了问题，一个陌生的城里人竟然知道了燕燕的事？王美花几乎将脑子凿裂。医生？王美花猛一哆嗦。除了她、儿子和作恶的马秃子，只有医生清楚。没去镇医院，特意跑到县里。千盘算万盘算，还是……王美花还记得那个女医生的样子，瘦瘦的，戴着眼镜。王美花并没得罪她，她为什么这样？

儿子不同意王美花的决定，不报警咽不下这口气。王美花用整整一夜说服儿子，几乎把嘴说破。有一件事，她始终藏在心底。没把男人打她一辈子的真正原因告诉儿子。忘掉，很难，但必须忘掉。王美花是深思熟虑的。在她的逻辑系统里，忘掉是最好的治疗。被马秃子要挟，王美花没想到。为了燕燕，她忍。什么都可以忍。

吴丁的突然造访，给了王美花当头一棒。

王美花开始揪自己的脸，先左边，后右边，恶狠狠地骂，让你说！让你个破嘴说！王美花把自己当成那个医生，狂怒地惩罚着她，直到双脸麻木。打够骂够，也只能这样，不能把医生咋的。把医生剁了也没有用。关键是怎么对付那个城里人。她猜不到他的用意，非亲非故，无冤无仇，他大老远跑到村里和她说这个，究竟想干什么？肯定是有所图的。图什么呢？不会像马秃子那样。一个黄脸婆，能当他娘了。想来想去，无非是想要钱。他怕是穷疯了。看上去挺斯文，心黑着呢。许光义家的二小据说在城里当老板，常给家里寄钱，后来判刑，人们才知道二小干的是敲诈勒索的勾当。这个吴丁和二小无疑一路货。林子大了什么鸟都有，一个城里人跑乡下敲诈。

如果不涉及燕燕，王美花绝不害怕。一命抵一命又能咋的？现在，她怕，太怕。燕燕是她的心肝，也是她的软肋，她的死穴。他的口气显然还会来。还没捞上什么，当然会来。要钱，给他。燕燕比钱重要，比什么都重要。她拎得清。

王美花僵直的身体有了活气。她打开柜子，寻出藏钱的盒子。盒子里有一千六，她身上有三百，存折上还有三千。城里人胃口大，五千块怕是喂不饱。还有一万定期，给燕燕存的，不能动。王美花当即给女儿打电话。那边很吵，好像在大街上。王美花把声音放到最大，女儿才听清楚。这么晚，女孩子家竟然在大街上。女儿哎呀着说，城里又不是乡下，夜晚比白天还亮堂。王美花觉得女儿在胡说，哪里的夜晚也不会比白天亮。她问女儿，有人陪着没有？女儿说，有。王美花问，是男的吗？不知道女儿处上对象没有，问过多次，女儿嫌她烦。现在又忍不住。女儿说，信号不好，没事挂了。王美花急叫，别，别，给我寄三千块钱，明天就寄。可能王美花语气不对，女儿顿了片刻，问，出什么事了？刚刚才寄过的。王美花说想买两只羊。女儿叫她别受累。她打断，命令道，你寄也得寄，不寄也得寄，算借你的，有了还你。她第一次这么严厉地和女儿说话。女儿肯定不高兴了，你这是咋了？给你寄还不行吗？

　　儿子的声音传来，王美花仍有些紧张，紧张舌头就僵。儿子喂了两声，你倒是说话呀！王美花这才问，北京下雨没有？儿子似乎愣了一下，下雨？下什么雨？王美花说，村里下了一夜雨。儿子啊一声，说，北京好着呢。你有什么事？王美花顿了一下，小心翼翼地问，燕燕还好吧？儿子很吝啬地说，好。王美花说，我想和燕燕说话。儿子没答，呼吸嘶啦嘶啦响。王美花忙说，不，不说了。那边却传来燕燕的声音。王美花叫了声燕燕，突然哽住。燕燕连着声喊奶奶，王美花喉咙堵塞，整个过程只说了一句话，奶奶听见了。

王美花憋得够呛。跑到院里，大口大口吞咽着空气。

第二天，王美花起得晚了些。她想去镇上把钱取出来。吃饭时，突然想到一个可怕的问题。出钱，就等于承认了那个事实。要是吴丁胃口很大呢？今儿打发走，明儿又来呢？身子可以一次次给马秃子，闭了眼，一次和两次没什么区别。她没那么多钱。不能就这么让他捏在手心。没别的招儿，只有躲。他不会老在乡下耗着，耗不过自然会离开。

王美花躲到自家地里。除了包出去的地，剩下的也就二亩多，一半种了胡麻，一半种了土豆。锄过不久，杂草还没长出来。再锄一遍也没坏处。中午吃了点干粮，躺在地头睡了一觉。被噩梦惊醒，日已西斜。脸上、手上被蚊子叮了许多包，她拍打一阵，抹了些唾液。

夜色把田野盖得严严实实，王美花才往回走。快到门口，她前后左右扫了好几圈，确信没人，长长地舒了口气。喂了鸡，烧开水，做好饭，刚端上桌，有人敲门。王美花一惊，整个人被冰水浇了似的。好一阵，听出是马秃子，竟然如释重负。

王美花埋头吃饭，不理马秃子。饭简单得不能再简单。马秃子看不清楚似的，往前探着身子，说你不能这么对付呀。然后把拎着的塑料袋在王美花眼前晃了晃，搁王美花面前。一只酱猪蹄。见王美花不动，马秃子找出菜刀，切成几瓣，那天打了你，这个猪蹄算我赔罪，你别生气了。王美花冷冷地撇撇嘴。马秃子说，我是畜生，我真是畜生，好吧？我替你打个耳光。他当真打了自己一掌，极响。王美花仍绷着脸。马秃子说，要是不解恨，你打？再不解恨，我去自首。

王美花突然抬起头，狠狠瞪他一眼。她是恼怒的，却又说不出的慌。马秃子当然看出来了，笑得就有几分诡异，我逗逗你，怎么会呢，就是嘴巴烂掉，我也不会。王美花顿了顿，夹了一瓣猪蹄。猪蹄倒是酥烂，但嚼不出味儿。她吃了马秃子的东西，尽管仍是嫌恶的表情，可她非常清楚，她已经向马秃子示好。马秃子说，这就对了嘛，又不给你下毒，我自己都舍不得吃。

王美花竭力把头埋下去，实在不想看那张老脸。

今儿在哪儿干的？马秃子靠着柜，手指敲着，回来得这么晚。

王美花没抬头，咋？去哪儿还要告诉你？

马秃子说，瞧你这火气，不是惦记你嘛。今儿有个人找你，在我那儿待了半天。

找我？王美花猛仰起头，死盯住马秃子。

马秃子说，好像是搞什么调查的。

寒气窜向脑顶，脑袋顿时麻了。牙被骨头硌着，她龇龇腮，没好气道，从什么破地方买的？牙都崩掉了。

马秃子往前一蹿，我瞅瞅。

王美花用筷子点他一下，滚开吧，稀罕你！

马秃子涎着老脸，我这么好的身体，你咋会不稀罕？

王美花骂，少扯！那个人调查什么？

马秃子说，乱七八糟的，我也没兴趣听。咋？你害怕？

王美花不屑地哼了哼，我连你都不怕，还怕什么？

马秃子嘿嘿笑，你不怕我，自然好。

王美花问，他都问你什么了？

老东西显然瞧出王美花的担心，说，我没乱说，和他胡侃了半天。

王美花警告他，再乱嚼舌头，小心你的头！

马秃子拍着胸脯保证，然后眯了老眼，你对我这么好，我怎么会！

王美花不再说话。收拾过碗筷，把炕扫干净，铺上褥子。不慌不忙很平静地解开扣子，仰下去。马秃子爬到身上，她闭了眼。胳膊箍住马秃子的腰，松松垮垮。以前绝不会。第一次。马秃子粗糙的腮蹭着她的脸，她躲了躲，定住，任由马秃子放肆。马秃子身上的烟味很重，王美花竭力忍着，不让自己咳出来。

马秃子又借去两百块钱。王美花没犹豫，只是往他手里塞得猛了些。

王美花兑了半盆温水，蹲下去。洗了没两下，她抽自己一掌，脏货，洗什么洗。猛一踹，盆子翻了，水往四下漫去，鞋湿了。她枯死的树一样立着。

照例没睡好，脑袋灌了脏水般。天空晴朗，阳光金灿灿的。王美花把被褥晒出，喂了鸡，搬个凳子坐在门口。她不敢再躲。应该想到的，马秃子常在门口戳着，她不在，吴丁会找他搭茬的。躲是下策，得尽快把他打发走。如果这个世上有一个人想把马秃子生吞活剥，肯定是她王美花。但是，现在她和马秃子在一条船上。不把那个城里人打发走，和马秃子就白绑了，罪也就白受了。更重要的，还不是这个。

吴丁还真来了。王美花招呼他，让他把自行车推进院里。吴丁边扇汗边说，我以为婶又走了。王美花说，今儿不舒服，歇一天，正好晒晒被子。你怎么又来了？有事吗？吴丁说，我就是想和婶唠唠。王美花说，我一个老粗，你识文断字的，和我有什么唠的？吴丁重重地叹口气，婶讨厌我，我明白，也理解，刀扎肉疼，那比扎肉还疼，既然疼，为什么不报案？让法律惩罚罪恶？王美花说，我听不懂你的话。吴丁说，婶，你不可能不想，你的心早就在流血，为什么流血还忍着，让罪犯逍遥法外？

王美花站起来，抓把麦粒撒到院里。鸡已经喂过，她堵得慌。得透透气。吴丁似乎要追过来。她绊了一下，及时扶住，没摔倒。

吴丁问，不要紧吧？

王美花纳闷，要什么紧？

吴丁说，婶脸色不好，如果你不舒服，我改天再来。

王美花硬硬的，我没开店，你想来就来？

吴丁干笑一下，对不起，婶，你再讨厌我，也得听我把话说完，我能找到你，肯定是我知道些什么。不然，你我又不认识，我干吗找你？

王美花问，你听谁说的？什么人乱嚼舌头？就不怕烂嘴巴？

吴丁说，谁讲的不要紧。实话告诉你，我是套出来的，我向你保证，没告诉任何人。

王美花说，我孙女是干净的，你别乱泼脏水。

吴丁说，没错，她是干净的，永远是干净的，不干净的是作恶的家伙。作恶就应该受到惩罚，这是天理。

王美花想，她肯定说不过他。如果是别的事，绝不会白白让他诈，现在，没必要再费唾沫。于是，她笑笑，人最难的就是活着。以前，我认为只有乡下人不容易，后来知道城里人也不容易。没个靠山再没点儿本事，就更不容易。你大老远来了，也不能白来，说个数吧。

吴丁很难过似的，婶，你误会了。

王美花又笑笑，别装了，说痛快的。

吴丁叫，婶，你真误会了。我不是……

王美花重声道，鬼才信！说吧，想要多少钱？

十

铃声响起，吴丁正在洗头。下午起风了，刮得灰头土脸。他瞄过去，是左小青。顾不得滴淌的水珠，抹把手，迅速抓起手机。左小青的声音很虚，我被……撞了。吴丁的头轰的一声，大叫，伤得重不重？你在哪儿？那边已没了声音。吴丁哆嗦着拨过去，再也接不通。

吴丁匆匆收拾了就去退房。老板的眼神有些怪，吴丁偏偏头，镜子里的自己狼狈不堪，扣子串门了，头发顶着白花花的泡沫，眼睛流进洗发水缘故吧，血染了一般。吴丁简单捋了一把。

天已经暗了。酒馆的灯箱次第亮起。吴丁走到平时客车停靠的十字街，几个出租车司机围上来，问吴丁去哪儿？这么晚早就没客车了，打车吧。四百多。吴丁连连摆手。司机散去，一个矮胖司机却咬着吴丁不放。等了一会儿，吴丁决定打车。不知左小青生死，他心急如焚。司机让先交钱，吴丁搜遍全身也没凑够。卡上倒是还有，但镇上没有取款机，取钱只能到柜台。吴丁说到皮城就给他，司机连连摇头，短途可以，长途不行，他被骗过。吴丁费了半天口舌，司机说他宁可不挣。吴丁撇下他喊别的司机，也是不行。吴丁返回旅店，问老板能不能借他一百块钱？他不是骗子，过几天肯定会回来，他可以用身份证做抵押。店老板看吴丁几分钟，摸出一百块钱。

吴丁不停地拨左小青的电话，直至电量耗竭。左小青和他一样，在皮城没有亲戚。朋友倒是有。左小青第一个电话肯定是打给他的，完后就不通了。这意味着，她没有可能打第二个电话。

到皮城已是深夜。吴丁不知左小青在哪家医院，转遍几家大医院，天色放亮。昨晚有收治出车祸的，没有左小青。衣服汗透数次，吴丁再也流不出汗了。口干舌燥，火燎了似的。灌一瓶矿泉水，仍燥燥的。也许伤得不重，像他一样，只是手机没电了。但还有另一种可能，她仍在马路上。肇事司机跑了，没人送她到医院。横祸不该砸着左小青，她已经遭遇过不幸，老天不能这样不公。祈求没有任何意义，老天常常犯困，不公的事实在太多。

吴丁跑到批发市场，期望打听左小青昨日的行踪。还没开门，吴丁蹲在墙角，腮帮子一瘪一鼓，似乎什么在乱窜。目光如煮过火的面条，软唧唧地摊开。公交车吃撑了一样摇过来，停靠在站牌处。这个站点上下乘客总是很多。那个熟悉的身影就这样撞进吴丁的视线。吴丁叫一声，想冲上去，腿麻着，不能动。

左小青走过来，几分意外，几分欣喜，你回来啦？

吴丁上上下下打量左小青，完好无损。他一怔，说个"你"，随后噎住。

我没事，咋……你不是盼着我出事吧？我进去了，晚上等我哦。

吴丁蠕蠕嘴，没喊出来。左小青竟然这样开玩笑，实在顽皮，不，简直是愚蠢。他一遍遍拨打她的电话，疯狂地到处找她的时候，她其实在睡大觉。费了好大劲儿，吴丁才抑制住，没有追进去。

吴丁昏睡了一整天，左小青进屋，他还在床上赖着。左小青挂了包，问就这么欢迎我？吴丁吃力地笑笑。左小青边往床边靠边脱衣服，钻进来已是光溜溜的。左小青极疯狂，像换了一个人。平息后，左小青捏捏吴丁耳垂，你说要请我，不许赖哦。

青园街的大排档果然红火，已经没了位置，老板临时支了张小桌子。旁边有几家烧烤摊，整条街烟熏火燎。没几分钟吴丁就咳嗽起来，且持续不断。左小青问，要不换个地方？吴丁摇头，换个地方也一样，没关系。喝了几口水，终于压下去。左小青建议他去查查。吴丁凄然一笑，老毛病了，我自己清楚。两瓶啤酒都打开了，左小青说，你别喝了，我承包。左小青倒是有些酒量，但让她独饮有冷落她的意思。吴丁不忍，倒了多半杯。左小青半眯了眼，有些揣测的意味，馋了吧？吴丁笑笑，憋了许久的话终是说出来，你怎么作践自己？左小青瞬间没了好气，不那么说你会回来？吴丁说，你把我吓坏了，昨天夜里，我满医院找你。左小青说，对不起。吴丁说，以后可不能开这样的玩笑。

麻辣龙虾端上来，左小青不再理吴丁，一门心思吃起来。吴丁慢慢剥着毛豆，目光从她身上离开，很快又移到她脸上。她的吃相可谓饕餮，但有几分可爱。她看上去是安静的，平时也这样，可只要疯起来，那可是不管不顾。去年中秋，半夜了，她突然想去太平山看月亮，吴丁当然迁就着她。他总是迁就着她。她本性偏豪爽，不会隐忍的，可在那件事上，她固执地沉默，不容他触碰。

怎么？相面？左小青偏着头问。吴丁夹一张餐巾纸递给她。左小青把嘴角一块虾壳拭掉，擦净手。实话对你说，我打算和你分手的，想到你的好，又下不了决心。你不在乎我受过伤，不在乎我的过去，比许多男人大气。但是大气得过了度，时时琢磨着把我的伤亮出来。我宁愿自己舔。忘掉，再大再痛的事也不算什么。和你在一起做不到，你总是帮助我回忆，提醒我记起来。你不愿意沉默，我只有离开。咱俩这么长时间了，我不是快刀，很矛盾。所以……那不是玩笑，不是恶作剧。知道我为什么高兴吗？你在乎我。你不高兴，但是我高兴。来吧，碰一下。还生气？

吴丁说，怎么会……

左小青说，我知道你生气，也不能老耷拉脸啊。黑天半夜的，吓唬谁？

吴丁没忍住，笑出了声。

吴丁计划一周后返到营盘镇，还店老板的钱，更重要的，他未完成自己的使命。虽然只看到女孩的照片，但她楚楚的样子却刻在脑里。在他所知的受害者中，她的年龄最小。他清楚难度比以往更大，但绝不会退缩。他选择的路就是在刀刃上行走。

吴丁说要离开几天。左小青反对。过去，她对他的"抱负"虽然不感兴趣，并不阻拦。如果不涉及她，更不会与他争吵。彼此是有空间的。数日时间，她突然变了。当然，原来她可能忍着，现在忍不下去了。她说他不能再这么不务正业，得找个正经事做。别人这么说也就罢了。让罪犯得到应有的惩罚，这世界变得干净些，他是在清扫，或者说在拯救。左小青问他有什么好处？吴丁说他不图好处。左小青说，她不能这么过下去，她想和别的女孩一样结婚，生小孩。吴丁说没问题呀，只要你乐意，这没什么不可以。左小青冷笑，问他有什么能力养孩子。吴丁被扎痛。他没想过，可能是不敢想。现在，左小青把这个问题抛过来，他不能再回避。他无法回答。他所有的钱都花在"爱好"上。左小青逼问，你说呀？吴丁黯然垂头。

冷战了几天。左小青的话给吴丁不小的触动。不能一直这么下去。开始做的时候，确实没想过。可是，现在结束又不甘。他讲了那个小女孩的事，保证最后一次。左小青质问，在你心中，我不如一个小女孩？

两人再次发生了争吵。

左小青出门不久，吴丁给她发了短信，背包上路。

已是两周后了。

十一

王美花把存折上的钱取出来，加上家里的，凑了五千。等了两天，吴丁没来。几天后，女儿寄的钱也到了，吴丁仍没影子。王美花不知怎么回事。被她呛着了？真不图什么？不会的，天底下没有这样的人。城里人好面子，诈钱也蒙块遮丑布。他来，她慌，他没影儿，她却紧张了。狗见了骨头，不会轻易放手。或许在打别的歪主意。会是什么？王美花想不出来，难不成去北京找儿子了？王美花猛一抽搐。定了好一会儿，脑袋仍一波一波地晕。他不会找见儿子的，北京那么大，找不见的。

收菜的季节到了，菜贩子开始往乡下跑。一夜之间，工钱涨了许多。王美花待不住了，耗一天损失一百多。工钱一天一结，收工时就揣在兜里。这个该死的吴丁，害她不浅。

王美花人在地里，魂却在别处游荡。一心二用，难免出错。直到雇主愤怒地喊起来，她才意识到。给芹菜打包，这是技术活，不能松也不能紧，上下各捆一道即可。而王美花打包的芹菜，每捆都是五花大绑。王美花涨红脸，跪在地上，挨个儿松绑。雇主没好腔调，要脑袋干什么？当夜壶用啊。王美花一声不吭。傍晚收工，雇主说只能给王美花五十，王美花说今天的工钱我不要了。

工钱以天计算，雇主算盘打得精，哪天也得十几个小时。回家再怎么晚，王美花也不忘往门垛瞅瞅。只要马秃子发出暗号，次日她会想尽办法早回来一点儿。得把马秃子团拢住。

马秃子再次发出暗号，次日，王美花回来却没那么早。她往马秃子院子扫了扫，黑灯瞎火的，猜老东西睡了。王美花不是故意躲他。躺下却不踏实，翻腾一阵，匆匆穿了衣服，敲马秃子的门。王美花还没去过马秃子家。王美花把自己骂个狗血喷头，却未阻止自己的双脚。马秃子大为意外，直叫，我那个天呀我那个天呀。待马秃子滚下去，王美花感觉整个身体碎成一块儿一块儿的。可是，她不能在马秃子炕上歇，挣扎着坐起来往外挪。马秃子劝她干脆睡这儿算了。王美花连瞪眼的力气都没有了。推门那一刹，马秃子忽然说，找你的那个人又来了。王美花顿时注射了鸡血似的，整个人都僵直了。她回过头，死死盯住马秃子。马秃子忙说，我没说，我可什么都没说！要是不放心，你缝了我的嘴。王美花盯他一会儿，很平静地说，你睡吧。

王美花一早起来就等上吴丁了。等了大半个上午，吴丁才到，仍骑着那辆破得不能再破的自行车。王美花不愿让他瞧出在等他，带了些许吃惊和佯怒，你怎么又来了？吴丁勉强笑笑，说，我说要来的啊。王美花说，你可真烦。吴丁说，婶讨厌我，我理解，可是……王美花哼了一声，不再理他。

王美花忙活了一会儿，觉得冷落够了，才拽出个凳子推给吴丁。然后，她充满火药味地直视着吴丁。

吴丁尴尬地咧咧嘴，婶恨透我了吧？

王美花很干脆，依我过去的脾气，早把你剁了。

吴丁说，我和许多受害人及其家属打过交道，起初，他们都很生气。

王美花说，看来你是吃惯了。

吴丁说，婶别误会我。

王美花问，你父母干什么的？

吴丁稍显意外，很快笑了笑，我接受婶的盘查。我父亲在一个小县城教书，母亲是家庭妇女。

王美花说，听上去像个正经人家，怎么养出你这么个货色？

吴丁叫了声婶。

王美花说，你年纪轻轻的，干什么不好？就不怕撞大狱门子？

吴丁说，婶别误会。

王美花激动起来，误会？乡下人傻，好赖人还分得清，我误会你？

吴丁说，婶有多少火，一块撒出来吧。

王美花说，撒出来能把你烧成灰。

吴丁说，只要婶不再堵心就好。

王美花狠狠损吴丁一顿，必须让他清楚，她不是好欺负的。但是，她又明白，轰不走他。钱早就准备好了，但不能太顺利让他拿走。吴丁不恼不急，必是看出来，王美花样子凶，心里虚。

婶，你喝口水。

王美花怔了怔，说你这样的无赖还真少见，不知你脸上贴了什么皮。算了，不和你计较了。想你肯定不容易，混得好也不会干这种坑蒙拐骗的缺德事。我一个人，钱也没大用处，就算帮你一把。她起身翻出那五千块钱。你听好，我不是怕你给我孙女泼脏水，只是可怜你。

吴丁几乎跳起来，婶，你这是干什么？

王美花叫，咋？嫌少？

吴丁的脸有些青，好一会儿，青绿褪掉，他缓缓坐下。婶，你想哪里去了？

王美花冷笑，装什么装？你大老远跑到乡下，不就是为这个？

吴丁一阵剧烈的咳嗽，脸再次乌绿乌绿的。

王美花想把女儿寄回的那三千拿出来，顿了顿，又把手缩回。她是想痛快打发走他，可就这么让他轻易敲诈，又不甘心。

不管婶信不信，我对老天发誓，我绝不是图钱。

王美花问，那你图什么？我是老了，不过，你要是想……

吴丁目光惊惧，婶！

王美花问，那你说，你图什么？

吴丁摇摇头，我真的不图什么……如果婶非要我说图什么，我只图一样：把坏人送上法庭。婶，我知道你怕什么，可是，你想想，你不声不响会纵容坏人，会害更多的人。

王美花嚷，我孙女是清白的！

吴丁显出痛苦状，你这是自欺欺人。

王美花大叫，少来这套，你嘴巴没几根毛，教训谁？还大老远跑乡下教训人，真有精神头儿。

吴丁垂了头，我没有教训婶的意思。

王美花喘了一会儿，又笑了，干吗抬这个杠？咱俩说走题了。你别在这儿耗了，拿上钱赶快离开。我没闲工夫支应你。苍蝇也不会抱住一个蛋死叮的，你去别处下蛆吧。

吴丁说，就算我今天离开，明天还会来的。

王美花恼恼地说，咋？还没个完了？不是我吓唬你，你再来，我非砍了你。

吴丁把半袖往上捋了捋，露出光膀子。两道疤非常明显，这是受害者家属砍的。

王美花吸口凉气，却不示弱，你什么意思？我不敢砍还是觉得你自个儿是铜做的？

吴丁说，没别的意思。如果这种方式能让婶出气，我愿意承受。只是，砍完你要答应我。

王美花说，你倒是说个数啊，我才知道能不能办到。难不成你要金山我也答应？

吴丁苦苦一笑，婶，你别往钱上靠。我不是为钱。

王美花问,那为什么?

吴丁说,又绕回来了。就这么绕,永远绕不清楚的。你不相信我,我说再多也没用。

王美花说,那就闭嘴。

吴丁说,婶,我跟你闭上,你就不怕我在别处……

王美花猛地绞住吴丁,凶蛮地警告,你要是乱嚼舌头,我和你拼命。

吴丁忙道,我不会,绝不会。

王美花大嚷,滚!你他妈的滚!

十二

午后的阳光喷溅着火星子,路面被灼焦了,腾起阵阵烟雾。两旁蒙着尘土的蒿子、杂草无处躲避,均蔫头耷脑的。走了没几步,吴丁便咳嗽起来。前胎瘪了,只能推着。爬上缓坡,吴丁在一棵老榆树下停住,想凉快凉快。突然一阵晕眩袭来,自行车倒在地上,吴丁压上去,硌得肋骨铮铮响。吴丁喘了好大一阵儿,才把身体从车架上挪开。风吹过来,热辣辣的。

吴丁舔舔嘴唇,看到一个打着阳伞的女孩慢慢摇过来。吴丁再次咳嗽起来。要窒息的样子。女孩在吴丁身边停住,吴丁终于喘上气,嗓子却干得要命。女孩问,你没事吧?这个女孩二十岁左右，虽然打着阳伞，脸仍有些红。吴丁问她带水没有？女孩蹲下去，一手撑伞，一手拉包。她穿件圆领背心，领口本来就松，蹲下胸前的一片便露出来。吴丁迅速移开目光。女孩拿出半瓶矿泉水，有些难为情，说是她喝过的。吴丁说没关系。吴丁没敢喝光。女孩让吴丁都喝了，她不渴的。吴丁也就不客气，他已经喝过，还给女孩也不合适。

吴丁问女孩去哪里，听口音不是本地人。女孩说她是推销农药的，拿出资料和样品让吴丁瞧。简单聊了一会儿。女孩大学毕业，找不到工作，这份差事还是朋友介绍的。一个月八百，推销出去有提成。吴丁问，你一个女孩子，孤身往乡下跑，不害怕？女孩说她倒是想坐办公室，没那个福气。吴丁说那也该搭个伴儿。女孩说她有个伴儿，到镇上就分头行动了。吴丁说，一个人走路，更要警惕，比如刚才，你干吗给陌生人水喝？你该躲得远远的。女孩好笑道，咋？你是坏人吗？看你也不像。吴丁说，坏人没写在脸上，我是不坏，万一我是呢？女孩笑得更厉害了，你是干什么的？老师？吴丁严肃地说，妹子，独自在路上，长心眼没错。女孩说，谢谢啦，你不买我的产品，不跟你浪费时间了。

吴丁盯着女孩的背影，重重叹息一声。女孩和前女友如此相像。不是长相，是对他人不设防，总认为自己对别人好，别人会一样对自己好。如果她对同事有一丝戒备，也不会……眼泪淌出来，霎时就干了。

吴丁饿坏了，要了一盘鸡蛋炒西红柿，两碗米饭。吴丁在这个小饭馆吃过几次，老板娘挺厚道，鸡蛋总比西红柿多。其实，吴丁更爱吃西红柿。吴丁空着肚子去的，以为王美花像上次那样留他吃饭，没想到被赶出来。不该用那样的话激她。也就是说说，他不会那么做。她把他想歪了。在他游说的受害者中，还没人用这种方式打发他。图什么？他当然明白，这是个简单的问题，但又很复杂。和左小青都说不清，和王美花就更说不清了。但是，必须让她明白，他绝不是图钱。

吴丁没去网吧。实在困得厉害。回到旅店，往床上一摔，鞋还没蹬掉，眼皮已重重合上。迷糊中，听到敲门声，但眼睛睁不开。敲门声持续着，还喊他的名字。吴丁坐起来，确信是叫他的。

王美花堆着满脸笑立在门口。怀里竟然抱颗西瓜。吴丁甚是意外，婶，你怎么来了？王美花说，来看看你。她将西瓜搁桌上，问吴丁有刀没有？吴丁摇头，王美花转身出去，回来手里拿着水果刀。吴丁不安道，婶，你破这个费干什么？我该请你的。王美花说，又不是金瓜，你是客人，轮不到你请。抓起一大块递给吴丁。吴丁说你也吃。王美花顿时怅怅的，我吃不下。吴丁歉意道，给婶添堵了。王美花说，你吃你吃，别管我，哎呀，你脸这么红？是不是病了？不等吴丁答，手已经摸住吴丁的额头，发烧了啊，吃药没有？吴丁说，没事的。王美花说，那怎么行？热感冒更拖不得。不顾吴丁阻拦，硬是买回药，看着吴丁喝下去。

婶，我对不住你。吴丁眼睛有些潮。

王美花嗨一声，什么对住对不住的，谁还没个难处？杀人放火也是逼得没法才走上绝路的。你有啥难处我不清楚，但肯定是有难处。你刚走我就后悔了，不该冲你嚷嚷，我追过来，给你道个歉。

吴丁叫，婶，你说这话可折煞我了。

王美花说，咱别兜来兜去的。我刚才跟邻居借了三千，给你凑了八千。八千也不多，实在拿不出了，好歹是个心意，帮你渡难关。老牛吃草也懂得挪个地方，你识文断字，更明白道理。拿上钱，该去哪儿去哪儿，见了面，谁也甭搭理谁。

王美花的话如锥子直刺吴丁心里。吴丁的脸几乎变形，婶，我绝不是为了朝你要钱，我向老天爷发誓。

王美花说，我知道，你是正派人。是我想给你，不行吗？

吴丁极其干脆，不行，我不要。

王美花说，钱是干净的……嫌少？她的眉毛竖起来，片刻工夫，目光就柔软了。求吴丁高抬贵手放过她。她一辈子没享过福，到老了儿女不在身边，出门一个人，进门一个人，要多孤单有多孤单。论年纪能当吴丁的娘了，求吴丁看她一把年纪的分上，可怜可怜她。声音哽咽了，眼泪滚出来。

吴丁慌了，婶，你别这样。

王美花说，饶了我，行吗？

吴丁说，我是想帮您啊。

王美花说，不用。受不起。

吴丁浑身无力，直冒虚汗，好吧。

王美花马上追问，你什么时候走？

吴丁苦笑，该走的时候我自然会走，只是有句话还想问问婶，你是惧怕那个人还是和他私下解决了？有一对夫妻，吴丁印象深刻，一千块钱就私了，那个人是男方的朋友，酒后失德。但吴丁猜，不是因为朋友或朋友喝了酒，而是一千块钱的作用。何其愚蠢！

王美花的话再次带出火药味，我听不懂你的话。

吴丁说，婶可以想想，如果那个人不改本性，早晚有一天会撞警察手里，不是每个受害者都保持沉默。那样，他会把你孙女的事交代出来。

王美花直弹起来，吴丁没有防备，瞬间被她扑倒。血红的目光直捣吴丁眼窝，睫毛上的泪珠甩到吴丁脸上，啪啪乱响。她的头发炸乱，你再胡嚼！你再胡嚼！两只结满硬茧的手揪住吴丁左右脸，拽了几把，忽又掐住吴丁的脖了。吴丁想要反抗，她死死勒着他。他的胳膊稻草一样乱摇，渐渐地，稻草垂下去。她的嘴巴在动，听不清骂什么，那张恐怖的脸越来越模糊。

王美花突然松开。

吴丁大张着嘴，贪婪地吸了几口，随后剧烈地咳嗽起来。王美花闪到一边。吴丁从床沿滑落，抵着床腿，胸被撞了似的，一波一波地跳。好半天，喘息均匀了，他回过头。不知王美花什么时候已经离去，门掩着。桌上的西瓜似乎冒着热气，旁边是那沓钱。

十三

夜漫长得像没有底的洞，王美花直线坠落。她想抓住什么，周围除了黑暗，还是黑暗。

王美花想不起自己是怎么回来的，只记得撞到树上，脑门撞破了。她吓蒙了。再用些力，吴丁就被掐死了。吴丁死在旅店，不出一小时警察就会把她揪回去。她不怕死，如果保守住燕燕的秘密，死一百回也不怕。她不能死。马秃子还活着，得等马秃子先死。吴丁已经答应离开，她咋就昏了头？钱倒是留下了，不知道吴丁能否就此停止。她心里没谱。

挨到天亮，王美花再也躺不住。摸到手机就给儿子打电话。她给儿子保证过，旁人不会知道。显然说大了。现在，不但有人知道，还诈钱。她不信他的鬼话，他就是弄钱的。

出什么事了？儿子劈头就问。听到儿子惊慌的声音，王美花突然意识到，又犯傻了。怎么可以给儿子打电话？不能让儿子知道，万万不能让儿子知道。儿子更急了，你倒是说话呀，出了什么事？王美花说，丢了一只鸡。儿子明显松了口气，我以为怎么了，吓我一大跳，以后别这么早打电话，没别的事？我挂了。

王美花泡了口饭，带门出来。坝上昼夜温差大，中午下火一样，清早却异常凉快。村口空空荡荡，王美花站了站，出了村。不想困在家里，又没地方去。就这样慢慢走着，没有说话的人，没有商量的人，只能自言自语。突然，她惊恐地闭上嘴，只能在心里说。一遍两遍一千遍，也只能在心里说。

王美花不是躲谁，躲不过去。她也不怕。可是，太阳升高，热浪袭来，她开始发慌。她其实是在躲他。她其实是怕的。明知躲不是办法，还要躲。明知怕没有用，还是怕。

如果吴丁不再上门，如果他说话不算数呢？她不知道怎么对付他，只将牙齿咬得嘎巴响。

中午，王美花转回村庄。这样的热天，马秃子竟然还在石头上坐着，不知长的驴皮还是马皮。自王美花主动上门，马秃子脸上便多了一样东西。是把王美花彻底拉下马的得意。马秃子叫住王美花，说那个人又来找她。嗡的一声，王美花眼前群蝶飞舞。马秃子审视着王美花，他干吗一趟趟找你？王美花说，他要我儿子的地址，我不想给他。马秃子说，是不能给，谁知他打什么主意。王美花问，什么时候走的？马秃子说，前后脚，你早回来五分钟，就碰上了。

王美花进了院，从后墙翻出去，绕到村外，往南疾走。半小时后，追上在榆树下歇凉的吴丁。他脸上有明显的青色，脖子则环着一圈紫痕。

吴丁站起来，惴惴地叫声婶。

王美花盯住他，问他为什么说话不算数？

吴丁说，我给你送钱的，我不能要你的钱。

王美花冷笑，那你不白跑了？

吴丁说，婶相信也罢不相信也罢，我不是骗子。

一辆摩托经过，荡起一阵灰尘。吴丁咳嗽几声。王美花说，我也不请你到家里坐了，找个说话方便的地儿吧。吴丁没异议。王美花带着他穿过田埂，走进林带。两人相对坐下，隔着约一米距离。

吴丁再次把钱递过去，婶，你点点。

王美花冷冷地看吴丁几分钟，说，你提条件吧。

吴丁说，我没条件。

王美花说，没条件？哄鬼呢？

吴丁说，婶不信，我现在就走。

王美花慌慌地喝住他，不能走！

吴丁诧异道，不是你赶我走吗？我走也不成了？

王美花说，走可以，把钱带上。

吴丁的脸扭得很难看，婶，我明白你想什么。可是，我怎么能拿你的钱呢？拿上我就真是敲诈了。

王美花说，我是自愿，放心，不会告你。

吴丁大幅度地摇头，不，我不会要你的钱。

王美花说，不拿钱你就甭走。

吴丁说，婶的逻辑是错误的，你以为我拿了钱，就封住我的嘴了？

王美花叫，那你还想怎样？

吴丁说，不想怎样。你忍着自有你的理由，我不要你的钱，也不会乱说。

王美花问，那你要什么？

吴丁凄然一笑，我非得要点什么吗？

王美花说，无利不起早，你不图这个图那个，总有图的。

吴丁僵了一会儿，说，我是有所图，但不是从你身上图。其实，要找那个人并不难，我猜跑不出村里的人，只要逐个排查……

王美花猛一抽搐。

吴丁说，我不会那么做，我没那么个权力。就是让你放心，你沉默，我想坏都没有可能。

王美花说，水不怕泼，人怕。一泼就脏了。

吴丁说，钱我是万万不能拿的，婶不让我走，我先不走。

王美花盯吴丁一会儿，慢慢解扣子。脱了褂子，褪下背心，两个瘪长的奶子裸出来。

吴丁惊叫，婶，你这是干什么？

王美花说，我老了，但是还能用。

吴丁声音走了调儿，你疯了呀，婶！王美花解裤子，吴丁欲往起跃。王美花将他扑倒。王美花力气大，吴丁奋力挣扎，还是被王美花撕掉上衣。吴丁叫着，很快嗓子就哑了，只发出短促的低音。吴丁又是一阵剧烈的咳嗽，脸呈现出紫黑色。他示意要吐痰，王美花松开。他往旁边一滚，迅速爬起，落荒而逃。

王美花没追。呆呆地看着他离去，随后仰面躺下。像一具尸体。她快要死了。就这么死了算了。一只蚂蚁窜到瘪长的奶子上，走走停停，又从胸口溜到脖侧，似乎累了，不再动。

听到脚步声，王美花以为吴丁返回来了。他的自行车还在。偏过头，触见马秃子的老脸。以为是幻觉，再瞅，确实是马秃子。

马秃子在王美花身边蹲下，掂掂王美花的瘪奶，脸色渐青，难怪不稀罕我，想吃嫩草？王美花骂他满嘴胡吣。马秃子说，我瞅见那个鬼崽子了，我说你咋翻后墙呢，原来是痒了。王美花有撕他老脸的冲动。马秃子攥住王美花的奶，王美花打开，坐起来。马秃子看到王美花身底的钱，眼睛染了似的变换着颜色，这么多钱，哪儿来的？王美花忙护住。马秃子说，我数数，数数还不行？王美花叫，不行！马秃子欲从王美花怀里掏，王美花狠狠咬他一口。马秃子呀呀甩着手，风葫芦一样转着，而后盯住王美花，算你狠！走几步又回头，王美花，你以为把我嘴巴焊牢了？

王美花瘫下去，眼睛阵阵发黑，唯有胳膊紧紧搂着。片刻，迅速爬起来。这才发现，裸着的上身到处是伤，左奶像瘀血一样发青。

王美花把吴丁的自行车推到镇上，停在旅店门口。

她买了一只鸡，一瓶酒，割了二斤肉，又买了些别的东西。回去的时候，步子轻快许多，像有什么喜事在前方候着。进门先把鸡用电饭锅炖上，接着剁馅包饺子。准备妥当，天刚刚黑。王美花抹抹额头的汗，摘掉围裙，敲开马秃子的门。

十四

吴丁发疯地寻找左小青。三天了，没有左小青任何音讯。批发市场的人说她已经辞职，她的朋友们说她是讲过要离开，至于去哪里，她们也不知道。手机号已停用。他和她的家中，她的东西和她本人一样消逝得无影无踪。包括卫生间那支干掉的口红。她用那种口红过敏，没舍得扔，一直在角落竖着。吴丁一趟又一趟往那些麻辣小龙虾的大排档跑，期望发现她的身影。吴丁瞪大眼，挨个盯大排档的女郎。天热，女郎穿得少又透明，吴丁的神情在别人看来不免有几分诡异。那天深夜，被泼了一脸啤酒。那个青皮骂咧着要揍吴丁，被他的同伴，一个穿小背心的女郎拽住。吴丁试图解释，结果招来怒斥。

左小青可能离开皮城了。吴丁嗅不到任何蛛丝马迹。一周后，吴丁再次找到左小青最好的朋友，求她告诉他有关左小青的消息。朋友说，不知道，真不知道，要是知道就告诉你了。吴丁说，你告诉我吧，她想离开我是她的自由，我得见她一面，必须见她一面。朋友生气了，我说了不知道，你这个人怎么回事？吴丁厚着脸赖在沙发上，恳求，帮帮他。后来，朋友的丈夫把吴丁推搡到门外。

吴丁在皮城的大街上走了整整一夜。清早，在包子铺要了一笼包子，两瓶啤酒，没喝完便趴到桌上。包子铺共四张小桌，吴丁一个人就占去一张。包子铺的两口子摇不醒吴丁，打了110。吴丁在警务室睡到天黑，警察听吴丁喝了不到两瓶啤酒，嘴都笑歪了。

上了一夜网，早上关掉电脑，吴丁终于明白，他找不到左小青了。确认了这一点，反而踏实了。像一个赌徒，输得干干净净，什么都无所谓了。吴丁不是赌徒，可输得更惨。他还欠着债。她在墓地躺着，永远不会追讨。但他忘不掉。他抹不掉。

清扫垃圾，言之凿凿，他这么回答别人的疑问，也这么回答自己。是一个理由。让人惊异，但确实是一个理由。在行善，他也这样说。换一种说法，意思是一样的。惩罚罪恶，替天行道。每个词汇，每个理由，都金光闪闪。那个傍晚，王美花给他送西瓜那个傍晚，他和左小青通了电话。那是他最后一次听到她的声音。他说出那些金光闪闪的词汇，左小青冷冷地说，得了吧，你不过是在赎罪。寒冷袭上吴丁脊骨。原来她早就把他看穿。他清楚，却不敢正视。更不敢说出。金光闪闪的理由没有任何掩饰功效，那么轻而易举地被左小青洞穿。

从墓地出来，吴丁有些踉跄。横在花坛上，喘了许久。一个女友走了，另一个女友也走了。方式不同，都走得那么彻底、决绝。

晚上，房东来收房租。吴丁搜刮一翻，不够一年的，问先交三个月行不？他是老住户了。房东不同意，必须一年，五天后交不上就另找地方。

生计的紧迫逼到头上，别的得先搁搁。有些时日没到杂志社了。老板说把该干的干完，到另外一个星球他也不管。没有什么比这份工作更适合吴丁。杂志社门上贴着封条，吴丁目瞪口呆。几个电话打过去，才知道打擦边球的杂志社确实惹麻烦了。吴丁的财路突如其来地断掉，好在还有出版社的私活。老同学说书稿倒是有，吴丁上次校对的稿子错字率过高，他挨了批评。吴丁垂头丧气。老同学动了恻隐，还是帮吴丁敲定这份私差。老同学再三叮嘱，吴丁说你放心，我不会给你丢脸。

吴丁不出门不上网，眼睛熬得血红血红。揪出一个"罪犯"，顿时一阵狂喜。铅笔勾画掉，就像射出一枚子弹。校稿带给吴丁的快感一点儿不少。各校三遍，看完最后一页，凌晨三点。吴丁没有困意，洗了个冷水澡。站在镜子前，看着消瘦的自己，想左小青离开他是对的。他养活自己都困难。但他也清楚，左小青蒸发，是为了把她的秘密重新封存。她告诉他，肯定后悔了。

说是一稿一结，并不是过手就能拿到钱。两天后，房东再次催租，吴丁给老同学打电话，老同学说财务休假，怎么也得七八天后吧。问吴丁是不是急用？吴丁说不急。借，他说不出口。想干脆回家躲几天，房东不至于把门撬开。

两年没回家了，不是对家没感情，是怕见父母。他买断工龄，跟父母撒谎说和同学开公司。后来父母问能不能把他唯一的妹妹安排到公司。搪塞多了，父母不再提这个茬。吴丁松口气，愧疚越发深重。

赶到车站，却犹豫了。可以在电话中蒙骗父母，面对他们，信口雌黄没那么容易。坦白，还是待他们戳穿，或继续装下去？

吴丁坐在候车室的硬椅上，从早上到正午，从正午到下午。看着一拨一拨的人被车拉走。不知该回还是不回。从未有过的犹豫，从未有过的沮丧。候车室空空荡荡，要锁门了，吴丁站起来。没直接回所谓的家，随便在路边找个大排档。耗到深夜再说。

许警官的电话打进来，吴丁正嚼着毛豆。许警官告诉吴丁，那个孔××在山东落网了。吴丁并不认识孔××，但他的出逃和落网与吴丁有关。是吴丁说服受害人报的案。半年前的事了。

　　吴丁原本没有去营盘镇的意思，虽然不甘心，但决定放弃。那个女人的疯狂超出他的想象。许警官的电话又将吴丁的信心点燃。

十五

　　门锁着，窗插着，王美花进屋，第一件事还是往被垛底摸去。八千块钱在被垛下藏着。她还不敢存。吴丁有些日子没来了，王美花并不踏实。她不相信，叼到嘴里的肉，他会轻易松开。就算不来，他到底是知道那个秘密的，那根刺深深扎在王美花心上。

　　这阵子不顺的事多。丢了两只鸡，和儿子顺口扯的谎竟成了事实。打了几天工却没拿到工钱。菜价掉得厉害，菜主几万、几十万地赔。王美花和数十个打工的乡亲上门讨，菜主撂下狠话，他们逼他，他就抹脖子。没人敢逼他，分摊开，欠每个人也就几百块钱。他抹了脖子，工钱是一万个要不上了。当然，也有让王美花宽心的消息。女儿搞上对象了，东莞本地人。燕燕所在的私立学校秋天要合并到北京的正式学校。如果不是扎那样一根刺，王美花每个夜晚都会睡得安稳。香甜谈不上。这辈子她不会再有香甜的觉。

那天，王美花给土豆拔杂草，中午没回家，打算吃点干粮继续干。肚子填饱，心却空得厉害。想起被垛下的钱，竟有些抖。于是拔起腿，慌慌往回赶。

看到那个刻在脑里的瘦影，王美花呼吸几乎停止。他到底是回来了。僵了几秒，王美花松弛下来，坦然地慢悠悠地走过去。吴丁不在她门口，正往马秃子院里张望。他回过头，讨好地叫声婶。王美花瞟他一下，问，找谁?吴丁忙说，婶，我正想打问大爷呢，没想他也不在。吴丁跟在王美花身后，王美花问，你的自行车呢?吴丁说，我下车就来了，还没住。王美花嘲讽，你倒是上心啊。吴丁说，婶想骂就骂吧。王美花冷笑着哼哼鼻子。

进屋，王美花脸色温和了许多。她不想让他看出她的紧张，尽管，后背已经湿了。她怕他来，也等着他来。他来了，她慌。

王美花倒杯水给他，他说谢谢。王美花说，我最讨厌酸唧唧的人。吴丁讪讪地笑笑。

王美花抱住膀子，钱还给你预备着，这次还不拿?

吴丁说，婶，你咋还不信?我不会要你的钱。

王美花问，那你来干什么?

吴丁说，我给你看几段录像。

王美花说，你可真有磨劲儿。直说嘛。

吴丁说，婶先看看。

吴丁打开电脑。视频不长，但十几段播下来，有一个多小时。王美花先前站着，后搬凳子坐下。人不动，脸却变换着颜色。

吴丁合上电脑，王美花问，干吗让我看这个？

吴丁说，这是抓捕嫌疑人的场面。受害人举报，才能把这些人绳之以法。

王美花问，你就图这个？

吴丁说，是，与钱无关。

王美花问，图这个又是为什么？只为痛快？

吴丁顿了顿，婶想听听我的故事吗？

王美花说，没缝你的嘴。

吴丁讲讲停停，气力不支似的。

王美花说，要我说，你女朋友是被害死的。

吴丁眼睛有些红，可能吧。

王美花声音冷硬，什么可能？明明就是！你害了女朋友嫌不够，还琢磨着害别人？

吴丁说，你看过录像，我绝没有害谁的意思。我对女友的错在于她不同意的情况下，擅自报了警。后来这些受害者，是他们自己报的案。

王美花问，要是他们不报呢？是不是你也会自作主张？

吴丁摇头，不会的。我不会那么做。

王美花冷笑，狗不改吃屎，我看你是上瘾了。

吴丁说，真不会的。要不，我一趟趟跑什么？

王美花说，你把我说慌了呢，我的心好乱。

吴丁让她想想，他明天再过来。王美花留他吃饭，说天不早了，索性吃了再走。吴丁犹豫，王美花稍稍绷了脸，你别害怕，婶不会再干傻事了。吴丁提出给王美花打下手，王美花说，算了吧，你笨手笨脚的，还没我一个人利索。

王美花手脚麻利，不到半小时，端上两碗炒饭。她说简单了点儿，凑合着吃吧。吴丁说在镇上的饭馆吃过炒莜面，很香的。王美花说，庄稼人的饭就是填个肚子，哪有城里的香？城里人就爱说假话，嘴上一套心里一套。吴丁说，婶的嘴可真厉害。王美花问他喝酒不？吴丁摇头。王美花说那就吃你的饭，少废话。

吴丁吃饭速度极快，王美花吃了不到半碗，他的碗已经空了。王美花看他，他不好意思地笑笑，说学校养就的习惯，饿死鬼投胎。王美花问他，吃饱没有？锅里还有。吴丁摆摆手。王美花给他倒杯水。吴丁提出去院里转转，王美花声音低沉，我不想让人看见你一趟趟往我家跑。吴丁重新坐下，嘴巴咧了咧。很突然的，吴丁坐不稳似的，龇了嘴，弓了腰，手抓住腹部。王美花问，怎么了？难受？吴丁说肚子有些疼，不要紧。王美花说我给你找颗去疼片吧？吴丁点头，脑门湿漉漉的。王美花翻箱倒柜，吴丁催促，婶……快点。王美花没找见，让吴丁坚持一会儿，她去买。

合上门，王美花没有马上离开。她咬着嘴，重重将头抵在门上。她也难受，比他还难受。她拼命地想，拼命地想。燕燕的笑脸。一根巨大的刺。刺戳着燕燕的脸。

王美花发出痛苦的呻吟。

屋里传出沉闷的声响。

锁上门，出了院，王美花深深地吸了几口气，脸上已平静许多。天色已暗，半个村庄都空了，碰个人并不容易。当然，王美花也不怕谁看见。她不慌不忙，平稳得不能再平稳。先在村外转了转，折到小卖部买了瓶酒。打开门，目光跳了跳，仅仅是跳了跳。吴丁倒在地上，仍弓着腰。如果不看脸，和睡觉没什么区别。王美花蹲下去，把他的衣服扒下，用酒仔细地擦洗一遍。再穿，有些困难，但终于穿上了。她把他的兜翻过来，一一清点过，又放回去。她往他嘴里塞了一枚硬币。然后找出白布，将吴丁一圈圈缠住。只能这样了，不可能给他打一具棺材。

你过得也不容易，早去那边早投胎，投个有钱人家，就不用一趟趟往乡下跑。

我没害过人，是你逼的。我挨一辈子打，我不能让燕燕和我一个命。

你要真有良心，就该去陪你女朋友。

你不来这一趟就好了。你来，我不能放你走。

王美花一边忙一边说。她不张嘴，但她在说。

午夜时分，王美花把吴丁拉出村外。土豆地顶头有一片沙地。王美花每年在那儿点向日葵，向日葵长不高，更没结过籽。她挖得深，把吴丁埋好，摊平土，整个人被汗水浸透。她打算在新土上点红豆。这个时节肯定熟不了，还是要点。

月亮升起来了，四扁不圆的。夜晚因它而格外祥和。王美花没急着离开。好像吴丁仍竖着耳朵，她悄声说，你不会孤单的，那个人就在你旁边。他比你坏多了，你俩能说到一块儿去。

周遭的昆虫狂鸣起来。王美花面露微笑。

//第三种传说//

一

第八个月头上，王红问了我一个问题。我并不意外。前妻不止一次问过，有时甚至带着点儿咆哮。之前那个女人也问过。她有点儿口吃，我和她初遇时还很轻微，我俩分开的时候，她的口吃已经相当严重，一句话停顿五六次。我很难过，从某种程度上说，我与罪犯无异。但我有什么办法呢？我不是故意的。她们问话的形式不同，但主题不变，自然与我有关。这样的询问，预示她们和我分手的日子已经不远。可是，我与王红在一起的时间太短了。和前妻九年，和口吃女人两年零三个月。难道说我越来越讨女人嫌了?

那是夏日的夜晚。皮城属高原气候,并不热,但我的脑门、前胸、后背汗漉漉的。我滑下床,寻找拖鞋。两只拖鞋本来在一起,但另一只怎么也找不见了。我两掌着地,摸索一阵,无果。我没开灯,强烈的灯光会刺痛王红的眼。当然,我也不愿把赤裸的身体置于光亮中。我趿着一只拖鞋往外走,在卧室门口滑了一跤。脚底汗漉漉的,似乎地面洒了水。

我站在阳台,等身体冷却,当然,也等待别的。但绝不是等王红把我拽回床上。我不知道自己等待什么。时间还早,如果不是王红出门回来,我不会这么早就脱光。我没睡意,现在就更加没有睡意。除了孤寂地竖着,除了茫然的等待,不知还能干什么。

对面是栋烂尾楼,有一阵子,距烂尾楼不远的平房还有灯光,几个农民工守在那里,等待工头把工钱付给他们,现在黑黢黢的。我想,他们终究耗不起了吧?其实受骗最惨的不是他们,是那些买房人。每次听到与烂尾楼有关的消息,王红都会庆幸地说,亏得我没在那儿买。遇到我之前,王红是个幸运的人。

又一个女人要离开我了。尽管王红还没正式提出来,可那是早晚的事。这也没什么,我不会把一个女人捆绑在自己身边。问题在于,谢幕也太快了。而且,说实话,我喜欢她,至少现在还喜欢。她不像前两个，把我的胸无大志，把我的落魄挂在嘴边说道。

我不意外，但很难过，真的难过。王红的即将离去，是我失败人生的又一个佐证。哪怕她和我持续两年，不，一年也好。

大概是出汗太多的缘故，我有些渴。拎起水壶的同时，手机响起来，很突然。我哆嗦一下，差点将壶摔地上。除了王小灯，没有谁在这个时候给我打电话。听到他发僵的声音，我就知道他喝多了。他喊我出去吃夜宵。你来不来？你不来，我就过去。他真会跑来，而且，确实这么干过。我问他在哪儿，他怎么也说不清楚。然后，我听到一个女性的声音。我猛地战栗一下。不知道她是谁，那声音也没什么特别，可是，我难以遏制身体的抖动，以至于没听清她说什么。她重复，我觉得那声音似乎有些熟悉，但仍没想起她是谁。

我回来，已是第二天清早。眼睛浮肿，头发杂乱，活脱脱一个逃犯。王红的目光并未在我身上多停留，没发觉我的反常，抑或，她根本没兴趣揣测我。我买了烧饼，王红爱吃的那种混糖饼。我特别喜欢看她吃烧饼的样子，她不是冲一个方向咬，而是沿着边沿一圈一圈地啃，最后，烧饼变成硬币大小，消逝在她嘴巴里。她吃烧饼的神情总能让我想起些什么，心底会漾起柔柔的感动。那个早上，我没有坐过去，如果她喊我，我肯定还会坐她对面。她没有，似乎我不存在。我很失落，又暗暗松口气。

王红前脚走，我马上下楼。拦了出租车，急匆匆往单位赶。我平时不怎么上班，没人觉得这是个问题，如果哪天我在单位亮相，他们反会奇怪。让别人无缘无故吃惊，实在不够厚道，所以能不去我尽量不去。今天不同，必须去。我到的早了些，走廊极其安静。上班前我会离开。谁料办公室门怎么也打不开，我看看钥匙，没错。再试，还是不开。直到那个玩具熊一样的女孩立在面前。原来换锁了，她就是这个办公室的。单位的人我一多半不认识，他们也不认识我。我开自己的抽屉，玩具熊半是好奇半是警惕地盯着我。我把暗红色的存折揣兜里，冲她笑笑，迅速离开。

存折上有一万块钱。我不是背着王红或别的女人搞什么小动作，她们看不上我这几个鸟钱。这钱是前妻走时丢给我的，准确地说，并不是我的，虽然她的财产有一半与我有关，但从法律上已经完全属于她。她给这一万，算不算施舍？这一万块钱像一面镜子。我不爱照镜子，所以把存折压在单位抽屉里。似乎这样，我就能远离一部分回忆。我确实远离了，但在这个特殊的早晨，我不得不把过去捡起。

我取了钱，赶到邮局，窗口已排了长长的队伍。我寻思着插个队，可队伍里有不少老头、老太太，个个警惕地瞪着我。一个老头举起拐杖，重重击地面三下。我不敢造次，乖乖溜到队尾。手机铃声响起，不是我的，我还是吓一大跳。我想起什么，忙把手机关掉。这样，他们不会很快搜寻到我的位置。

昨晚发生了一些事，不仅是我和王红之间。因为昨晚的经历，今天有些特殊，或许是我三十六岁人生旅程的又一面镜子。我有许多事要干，寄完钱，站在邮局门口，却怎么也想不起接下来该做什么。头顶是明晃晃的太阳，脚底是紫红色的台阶。一个骑着摩托的后生逆向飞驰，愤怒的喇叭声起起落落。

连打数个喷嚏后，我走下台阶。仍然想不起该干什么，这让我有些沮丧。我常去的地方是清水河畔，当然，不是为了看那些从地下抽上来的窝窝囊囊躺在河槽里的面目不清的水，而是看河岸的景致。卖米的卖面的卖肉的卖菜的卖宠物的卖假药的卖古玩的卖字画的，如果你不计较档次的话，这里几乎什么都可以买到。对了，还有卖春的，常有女人和我搭讪，兴致好的时候，我也会和她们杀杀价，像老练的嫖客。仅此而已。再常去的地方就是王小灯那儿。但那天，我没往清水河方向走，也没去找王小灯——他多半还醉着吧？

我慢慢挪着，清醒而又迷糊。

后来，我看见那个裤衩一样的雕塑。我不知它有什么寓意，和这个城市有什么内在关系。每次看见这个雕塑，我总会有尿急的感觉。但我避不开，我生活在皮城，而且王红的鞋店就在雕塑旁边，相隔不足二十米。

是什么把我带到这儿的？我懵懂不解。进出王红的鞋店，对我太稀松平常。有时接她，有时给她送个饭什么的，在一个没有顾客的阴雨天，我俩还躲在帘子隔开的储藏室干了别的勾当。我至今记得王红脸上旋起橘红色的光晕。可惜那样的经历太少了。我蓄谋多次，但再也没有发生。以后，怕没机会了。

我在鞋店对面的马路上立着，期待王红出来干什么，突然瞥见我，招我进去。我完全可以走进去，但我没有，就那么直立着。好一会儿，我终于明白，自己为什么要来这儿，他们找不见我，会找王红。我不是来看王红，而是等待。出入鞋店的人不少，但没我想象中的那些人。我说不好观察了多久，只记得上了五趟厕所。肚子抗议。怎么也不能让自己饿着。我饱饱吃了一顿，到洗浴中心洗了澡，在休息室饱饱睡了一觉。天色已暗，又一个日子结束了。该来的总要来，我不可能躲到另一个世界。我吁口气，打开手机。等了好久，手机没有任何动静。我反复看，依然。没有任何人打过电话，信息也没一个。也就是说，没有任何人找过我。这是怎么回事？不该是这样子的。也许……忐忑、庆幸、惊喜如一窝马蜂卷过来。我傻着，没有喊，也没有叫。

那个晚上，我回到王红那儿，仍半醉似的，脚步跟跄。王红刚刚洗过澡，头发还滴着水珠，但她的脸没洗干净的样子，阴沉沉的。没等我开口，她硬硬的声音盖过来，怎么不锁门？我愕然，没锁门吗？我记得锁了呀。王红说，你想在我这儿住，就把这儿当成自己家。我终于想出合适的话，王红已经离开。我没追着她解释。

我打开电视，王红则搬个椅子，挂客厅的窗帘。洗窗帘是王红一大嗜好，每隔半个月二十天就洗一次。我问要帮忙吗？她说不用，我的屁股就没挪窝。我把遥控器摁了两个来回。王红突然道，你倒是帮帮我哎。"哎"的尾音上挑，带着那么一点点撒娇。王红也会因一些琐事生气，但不会没完没了，而且，来得快去得快。

我过去抓住纱帘，以防拖地，仰头看王红把窗帘钩依次挂环上。王红胳膊抬起，她的背心往上缩，露出白生生的肚皮。我是俗人，这样的风景，难以抗拒。我的目光在那白生生的地方扫过来扫过去，突然粘住。那样坚固，那样结实。然后，整个人遭了电击，我想控制颤抖的身体，终是徒劳。在王红的尖叫声中，我扛着她进了卧室。

二

我不喜欢镜子，但只要站在镜子前，必定盯着嘴巴瞅一阵子。并不是我的嘴巴多么出众，不，一点也不。嘴阔唇厚，且不怎么圆润，即使抿着，仍然能看到中间有锯齿状的缝隙。我也不认为自己的嘴巴丑陋，毕竟是我身体的一部分，吃饭、喝酒、接吻都需要嘴巴完成。我也不讨厌这样的嘴巴，尽管因为它，我换了一个又一个单位，如珠子般被随意拨来拨去。我只是想弄清楚为什么我的一切由这张嘴巴决定或改变，是不是嘴巴的形状预示着什么，抑或某个部位隐着神秘的密码？

没什么研究成果。因这份没出息的嗜好，我常常像脑子混了鸡汤一样犯晕。我也多次想过，算了吧，有必要吗？反正什么也不能改变。但是……我还喜欢盯着别人的嘴巴看。操作起来挺困难的，距离远看不清，距离近会产生误会，甚至会惹来麻烦。有一次，我在店铺门口看老板娘和一个男人吵架。男人要退换货，老板娘不承认是从她这儿买的。老板娘边吃面条边骂，句句击中要害。她的嘴有些歪，但并不妨碍她说话，相反，她咀嚼的同时，言语极其利落地从嘴角射出。或许我靠得太近，或许我的眼神有什么问题，歪嘴巴老板娘突然把吃剩的面条泼我身上。那个狼狈就别提了。

我是先喜欢王红后喜欢上她的嘴巴，还是先喜欢她的嘴巴后喜欢上她的？说不清楚。这不重要，重要的是我和她在一起。或者说，她收留了我。至于她是不是真的喜欢我，也不重要。免费吃免费住免费让我干别的事，还苛求什么？我已经不是什么人物。

我知道结束是迟早的事，住到王红这儿的时候我就做好准备，但没想会结束得这么快。王红没提分手，但问了那样的问题。我就明白，已经为期不远。那是我摆不脱的魔咒。

我像往常一样替王红买回混糖烧饼。王红之前的男人是货车司机，每个月跑半个月长途，回家除了享用王红的身体，就是呼呼大睡，有时能睡一整天。货车司机没有一天比王红起得早，也就是说，从来没给王红买过早点。和货车司机比，我挺懂得心疼人。其实，我并不是为了给王红买烧饼才早起。我有早醒的习惯，好多年了，如果睁眼躺着，一整天都处在困躁的状态中。买早点只是捎带，当然，我不会和王红说这个。

王红一圈圈缩小着烧饼。红糖混在面里，永远像烤焦的一样，浑身黑紫。有几片焦糖粘在唇边，她伸出舌头舔了舔。王红的嘴巴弧度略有些大，嘴唇中间部分比两端宽出许多，乍看，有那么一点噘。但并不突兀，反显得性感。王红的嘴巴给她平庸的脸增添了不少光彩。

王红说着什么，我从发呆中醒过来，重重地啊了一声。

你再考虑考虑。吃过烧饼，王红的嘴唇有几分狼藉。出门前，她会再涂一次唇膏。

什么？我没反应过来。

王红目光虚飘，不忍注视我似的，可以去外地，碰不见熟人的。

我盯住她，喉结迅速动了几下，又压回去。

王红抬起胳膊，轻轻把袖子撩上去。她胳膊的中端和上端，各有两个椭圆紫色印痕。她瞄我一下，解开胸前的两粒扣子。在她脖子末端，有三个同样形状的印痕，颜色更重更深一些。

你昨天像疯子一样，不穿长袖我都不能出门了。

我一阵脸热。要不……休一天？

你养活我啊？王红轻轻顶回来。

我当然愿意。我并不是在什么问题上都退让。

王红站起来，其实没什么，也就是请几天假的事。

我没回应。王红知道我有个单位，她以为我每天都去单位，她哪知道对单位而言，我是可有可无的，就像我和前妻后来的日子。甭说几天，就算几十天几百天，也没人把我的存在不存在当回事。问题不在于时间。

我又在餐桌前发了会儿呆，然后缩躺在沙发上。通常的时间我都是这么打发的：在沙发上睡个回笼觉。我清早睡不着，早餐后却困得不行。有时睡个把小时，有时就睡到中午。就这个习惯而言，我和那个货车司机其实是一路货，不同的是我把时间分割，没被王红发现。

我睡不着，换几个姿势都不行。我不想起来，就那么在沙发上折腾，有些懊恼有些固执。妈的，我就不信睡个觉这么困难。难道这样简单的能力也没有了？头顶有滴答声，像漏水，我抬头瞅瞅，光溜溜的，什么也没有。沉下头，那声音又来了。似乎滴到脸上。我突地坐起，愣了几秒，踱到阳台。对面的烂尾楼戳进眼里，我忽然就看到自己的五脏六腑。我没有睡意，不过借这样的重复性动作回到过去，准确地说，是回到两天以前的生活中。但似乎已经没有可能。有些痕迹是抹不去的，不过是暂时性的失忆。昨天该有一些事发生的。昨天没发生，并不意味着今天不会发生。恰恰相反，正因为昨天无事，今天……那一幕凸现在脑里，我神经质地咬紧嘴唇。

临近中午，我去找王小灯。就那么待着，就那么干巴巴地等待，太累人。我担心自己崩溃。我没去王小灯家，除了睡觉，王小灯很少在家。王小灯在博物馆上班，像我一样，平时不怎么去，和我不同的是，单位没忘记他，旅游啊，发礼品券之类，他都有份。博物馆不怎么起眼，挺能发东西的。王小灯有自己的博物馆，三十几平方米，准确地说，只是个收藏室。他家房子大，放那些足够，但他不能放在家里。当然，他也不会放。

王小灯躬着腰，一手撑着桌面，一手抓着放大镜。他一动不动，乍看像尊雕塑。我知道他的眼睛在动，目光在一节节拔长。玻璃罩里置放着一个椭圆形的几千万年前的宝贝——恐龙蛋。不是化石，是恐龙蛋。逢我说错，王小灯必定马上纠正。化石只有记忆，蛋有生命。恐龙蛋是王小灯的镇馆之宝，其余皆是与恐龙有关的东西，一架用驼骨拼接的仿真恐龙，数枚大小不一的恐龙骨——王小灯花大价钱从南方买的，一颗恐龙牙齿，更多的是关于恐龙的图片。我对恐龙没什么兴趣，那距我太远。王小灯为给我普及，给我看关于恐龙的影片，如《侏罗纪公园》《未知大陆》等，我对那些曾经统治地球的庞然大物略有了解，但看过也就过了，不留痕迹。不过，并不妨碍我和王小灯交往。

王小灯观察的时间比往时长，约莫一支烟工夫，他抬起头。他的头发天然卷，脸色寡白，永远失血似的。可能是冰脸的衬托，他的双目有着非同一般的热度，特别是说到与恐龙有关的话题。

又有什么发现？

一个孔，一个新孔，你来瞅瞅。王小灯兴奋地说。

我抓着放大镜，按王小灯的指点瞅个遍。老实说，什么也没看出来。

那该是它的呼吸通道，昨天还没有，我说过，它是有生命的。也许你我等不到那个时候，但它肯定会破壳而出。它们统治地球一亿多万年，不可能彻底灭绝。王小灯的嘴唇很薄，像脸一样没有血色，下唇右角有两粒紫色斑点，似乎是火柴头，随时会点燃。

王小灯相信奇迹。虽然只有这一样，但总归有一样。而我，什么都不再相信。

那个时候，地球又是它们的。如果活到那个时候就好了。神往与遗憾交织在王小灯灼热的眼睛里。

我忽然想起王红家前的烂尾楼。所有矗立的大楼，都会被踏平的吧？

王小灯买回几罐啤酒，一些熟食。我俩边吃边看《当恐龙统治地球时》。已看过多次。完后，如同往常，下了三盘棋。不同的是，我三盘皆输。我心不在焉，那束凌厉的目光，不时刺着我。

没睡醒吧。调侃时，王小灯的眼睛便眯起来。

我说，白天没事干，夜里总得做点什么。

王小灯嘿一声，你馋谁呢？

我回敬，你能馋着？一个电话，专车就接走了。

王小灯瞪我，少提这些糗事。

我努努嘴，问，你那个同学叫什么来着？

王小灯问，哪个？……呵，易华，怎么，瞅上了？

我说，那天晚上，你搂着人家脖子不放手，我拽都拽不开。

王小灯急了，不会吧？她是什么人，我怎么敢？

我哈哈一笑，瞧把你吓的，你是想搂人家来着，人家躲了。

王小灯连道，失态失态，难怪打电话她不接。

我说，也不至于吧，想必她有事。

王小灯说，或许吧，其实，我和她没什么来往，那天同学聚会恰好她坐我旁边，多说几句话也就是。我喝晕了，不知怎么离开，怎么又坐到街摊上，倒是记得给你打电话。我怎么回的家？

我说，我和她把你架回去的，你还是搂上了。

王小灯脸上出现少有的严肃，老莫，她是什么人，你该清楚的，可别乱说。

我心上的石头越发重了。故作轻松道，我是知道一点儿，不就是……

王小灯说，还有一些事，你未必知道。

那天，从王小灯的博物馆离开，我的耳膜又刺又痛，像扎了钉子。她不会罢休。王小灯的讲述把我残留的那点侥幸击得稀里哗啦，结果不再是模糊的影子。可两天过去，为什么没一点儿动静？她犹豫什么？

头顶悬着利刃，那是很难受的。时间一久，倒是巴不得落下来。既然躲不掉，就来个痛快。大约煎磨一周之后，我等到她的电话。我等的并不是她的电话，但至少，这也是一种结果。

三

我不是在乎的人，早就不是了。我习惯了被忽略被冤枉。和前妻离婚的那年冬天，我因为没处去，暂时在她那儿借住。一天晚上，我去洗浴中心洗澡，仅仅是洗澡。出门不久，就被两个警察带到派出所。几个小时后，我被放出来。他们逮的是另一个人。你和他长得那么像，难怪我们搞错。那个鼻头红溜溜的警察大叔皱着眉头，似乎怪我影响他们执行任务。如果我没去洗浴中心，他们就会抓住真正的犯人。就当滑了一跤吧。我在大排档吃碗热乎乎的汤面，把这件事丢到脑后。还能怎么办？把警察大叔揍一顿？不是我非要偏向另一条道，实在是有些道永远走不通。

怎不见你们单位分东西？在婚姻后期，前妻数次问我。我说经费紧张。几天后，前妻拎回一袋大米，一桶花生油，并将一张金色购物卡拍在桌上。莫伦，你怎么混得连门卫都不如了？我不想回应前妻的叫嚣，打开电视机。其实，我也去问过，头儿答复，这不是分，是出勤奖，你出勤不够。我转身出来，头儿的回答有理有据。不就一些零碎东西吗？不给就不给吧。不知前妻使了什么手段。她总是很有手段。

类似的事挺多的，我在乎又能如何？有时，我真心希望被这个世界遗忘，遗忘得彻彻底底，干干净净。当然不可能，总有人会在某些时候想起我，比如王小灯。

如果那天晚上，王小灯没想起我，不打电话给我，许多事是可以避免的。可是，醉醺醺的王小灯执意要我出去……

接到易华的电话，我忐忑不安地前往她指定的地点。我不是什么都不在乎，毕竟，我还呼吸着这个世界的空气，毕竟，我的脸还没厚到桦树皮的程度。

还是说说那天晚上发生了什么吧。

关门下楼，沮丧汹涌而至，霎时将我浸透。我的腿有些软，仿佛难以支撑这一百四十斤体重，几次差点软倒在台阶上。这个夜晚，本该是美妙的，硬是让我毁了。为了对抗糟糟的情绪，我失态地抽打着楼梯把手。抽一下嗷一声。正上楼的一对母女站在楼梯拐角，母亲侧身挡住女儿，微笑的脸上夹着些许紧张。我认出是王红楼上的母女，女儿很可爱，每次见我都喊叔叔。叫我大爷才对，我试图纠正她，但一直没说出口。她们不可能怕我，可那个晚上，我的怪样子肯定让女人紧张了，她老母鸡一样护着女儿。我回女人一个干笑，悄无声息地出了楼道。因这样一个插曲，心里更堵了。不是为那天的行为辩解，确实如此。

打车不到十分钟，到了王小灯和易华吃烧烤的地方。夏天，皮城到处是露天烧烤摊。看到易华，我的脚突然有些迟缓。几乎在王小灯介绍她的同时，我想起她的名字。数年前，我跟随"老板"慰问过她。她似乎没认出我，有些局促地碰碰我的手。当然，她不可能认出我。彼时，我站老板身后，她不可能注意我。王小灯醉眼瞅着我，说她怎么怎么着。

我认识你，几次话到嘴边，又随啤酒一起倒进肚里。你看他喝成这样，还要喝，怎么也拦不住。易华向我示意。我给王小灯倒满，说，别急，慢慢喝，还早呢。易华的目光有些硬。我深知王小灯的脾性，喝到这个份上，越拦他越抢着喝。王小灯去撒尿的工夫，我简单和易华说了。不会有事？她偏偏头，目光迅速落我脸上。我说，不会，你放心，来，咱们喝。易华象征性地抿抿。我认识你，几乎冲出嘴巴，最终随啤酒咽下。算了，提这些老皇历也没什么意思。

那天，如果心情好一点儿，我也不至于喝那么多酒。当然，我没喝醉。我能觉出易华神情里的诧异和厌恶。她几次抬腕看表。我说王小灯交给我，你先回。她站起，被王小灯扯住。王小灯说，急……什么？她有些尴尬。我说，小灯，不早了。王小灯说，天……没亮。她坐下。我小声道，几分钟，几分钟好吧？她点头，意外地给我倒了杯酒。几分钟工夫，王小灯脑袋沉下去。

我架起王小灯，她问，你知道他家在哪儿吗？

我说，认识。

我把王小灯拽出出租车，她问我一个人行不，我说没问题，你回吧。片刻之后，她追到楼梯口。也亏得她帮忙，我没被王小灯压倒。喝成这样……他没事吧？易华担心道。我见惯了王小灯的醉，说睡一觉就好。卫生间在哪儿？易华问。她大概没搞清方向。王小灯家起码二百平方米，也难怪。易华拎着湿毛巾走进卧室，敷王小灯脸上。王小灯没有丝毫反应。我说没事的。易华说，我走了，你守他一会儿。我说没问题。易华又回回头，抓起包往外走。

她转身的同时，我像一根爆竹，嘭地炸了。我心说不能，不能啊。但没控制住。我摇晃着，但方向很准地扑过去。易华似乎尖叫一声，也可能没有。我什么都听不见了。反正她的反抗中断了。

易华狠狠捆我一掌，怒冲冲道，我会告你！

那时，我已经清醒，听得清清楚楚。我还能听见王小灯的鼾声。

那个夜晚，我由一个无所事事的游民成为一个罪犯。她不会放过我的。她不是一般女人，等待我的不仅是一副手铐。但，显然，她没有付诸行动。或许……去见她的路上，我突然想，也许那天什么也没发生。

易华背对我站着，肩胛骨突得很高，肋部削了似的。这是长城上的一个亭子，亭前不足两米就是悬崖，再远处，是一条干涸的河流。她选这个地方，也是特意避人吧。

好一会儿，她没什么反应，或许没有觉察。我轻声说，我来了。

易华突然转身，几乎同时，巴掌甩过来。我下意识地往旁边一躲，但马上纠正自己的姿势，半仰起脸。

易华终于停下，她浑身战栗，剧烈喘息着。

有东西滴出鼻孔。我撩一把，手掌红红的。一块纸巾伸我眼前，我的目光顺着手腕往上走，走到一半，停住。我抓起纸巾擦擦鼻孔，丢掉。又有纸巾递过来，我抓起，默默擦拭。地上一片狼藉。

好久，我缓缓抬起头。

这里，易华指指我鼻翼一侧。

我动作迟缓，想说些什么，又不知说什么。好半天，我把胳膊从发麻的脸上撤开，说对不起。

你害了我。她的声音马上冷冰冰的。

对不起。

我最讨厌对不起！

你报警吧。我翕动着嘴巴，但没出声儿。

我睡不着，整夜整夜失眠。

我控制不住地抓挠自己，想把自己撕碎。我看她，她马上窥破我的疑惑，愠怒再次在她脸上扩散，你很奇怪，我为什么不报警，是不是？

我说没有。

你甭想骗我！我是没报警，几次走到公安局门口，我不敢进去。你不怕戴手铐，你无所谓对不对？因为你是一摊屎。我不是，我害怕……易华声音低下去，她捂着脸，指缝片刻就湿了。

我不知所措。任何安慰的话都是滑稽、愚蠢、不合适的。瞅着她压抑的悲痛，如果无动于衷地站着，实在无耻。我蹲下去，把带着血迹的纸巾捡起，一点点撕开，塞进嘴巴。每咽一下，都得抻长脖子。

你干吗？易华停止啜泣，有些吃惊。

我半张着嘴，说不出话。

你做可怜的样子给谁看？易华潮湿的目光抽着我。

我抻了几次脖子，嘴巴空了。我无力地说，我不是……你想怎样，我都接受。

我恨不得杀了你。

其实我也想把自己做了，只是下不去手。这是真话，但不能和她说。这只会激怒她。任何话都多余。既然把我约到这儿，她会说怎么了结。任何条件，我都答应。也只能是经济赔偿吧，芸芸众生的纠纷不都是通过这种方式解决吗？纵然她的身份有些特殊，可除此还能有什么特别的方式？我没什么钱，但会想办法，只要她的数目不是特别大。

你说怎么办吧？易华冰冷的目光击着我。

我接受任何惩罚，接受任何条件。

易华不动，连同她的目光，凝固了似的。

她的手机响了，很忧伤的一个曲子。她走开接电话，我望对面的山。山上长着草，也有稀稀拉拉的树，但仍觉得光秃秃的。

易华没说怎么解决，挂断电话就离开了。当然，她留下话：我不会放过你。我不知那是什么意思。看样子，我至少可以免受牢狱之苦。但我没有大松一口气。

四

我看着镜子里的自己。第一次不是只盯着嘴巴。虚肿的脸上青一条紫一条，如堆叠的杂木。我脸厚，不然肯定皮开肉绽。我不想让王红看见，写个纸条留在桌上。没发短信，怕她的电话追过来。那样，我就得说话，就得调整表情，即便她看不到。

我在路边买了顶旅行帽，盖不住脸，但能挡住不少目光。我打算去王小灯家躲几天。王小灯那位在皮城下面某个县当县长，平时都住县里。王小灯的某县长很忙，偶尔回来也就住一两天。王小灯女儿被某县长送到了国外，王小灯自嘲是光杆司令，他喜欢待在博物馆，睡觉才回去。我常在王小灯家住，多半是喝高的时候。那次，我把被褥吐得脏污不堪，早晨出门，王小灯把被褥卷起来丢到垃圾箱。旧的不去，新的不来。王小灯说。他不用操心怎么挣钱，不用操心女儿的生活，什么都不用操心。但王小灯并不快乐，我知道。

我不怕王小灯看我的脸，因为他的脸也常有伤痕。每隔那么一阵子，有时一两个月，有时两三个月，王小灯会被揍一顿。那是他自找的。不挨揍，他就不舒服，每个细胞都刺痒难耐。你说我这算不算病？王小灯问。你说是病就是病，你不认为是病那就不是病。我说着大而化之的废话。我很惭愧，王小灯在我面前几乎透明，而我没有。

作为王小灯的朋友，我见证过王小灯的发作和治疗。来得很突然，我俩正下棋，他突然就坐不住了。他耸肩挠背，像无数昆虫瞬间窜进身体。吃饭去，他把棋子重重丢下。我们走进常去的红焖羊肉馆，或许是空调温度低的缘故，他好了一点儿。没吃几口，他又坐不住了。那个四川小妹开啤酒，晃动幅度大了点儿，啤酒喷王小灯身上。王小灯大怒。四川小妹吓蒙了，平时王小灯都给她小费，在整个皮城，吃饭给小费，恐怕只有王小灯。老板闻声而至，把四川小妹训得眼泪汪汪。王小灯揪住老板衣领，质问他凭什么骂四川小妹？那一刻，老板肯定也蒙了。王小灯试图激怒老板，但老板蒙着，没有反应，一脸错愕。王小灯悻悻松开手。直到我俩离开，老板再没出声儿。王小灯让我先走。我走出没几步，听见噼啪的声响。一个膀子上刺着龙的青皮后生边打边骂。我没有上前，那一刻，我挺难过。王小灯是不是有点疯癫？或许有那么一点儿，但他绝不是疯子。过了那一阵儿，他一切正常。

王小灯不在博物馆，我有些意外。给他打电话，他说在自家楼下。我更加意外，脱口道，天还没黑，你回家干吗？王小灯懒洋洋地说，县长回来了，要交代事情。我啊了一声。王小灯说，怎么，要过来？我推说在店里帮忙，抽空打个电话。

　　挂掉电话，我寻思一会儿，赶到长途车站。一小时后，我到了高家庄，距皮城五十公里的一个小镇。我打算在高家庄住几天，那次前妻说看见我想吐，我在高家庄躲了几天。我不能让她吐，那样不厚道。我是农村出来的，她是原装城里妞，我俩的婚事，她父母极力反对，但没能阻止她。她说我是掩在沙堆里的金子，是绩优股。确实，我也发光闪亮过来着，股线也往上盘升来着，但最终的结果直线下跌。我由一个偶尔出现在镜头中的秘书落魄成被单位遗忘的游民。我辜负了她的期望，说真的，我挺内疚。我帮不上她，做止吐药还是可以的。

　　小店很便宜，单间三十块钱，硬板床，简陋一些，但这样的价钱还能住什么？而且，我挺喜欢硬板床。有些硌，但躺着踏实。我草草吃了饭，刚回店里，王红的电话就追过来。她问我出什么差？明天回不回去？我说得五六天吧。王红说马桶坏了。其实马桶未必坏了，或者，根本就没坏。她没说别的，似乎我是她的首长，她有必要向我报告，只是报告而已。但我知道她等待什么。我不是金子，我和王红住到一起时，她就深知。王红比前妻看得透，这点她很了不起。更了不起的地方是，她从未寄希望我会变成金子，一直把我当土坷垃看。可是，她虽然了不起，虽然知道男人和男人的嘴巴一样不可靠，仍时不时做些毫无意义的试探。沉默一会儿，我说回不去。王红就挂了。毕竟是她收留了我，我挺喜欢她，我应该说点别的，但我没说。

电视图像不清，我摁了一会儿，把遥控器丢开。脸又疼起来，像被无数火柴头戳着。易华就这样飘出来，这个夜晚，我恐怕不好摆脱她。她用这样的方式证明她的存在。我不会放过你。她为什么不报警？我想了一会儿，似乎猜出些什么，当然，也可能是妄猜。不管她用什么样的方式，我都希望痛快点。可别钝刀割肉。

我反复摁着手机。斟酌要不要给她发个短信。终于，我费力地拼出两行字，端详一会儿，又一个一个抹去。过了一会儿，方块字再次蹦上屏幕，这次是三行，那些字列在一起，像啃剩的玉米粒，干巴无光。我触一下键，玉米粒掉一粒，再触一下，又掉一粒，直至变成光秃秃的棒子。说什么都没用，还是不要自讨没趣。我整个人都没用，何况说出的话。可是，什么都不做，就这么沉默着，又有等死的感觉。我不怕死，总有一天，我会离开这个世界，像所有芸芸众生一样化为泥土。但等待死亡的感觉太可怕。

那么，问她好了。我发了个"?"。等了一会儿，没什么动静，又发了两个"?"。她关机了，要么，不屑回复，故意用这样的方式折磨我。

我蹲在床上，目光在脏兮兮的墙上游走，像迷失方向的蜘蛛。墙壁上有几片血迹，有一块还粘着蚊子尸体。一个看不出颜色的衣架上挂着一条卷曲的毛巾，同样看不出颜色。是先前的旅客匆忙中留下的吧，也可能，是故意丢弃的。铃声突起，我几乎是扑上去的。抓到手里，却不响了。是个陌生号码，正犹疑要不要回拨，它又叫了。

我小心地喂一声。

听不出我是谁？粗声粗气，单刀直入。父亲黝黑的脸盖过来。还没说话，我怎么听得出来？

我啊一声，问父亲，谁的手机？

父亲说，我自己买的。你忙得没工夫买，我托人从镇上买的。

脑仁被扎了似的，我很清楚，父亲有了手机，对我意味着什么。平时，父亲都是借别人的。我不给他买，是不想过于频繁地接他的电话。我参加工作不久，第一次从电话里听到父亲的声音，激动得几乎哽咽。其实我的村庄距皮城也就四百里，而我，一个星期前才离开家。电话让距离缩短，让亲情增厚。但从某一天起，我害怕接到父亲的电话，以至于听见父亲的声音，就有心惊肉跳的感觉。

钱收到了吧？

收到了，要不，我哪有钱买手机？其实不用寄这么多，多寄一次嘛。

我知道父亲的用意，多寄一次，他可以拿着汇款单在村里多走一圈。在人多的场合，佯装眼睛马虎，看不清上面的数字，会让别人帮他认。那是我全部的积蓄，如果不是做好进去的准备，不会全寄给他。我很想激怒父亲，但张张嘴，忍住了。

那事怎么样？父亲询问，也是训话的开始。这套程序，我熟悉得不能再熟悉。

我说，托人问过了。

父亲语气甚重，别跟老子打官腔，说具体的，行，还是不行？

我也没了好气，你以为我是什么？

父亲说，不管你升多高，总还是我儿子，不找你找谁？家里的门槛儿都快破了，你得快点儿想办法。十七户的钱，一分不少，全要回来，还有我和你娘挣下的。起早贪黑图什么？就是挣几个血汗钱。

我骂，这个王八蛋，良心让狗掏了。

父亲识破我的伎俩，说，骂没用，你二大娘天天咒他死，他活得比谁都好，听说又娶个大闺女。干什么都有钱，就是结账没钱。

我说，你们也想想办法，别什么都指望我。

父亲的声音炮一样射过来，能想办法还找你干什么？对付这种人，只能从上面找。

在父亲乃至整个乡党心目中，我是上面的一分子。我确实多次解决父亲的麻烦，解决父亲包揽别人的麻烦。有那么一个时期，我说话还是有斤两的。那是过去。父亲不信他的儿子已是明日黄花，虽然不在重要部门，总归当过头面人物的秘书，认识不少人，那些人会给我面子。

我无力地说，好吧。

父亲哼一声，别打哈哈，老子不能白养你。

我说，总得有个过程。

父亲说，已经七月份，今年的钱又该结了。

我说，既然……行吧。

父亲难得地静默几分钟，抓紧办，别让我跑到市里求你。还有个事，记得白易不？

我抽搐一下，白……易？

父亲说，住村子东北角那个，当过车倌，外号白大个儿，那年你娘摔断腿，是白大个儿帮着抬到医院。

我只得记起来。当然，我从未忘记。白易是村里老住户。

白易老婆病了，镇里的医生让去市里看，估计不是一般的病。他坐早车，上午就能到，我把你的电话给他了。你提前联系一下，找个医术好的专家。他明天赶不回来，看能不能去你那儿对付一夜，住办公室也行。农村人挣钱不易，省一个是一个。父亲把每个环节都考虑到了。

我说自己出差，过几天才能回市里。

父亲让我请个假，如果请不下来，务必和专家联系好，别的可以耽误，病耽误不得。

我答应了父亲。因为我不应，父亲可能会说死我。

挂断电话，我发觉整个后背都湿透了。每次和父亲通话，都是一场艰苦卓绝的马拉松。手机不是一般的烫，我抓着这个可恶的家伙，有拍到墙上的冲动，像拍长腿蚊子一样拍死它。终究，没失去最后的理智。拍死还得买新的，我割不断和这个世界的绳子，还没逍遥到那个程度。

五.

多年来，我充任着宋庄的各种角色，代理人，顾问，律师，调解员，引导员，整个就是宋庄的总管。他们通过我父亲或别的什么途径，想方设法找到我，求我替他们解决各种问题。想提前结婚的，得改户口。户口簿上的名字写错，得改过来。想去好点的学校念书，得找门路。买到假农药，需要索赔。不小心伤了人，得疏通派出所。五花八门。有些事，要绕很大的圈子，比如他们在镇上碰到困难，他们先打电话到皮城，我再打电话到县城，再由县城的部门或朋友打电话到镇上。我不是镇长，更不是县长，并不是什么都能说上话，但他们不管过程，只要结果。至于他们在皮城的事，我更是责无旁贷。看病，买东西，递诉状等等等等。有个叫马达的，买个爆米花机，竟然也大老远跑到皮城。我问他县里买不到吗？他说买是买得到，但县里没认识的人，怕受骗，他宁可多花点时间多花点路费，买个踏实。他用了没多久，又到皮城找我，说机子漏气。店家不给换，说他使用不当。他大为恼火，指着我说，你知道他是什么人？说出来吓破你的胆子！我难堪至极，拽开他，悄悄把钱塞给店家，拿了个新的。

他们没别人，只能找我。父亲这样说，他们也这样说。我是宋庄第一个大学生，我在皮城的要害部门任职，这是他们的理由。有些事，对我就是打个电话的事，他们跑断腿也未必办成。确实如此。但我是什么人，自个儿心里明白。当我一步步往坡底滑落，曾经的"能力"也一步步丧失。

可是，乡党仍把我这块土坷垃当金子。

我在旅店住了一夜，清早返回皮城。听父亲的口气，白易的女人病得不轻，我心中不忍。其实，我帮不上什么忙。我不是医生，和医生也没有交情。以往，我替他们找的专家，都是直接去窗口挂号。但他们认这个，觉得有我出面，专家就不会骗他们，专家会给他们开最省钱最有效的药。这次也同样，我替白易女人挂了消化内科的号，把医疗本和专家号寄放到服务台。我不想让白易看见我的脸。

我遛达到河边，要了一碗老豆腐，两根油条。油条不知添加了什么东西，极其柔韧。脸不那么疼了，但腮帮子困。卖油条的是两口子，男人炸，女人卖。女人很胖，走路胸前一颤一颤的。我揉捏着腮帮子，同时瞄着她。她察觉了，抓着抹布把我面前的桌子一顿猛擦。我把钱丢桌上，吹着口哨走开。她喊找你钱，我没应，她硬追上来，将油渍渍的五角钱塞我手里。

我逗了会儿小狗，看了会儿鱼贩子剖鱼，刚找个台阶坐下，白易打来电话，说他到了。我交代几句，又解释几句。然后关掉手机。过了一会儿，又打开。我从这头走到那头，又从那头折回来，手上抓了一叠广告单。那些女孩笑盈盈的，我不忍，照单全收。我再次坐下，一张一张翻看广告单。有售楼的，有卖药的，有招聘的，几分钟就看完了。广告单上都有电话，我拨了一个售楼的。一个甜滋滋的声音问能为我提供什么服务？我说想买别墅，四到五百平方米。对方迟疑一下，说目前还没有开发别墅，只有楼。我和女孩交流一会儿，失望地说，不好意思，你们的楼不符合我的条件。片刻，那个甜滋滋的声音又追过来，先生，你可以过来看看吗？我说，你打错了。对方咦了一声，刚才是你要买楼吗？我大声道，我不买，我自己的楼都住不过来！我觉得她该骂我，但她说了"对不起"就挂掉了。我把目光扔在河面上，有一搭没一搭地望着那个花花绿绿的方便面袋子一样的东西。

临近中午，白易又来电话，一副哭腔。某些声音，我不只害怕，还有难以言说的厌恶。我本没打算见白易，但他的哭腔，让我惴惴不安。

没下出租车就看见医院门口东张西望的白易。他个子挺高，但躬着腰，尖嘴尖下巴，头发乱糟糟的，身形和长相像极了刺猬。他没认出我，我拽拽他的胳膊，他呀一声，突然抱住我，放声大哭。我和他立刻置于目光包围中。还有浓烈的汗酸味，那是他身上散发出的。他的心跳很冲，我感觉胸口被重重撞击。我试图掰开他，但他的胳膊铁索一般，嵌进我身体。我说不出的懊恼。如果刮一阵大风，那些瞪着的眼珠子可能缩回去。可是没有一丝风，空气都凝固着。终于，他松开。我身体的某些部位被他的泪液和黏液浸湿。他抹抹眼睛，说了结果。女人还不知情。我问婶在哪儿？白易说在大厅，嘱咐我不要在他女人面前露出什么。我沉重地点点头，跟随他去大厅。大厦天的，他女人围着一块蓝色头巾。她靠在柱子上，脸和白易一样是深褐色。白易说，莫伦又找专家问了，没什么大事。我配合白易点头。白易女人笑笑，说又麻烦你。我说，没关系的，有事尽管找我。白易和女人要回，把带来的东西交给我。我这才注意他女人身边的提包和编织袋。我能想象两口子拎着东西上下楼的情景。我说用不着，白易执意给我留下。麻油是自家榨的，蘑菇是滩里采的，西葫芦是自家园子里种的，都不是买的。如果我不要，就是见外，就有讨厌他们的意思。我只有接受。我拦出租车送两口子去车站。白易似乎突然发现我的脸不正常，问我咋啦？我说喝醉酒碰的。白易拍拍我的手，还算幸运，我喝醉把前门牙撞没了，这两颗是假的。这是乡村人的可爱，也是他们的智慧。他们故意揭开自己的伤疤，以冲淡别人的痛苦和尴尬。

出租车司机问去哪儿？我随口就说了。待行至楼梯口，我记起自己是出着差的，必须编个谎，以应付王红盘查。王红不是霸道女人，没那么重的疑心，但谁能说得准呢？有准备不是坏事，昨晚她就说马桶坏了。土坷垃也是专有的好。我并不撒谎成性，但也没多大障碍，抓两下头皮就解决了。瞅着脚底的东西，又犯起难。乡党决不吝啬，每次来都提些东西，殊不知他们的心意却是我的累赘。像麻油，前妻从来不吃，王红也是闻不得麻油味。扔了心中不忍，好多东西放一阵，最终还是丢到垃圾箱。这些土特产偶尔让前妻的眼睛亮一亮，但更多的，特别是后期的生活中，则成了我失败的例证，也是她嘲我的导火索。你知××发多少钱的购物卡？一张卡能买多少东西？这是前妻惯常使用的句子。她说这话当然有缘由。曾经一个阶段，我每年收到的购物卡她闭着眼都消费不完。我嘴巴不服软，当然免不了争吵。后来，乡党送的东西我转手就扔了。

王红不至于说什么，她对我没有格外的期望，可她也未必稀罕这些东西。我把麻油和编织袋拎到垃圾桶旁边。有比我更需要的人，还不是少数。这么一想，舒服不少。

我检查马桶，当然没坏。我沏了杯茶，然后窝在沙发上打盹。要说我也没出多大力，可每次和乡党忙活完，都特别累。手机"嘀"的一声，我迅速坐起，是银行关于理财的信息。我哑然失笑，给我这样的信息，如同妓院给太监发优惠券。我慢慢倒下去。就这么躺到天黑，给王红一个……意外吧，惊喜是不大可能。和前妻的头几年，每次出差回来都不告诉她，我特别享用她打开门一刹那眼睛进射的五彩光芒。我屡屡提及前妻，并不是念念不忘，而是有些痕迹刻得太深，无论让我心痛还是让我迷醉，都不容易抹掉。那是我过去的一部分。

脑里某根弦突然一颤。我想起和口吃女人同居时的一档事。我并不是验证什么，那纯属一个意外。我马上给王红发信息，告诉她我回来了，马桶已经修好。过了一会儿她回复，晚上和朋友在外面吃，让我自己解决。我松口气，庆幸通知她了。许多东西，根本经不起检验。

光线一点点暗下来，就像薄纱，看起来轻盈透明，但一层层叠加，那些细小的孔一个个闭上，看起来还是纱，可已经很重很涩。慢慢地，从空中垂落，挤满整个屋子。拽不开，撕不走。

没有信息提示，我还是打开手机。昨天晚上睡觉前，我意外地收到易华的短信。只有四个字：决不饶恕！我又发三个问号过去，她回复两个字：明天。"明天"是什么意思？明天答我？还是明天亮底牌？虽然仍旧含混，但她终于回复，至少也是个态度。她开金口就好。是的，我盼着刀落下来。

我坦白，赶回皮城，除了完成父亲的任务，替白易挂号，也与易华的短信有关。如果能早一分钟解决，我决不拖六十秒。后者毕竟关系着我的前途。我已经没有前途了，每个认识我的人都明白。是另一种前途——我活着，能自由地呼吸这个世界的空气，睡觉时少做噩梦。我反复看手机，就是怕错过她的短信。这一天什么也没发生，"明天"即将成为昨天。要不要再发个短信？我想了想，放弃了。如果她把我的心思瞧得通透，我会更加被动。反正已经这样。

　　摁了一会儿遥控器，电视没什么看头。我趿着拖鞋，踱到阳台，凝望着对面。黑暗中，烂尾楼没有残破感，顶部和外墙被远处的灯光涂抹的缘故，绒毛一般抖动，而整个楼体，连同罩着楼体的防护网，似乎往里缩着，如一只蛰伏的庞然怪兽。在怪兽眼里，到处都是蠕动的猎物吧？当然，没有谁承认自己是猎物，包括我自己。除非被巨大的嘴巴吞噬。

　　我不爱照镜子，并不是缺少镜子。每个人身边，每个人内心都有几面甚至几十面镜子。从生至死，一些镜子碎了，另一些镜子应运而生。乞丐有乞丐的镜子，富豪有富豪的镜子。照镜子不是坏事，比如这幢烂尾楼就是王红的镜子。每照一次，她的幸福指数都会上升一点。当然，也未必是好事，比如前妻，她照一次痛苦一次。我不爱照，因为无论什么样的镜子都让我晕眩。我的身体似乎缺某种元素。

　　门锁有动静，我转过身，王红已站在门口。她把包往地上一抛，踢一下腿，一只鞋子飞到冰箱上，另一只碰到墙面滑落下来。我疾步上前，扶住摇摇摆摆的王红。老公哎！王红声音黏糊糊的。我的心忽悠一颤。她从未这么称呼我，从开始，她就明白，我和她是靠在一起的树，永远不可能相互缠绕。她是冷静的，我也是冷静的，彼此有着心照不宣的默契。她喝醉了，用撒娇放纵自己。我该配合她的，用些亲昵、肉麻的称呼，在这个夜晚，在空荡荡的房间。但我的嘴僵硬着，滑不出柔软的词汇。尽管我挺心疼她。我挟着她往卧室走，责备，怎么喝成这样？她要赖不走，故意往我脸上吹气。她的身体不是一般的软，仿佛一段流水。然后，我和她倒在客厅。地板像她的身体一样热。

我把她抱到床上。她睡着了，两腮微红，身子绸缎一般。整个过程，我肯定叫了，但与她的语言系统不匹配。我心里有隔。在那种时候，我是野兽派。

我守在床边，看着她。她喝到烂醉，绝不是和闺蜜，她们不会灌她。那么，只能和男人。场面上不会有心疼她的男人，而是另外一些，只要有机可乘就叼一口的那种。未必怎样，就是能怎样也未必有那个胆，止于调笑。正因为未必能怎样，能怎样也未必有那个胆，便有着不甘的失衡和愤怒，调笑就极其放肆。我熟悉那个场面，数年前，我是其中的游离分子。

不知王红缘何参加这样的酒局。她不说，我不会问。两棵树靠在一起，原则上互不干涉。当然，也有节制和分寸。不能……易华的脸跳出来，我的心一跳。我首先背离原则，失了分寸。几乎同时，我窥见自己的阴暗心理：试图在王红身上发现什么，以作为我和易华这件事的盾牌。我拽拽自己的脸，有撕下来的冲动。

手机响了，是易华。我小跑到阳台。对方没声儿。我知道她在听，喂了几声，挂断。等了几分钟，我回拨。通了，但没人应，之后又挂断。这么晚，既然打电话给我，为什么不说话？

谁的电话？王红的声音从身后飘来。

我一惊，原来她是装睡。我怕她看见躲闪的表情，不敢回头。

一个朋友。

什么朋友？

普通朋友。

胡说！

不！

我不再坚持，猛然转身。空荡荡的。我呆了呆，颤着腿挪进卧室。王红睡得沉沉的，姿势都没变。怎么回事？难道是幻觉？我的脑袋一点点涨大。

六

"你知道食草恐龙与食肉恐龙最大的区别是什么吗？"王小灯的眼睛像乡间路上蓄满水的深坑，看不到混沌的底儿，但水面上浮跳着极炫的光亮。

与王小灯混这么久，我不再是恐龙盲。食肉恐龙脑袋和嘴巴较大，牙齿锋利，而食草恐龙头部小，牙齿扁平；食草恐龙是四足行走，食肉恐龙多是两足着地。王小灯不是考我，我当然无须回答。这是他说话的方式，借以集中我的注意力。

不在于体形，也不在牙齿。看到猎物，食肉龙的身体会分泌一种腺素，相当于兴奋剂。兴奋剂让食肉龙变得勇猛，也容易使食肉龙失去理智。进攻的目的本来是获取食物，如果分泌的腺素太多，食肉龙不能掌控自己，猎杀成了目的。因为滥杀，食物过剩，自然要腐烂，这有点可悲。你知道这意味着什么吗？寅吃卯粮，不，寅糟蹋了卯的粮。食肉龙是无敌的，它们自己打败了自己，自己毁灭了自己。

我点头。恐怕不只食肉龙如此。

王小灯陷在缈远的思绪里，没接我的话。

窗外传来卖豆腐的吆喝声。"豆"声急促，而"腐"余音很长，像袅袅的香气。王小灯的博物馆藏于皮城最大的老城区堡子里。堡子里的巷子很安静，如同看淡生死的长者，那份安静不是无话可说，而是沉默的语言。吆喝声，反而让这种安静更幽更深。

你说这只蛋是食肉龙的还是食草龙的？半晌，王小灯抬头。

气氛有些压抑，我想开个玩笑。触到王小灯的表情，还是打消了。谈到恐龙的话题，他总这个样子。

不要觉得我的问题可笑，食肉龙也会下蛋。我喜欢食草恐龙，但我希望这只蛋是食肉龙的。知道为什么吗？这个世界不适合食草龙生存，虽然我等不到那个时候，不过想象那个场景也挺难受。

我模棱两可地说，但愿吧……你好像没洗脸？我试图改变话题。

王小灯说，我梦见恐龙蛋被盗，睁开眼就跑过来。

王小灯的博物馆没挂牌子，不对外，或许因为藏在老城区，没有任何地方起眼。很少有人注意吧，更不会有人把这个地方和恐龙联系在一起。我进出几百趟了，没见过第三张面孔。我是王小灯唯一敞开秘密的人。他当然不会怀疑我会做什么。但失盗的梦就像他刺痒的毛病，隔一段就爆发一次。

我劝他不妨考虑上个保险，王小灯摇头，他们保不了的，它无价。保了，反而更不安全，我不能让它没出生就被消灭。或许是光线的缘故，王小灯没有血色的脸镀了层厚厚的灰色。

我说，你状态不好，今天的棋你输定了。

王小灯嘴角往外抻抻，不一定吧。

下棋不是目的，当然也不是为了抚慰王小灯。我想从王小灯嘴里套点儿东西。王小灯向我敞开他的秘密，而我一部分敞开，另一部分完全关闭。挺汗颜的。但我做不到，真做不到。

王小灯特别容易入神，下棋也是，目光像长在棋盘上。我盯着他的和脸同样苍白的脑门，那句话始终在喉间徘徊。

两盘我全输。其间，我数次听到手机信息提示音。我没看，决不看。不看并不意味着我不在乎，而是太在乎。因在乎而较劲，因在乎而生气。王小灯得意地眨眨眼，我迫不及待地起身。

几分钟后，我坐在出租车上。

两天前，我也是乘出租车，前往易华指定的地点。依然选择野外，不过换成小白山，在皮城西面。我下车，却寻不见她，给她发信息，通知我到了。谁料她让我再往大镜门的门楼上，尽管是信息，我却能感觉到她强硬的不容置疑、不容商讨的口吻。我从小白山下来，赶往大境门，她又换了地点。我似乎置身于某些电影场景中，绑匪索要赎金，特工交换情报，似乎都这样，被牵着鼻子不停地变换地点。与绑匪特工不同，易华有报复的意思，简单地平静地折磨。抑或，她看多了这样的电影。跑了一整天，傍晚时分，才在某个咖啡馆见到她。我刚叶口气，她却站起来，说有事，改天和我联系。我试图阻止，她已飘出去。我挺生气的，但转念一想，也没发作的资格。我想从王小灯嘴里套出更多关于易华的东西，终是没问出来。我怕王小灯察觉蛛丝马迹。我不想让第三个人知道那天的事。我不是在乎的人，并不是什么都不在乎。那关乎我的前途，我的丑陋，我的隐私，我的罪孽。在这点上，我不如王小灯。王小灯什么都说，包括他和县长夫人的房事。

易华没再变换地点，我在饭馆包间见到她。她冷着脸，劈头道，你迟到了。那样子，像我来和她约会。我边解释边揣测她会不会如上次那样把我晾下。要我请你坐吗？我受宠若惊地坐下，招呼服务员点菜。她冷冷地说已经点了。

我慢慢呷着茶水，悄悄瞟着她。她抱着膀子，盯着桌上一个什么物件发呆。似乎更瘦更单薄了，肤色黯然无光。头发是绾起来的，可没绾紧，松塌着，一绺头发从耳侧垂下，衬得脸越发窄了。我说对不起。暗骂自己，没有比这更废的废话了。我实在不知说什么好。她没回击，没有任何反应。

菜上来，我讨好地问，要不要喝点酒？她不应，自顾自吃起来。我也拿起筷子。那场面挺滑稽。可……除了机械地吃饭，我实在不知道还能做什么。

你说怎么办吧？她的声音突然杀过来。我被烫着，抽抽嘴巴，忙把筷子撂下。她的目光如冬天的竹子，直直地戳着。

我喝多了。

少来这套！

对不起。

如果你再说这废话，我敢撕你的嘴信不信?! 我平生最讨厌这三个烂字。

我信。我信。

怎么办? 她再次切入正题。

你说吧，什么惩罚我都接受。

她戳着我，竹子要爆裂的样子，啪啪有声。

你报警好了。

你以为这样就可以了结吗? 她声音陡然提高。

那……你有别的什么条件，或解决办法……我都接受。

我不知道! 就是活剐你，也不能解决问题。

那怎么办? 我的头皮阵阵发紧。

我不知道，知道就去做了。

这就难了。活剐我都不解恨，还能怎么办? 我在脑里过滤能想到的酷刑，似乎没有比活剐更残忍的。她是受了伤，可总得有个解决途径。她这样有点耍赖的意思。

我也不知道。我的声音不再柔软。

你要耍横? 竹子瞬间点燃，火星直冲我脸上。

我没这个意思，我接受任何处罚。我站起来。

等等，买单!

我摸出三百块钱，拍在桌上。

七

有一个星期，易华没再"烦扰"我，似乎把我删出了她的记忆。她有特殊的忘却和修复功能。我不再心神不定，不再走路、睡觉都想着头顶那把刀。还能怎么着？不外乎……我等着就是。早上，我照样给王红买混糖烧饼，瞧她一圈圈吞掉。我返睡一觉，溜达着去王小灯那儿，看电影，下棋，听他讲恐龙。要么去清水河畔，看剖鱼，看那些卖假古董的搅动舌头从别人兜里掏钱。父亲打过两个电话，我应付过去了。推一天是一天。

但……老实说了吧，所有这一切都是假象，我回归过去的生活，但不能回归原来的状态。一个弄脏自己的人，再怎么努力，即便剥掉一层皮，也不可能如过去那么干净。脏不只是身体上的。并不是说过去的我多么干净，不，恰恰相反。

我原来的状态也没多好。但至少，我和王红做身体运动时没有第三者。现在，那个清瘦的身影常常横亘在我和王红之间，我不得不使出浑身解数把她揪开。我不是王红理想中的男人，这我清楚，她有理由随时把我蹬掉。她没蹬我，是某些时刻我还值得一嚼。可……还是坦白了吧，那个凶险的夜晚发生的事。我做了一个梦，当然内容就不说了。我睁开眼，听见身边的王红发出很响的鼾声。如果不喝酒，她不打鼾。那晚她并没喝酒，鼾声如此响亮，说明她累了。我甚是羞惭，她的累与我有关。我想重新入睡，但思想沉浸在梦中，某个物件又烫又硬，似乎还在不停地膨胀，要把我从床上撬起来。我试图控制，但无效。我鳄鱼一样趴在王红身上。王红惊叫一声。这几乎是给我鼓励，我更加兴奋。王红一定没有完全醒来，紧张地问，谁？床上只有我和她，还能有谁？我没答，也许应一声就好了，她不会那样大喊大叫。她撕扯、挣扎、惊叫。我更加疯狂。后来，她咬住我的胳膊，随后推我一把，逃了。灯光下，王红披头散发，怒视着我，嘴唇哆嗦但没声儿。我团在地上，像个烂柿子。王红挪过来，踩住我。我不敢看她。我以为王红和我就此结束，但她没撵我走。次日清早，她再次抛出那个问题。

我和王红有问题，或者说，我有问题，我不否认。我的问题太多了。在"听王红安排"之前，我决定先处理和易华的事。炸弹沉默，并不意味着是哑弹。而且，我终归有些不安。她指认与否，我强暴犯的身份难以更改。

一个阴雨淅沥的下午，我走进皮城大学。我没打伞，觉得这点儿小雨完全没必要，可刚到校门口，衣服就湿透了，胶一样紧紧粘在身上。我形象不怎么好，经由这样的摧残，可想而知。我向幸福得花一般的学生打问易华。问了几个，没一个知道。这出乎我的意料。又一想，数年过去，一茬一茬的学生像韭菜，她被忘却也属正常。毕竟她不是英雄本人。不过，作为家属，她已经足够夺目。那半年，她作为报告团三个成员中固定的一员，赚取了许多眼泪。问到第十九个，终于弄明白她的办公地点。

图书馆是皮城大学的标志性建筑，我不知用什么词汇形容，只能说，图书馆台阶很高。我爬上去，得知资料室在地下室，在角落。两张办公桌，不是对着，是背着，一个人看不到另一个人的表情。气氛中弥漫着陈年纸张的腐气，很重。

易华似乎吓着了，脸色煞白，嘴唇乌紫，眼珠凝固不动。我笑笑，不让自己显得恐怖。有半个世纪那么漫长，愠怒才从她眼里喷射出来。她压抑着，仍有些抖。为了掩饰紧张吧，她起身接水，多半溢到地上。我说我来……她轻轻撞我一下，示意我出去。我在走廊拐角处站定，她压低声音，谁让你过来的？我欲开口，被她顶回来，命令我去北门等。她晃晃手中的杯子，随时泼我脸上的架势。我点头后退。

南门是正门，北门不怎么显眼。门外是一条巷子。尽管淋着雨，两边仍有推着小车的快餐摊，卖煎饼、肉夹馍什么的。我缩着膀子靠墙立定。没多大工夫，易华推着自行车出来。她也没带雨具，根本不看我，推着车直走。我问话，她都不答。

路过一个百货店，我跑进去买了伞，追上去替她打上。我不知她要去哪里。穿过四五个路口，她站定，瞪着我，你想干吗？我抱歉地笑笑，那事……她声音很冲，不会完的，我不会放过你。这两天我感冒了，你以为我怕你？我说，我没那个意思，这么长时间没你的消息，所以来看看。她咬住嘴巴，目光刀片似的削着我。我忙说，绝对没恶意。

可是一丝冷笑从她的嘴角蔓延至脸上，那我该谢谢你了？我说，那倒不用。易华猛然冷了脸，冰凌样的笑瞬间抖落。你别嬉皮笑脸恶心人，你以为我好欺负，我忍气吞声是不是？我说，不不不，真不是，我愿意接受你的任何惩罚，已经这样……我声音低下去，易华抹抹脸，将头扭转。天不早了，我提议吃个饭。易华哼了哼。我说，你不吃也没关系，找个地方坐坐总可以吧？这人来人往的，我又不会把你怎么样。可能是最后的话触动了她，她没再哼哼。

吃饭就那么一会儿，但等待的时间极其漫长，菜总是不上。搁到平时，我早离开了。易华不会和我再进另外一家，那有损她的身份和自尊。我不停地催，几乎发了脾气。易华刚才还怒气冲冲，此刻一言不发，我想提个话头儿缓解一下气氛，窥窥她的表情，终是忍住。

或许是烟雨笼罩的缘故，夜晚的街道懒散着，空气就显得有些暧昧。易华依旧一言不发，我替她打着伞。她不再步履迅疾，偶尔，还会停驻，望着某个地方。走了很久，拐进一条小街，她突然立定，冷冷地问，你打算一直跟着我？我猝不及防，舌头硬是转不过弯儿。你到底想干什么？尽管路灯昏暗，我还是看到沙粒状的东西在她脸上跳荡。我梗了梗，又梗了梗，再抹抹脸，说，总得了结吧？她说，我不会放过你。我说，我不是说了嘛，任何惩罚我都接受，但……她打断，天不早了，我累了。我说，好……吧，我送送你……她冷冷地说，我到家了。

易华消逝在巷子尽头，我仍站着发愣。我说过的吧？我曾陪老板慰问过易华，挺特别的一个小区。那个时候，皮城的楼还没像蘑菇一样往外冒，所以，我对她住的地方印象很深。看样子，她搬家了。楼一幢比一幢盖得高，价钱一天比一天蹿得高。有钱人太多了，总得让他们和别人拉开差距。易华换住处也在情理之中，可是……我打量着残破的小巷，疑虑重重。

我淋感冒了，昏睡了一天一夜。来得快去得也快。早上给王红买烧饼，感冒的影子都跑掉了。上午眯了一觉，中午给王红送了一份盒饭，是从大清花要的饺子。王红吃了一个，给我夹一个。我挺别扭，但尽可能配合她。对于我，这也是一种"驯"练。没什么生意，王红让我看店，她出去逛逛。她出去没一会儿，我收到易华的短信：你来一趟。我问去哪儿？她回复：巷子口。我琢磨，该是她家所在的巷子口。王红被我召回，一脸不痛快，我只说有事，未做解释。

会易华的路上，我满脑子杂念。一个人脑袋彻底空了不是坏事，做到却太不容易，恐怕得修炼百年。

易华等着。苦大仇深，骨瘦如柴。这两个词汇刚冒头，我狠狠掐自己一下。我不是东西，但不能太不是东西。

她划我一眼，什么也没说。我跟她后面，看着她突得很高的肩胛骨。巷子尽头左拐，是另一条巷子，更细更瘦。走了很久，没碰到行人，没看到小猫小狗。除了我和她，没任何活物。青石板路，她的鞋触在上面却没有声响。终于，她停住。一对斑驳的大铁门，暗红色，一些地方已经起皮，一些地方锈成黑色。门板很重，看得出来，她很用了些力气才推开。当时我傻着，没有帮她。两间平房，独立小院。已经有些年头，墙基的水泥大部分脱落。院里种了几株不知名的花，颜色深红，冒血一般。听她插上门闩，我竟有些慌。她冷冷地不屑地瞟我一眼，仰着脸进屋。

老房子窗户小，屋内光线暗淡。墙壁颜色驳杂，角落不知是蛛网还是浮垢，模糊不清。沙发对摆着，已经看不出颜色。小茶几上放着一个水壶、一个水杯，一把修长的水果刀。我很是吃惊，她怎么住这么个地方？在此，时光都变得迟钝。

这是你家？我终是没忍住。太意外了。

易华冷冷地攫住我，不许可？

我摇头，不是，只是……

易华突然暴怒，住哪儿是我自己的事，你是什么东西？凭什么、有什么资格指手画脚？

我愕然，脾气也来得太快了。我连声说"对不起"。

你是东西不？

不是。

你是畜生。

对，我是畜生。

你猪狗不如。

对，我猪狗不如。

你就不会说点别的？

这也太霸道、太不讲理了吧？我反问，我该说什么？

我骂你，你为什么不还击？说来听听，你为什么猪狗不如？

我瞄瞄她青白的脸，缩回目光道，天生的。

我真想捅了你。不知什么时候，那把水果刀已经在她手上。你说我敢不敢？

敢。

该不该捅？

该……我的声音有些颤。死在这个地方，真是什么都说不清了。当然，人都死了，也无须再说清。我是犯了错，离死罪还远着呢。我想象过自己的死亡，但不是这样，也不是现在。面对她变态的审讯和训斥，我只能这样应答。我不敢逆着她。

她走过来，刀逼到我鼻子底下。那一刻，我几乎没了呼吸。

我不会杀你。她把刀丢下。我不想做杀人犯。你也不配。

我觉得后背有液体渗出。我是不配。

她说，别指望我放过你。

我说，只要你解恨，什么都可以。我们可以谈谈，就这么……对谁都不好。

她审视我一会儿，说，我想过了，我不告发你。你不让我好过，你也别想好过。我什么时候喊你，你什么时候到。

我不解，那一刻的目光应该像极了白痴。

挨骂！易华颇有些气势汹汹。我想了好久，就这样惩罚你。你不能迟不能早，不能罢工不能逃跑。什么时候，我的气出够，就算完。

我愣怔着，这样的惩罚也没什么，反正没人听见。只是，总要有个期限才对。

怎么？不接受？

我蠕动喉结，好……吧。

迈出那个院门，我滑了一跤。锈迹斑斑的铁门在我身后合上。我爬起，踉踉跄跄，像喝醉了。好在巷子空空荡荡，甚至光线也已经移到墙顶，我没碰撞到什么。

八

半个月时间，我去了九趟。没有规律，有时上午有时下午，还有一次是晚上。八趟是接到她的指令，另外一趟是我送货上门。每次她都到巷子口接我，似乎担心我迷路，拐到别处。我没失约，这种方式虽然怪异，但只要能解决，我接受。另外，我对她，对那座院子，乃至那条总是空荡荡的巷子，有些好奇。我并不是挨骂上瘾，送货上门，而是想试试，我一个人去能否找到那座院子。那天，估摸她在学校，我悄悄去了。巷子很好找，因为巷口有个杂货铺，旁边有家粮店，我记得很清楚。走至巷子尽头，左拐，我小心翼翼地踩着青石板，隐约有一丝兴奋。虽然没有门牌，但锈迹斑斑的红铁门本身就是记号。一路走过去，铁门大都这个样子。在巷子顶头，右拐，是另一条巷子。我往里走了一截，退出来，迷路就惨了。已经迷路了。不但找不到易华的院子，巷子也走不出去了。巷子似乎无限延伸，机关重重。我忽而前进，忽而后退，没头苍蝇般，脑子彻底乱套。除了易华，我不知向谁求救。我描述不清自己所在的具体位置。看见易华那一刻，我没有尴尬，反有几分欣喜。易华皱着眉，没叫你，怎么来了？我老实坦白。易华没理我，进屋，她猛推我一把。我直摔在沙发上。雨点般的辱骂盖过来。那是她最凶的一次。

　　挨骂好像挺简单。无论她怎么恶毒怎么撒野，我装聋作哑就是。死猪不怕开水烫，总比坐牢、比付赔偿金好。若算账，确实这样更划算。可没那么简单。我哑听着还不行，必须还口。那情形更像不对称的吵架，她凶一些而已。我不会吵架，自小如此。在她的逼迫下，挖空心思还击。似乎还真奏效，易华的身体如狂风中的树苗，摇摆中失却原形。她的脸要么彻底失血，惨白如骨，要么瞬间充血，褐紫如檀。我的还击越狠毒，她似乎越痛快，从暴怒中恢复后的状态就越好。平静之后，她倒一杯水，同时给我倒上。她的生活似乎比较粗糙，水杯竟然是公交司机常拎的那种。有时，她会削苹果给我。我不怎么爱吃水果，触到她的眼神，尽管已经温和，还是心有余悸。被动地吃着苹果，味同嚼蜡。你可以走了。最后，她都这样说。我并没有大赦后的轻松，相反，心如同淋了暴雨，湿沉沉的。

我很少去王小灯那儿了，因为易华的指令没有定准。如果我和王小灯正看着电影，或者他正讲某种恐龙的生活习性，我突然离开，他会扫兴。他不会说什么，但我有感觉。所以，我在河边逗留的时间更长了。从另外一个角度说，我似乎等待着易华的指令。

王小灯那儿还好，我少去几趟也没什么。易华的指令在某种程度上已影响到我和王红并不牢靠的生活，虽然我晚上出去的时候不多。踏进巷子，我就得把手机关掉，对易华这道附加命令，说老实话，我有某种感激。我无数次想躲到没有人烟的荒岛，终老一生。但我不能，不但不能，还得让线拴在身上。我已经没有前途，再榨不出任何东西，可这个世界上，还有人不相信。现在，我终于可以把这个东西暂时关掉。

但，老天，一出巷子我就迫不及待地打开手机，这是真的，似乎片刻耽误就错过千万元奖券。那天，我打开手机，信息蜂拥而至。我拨过去，王红问我在哪儿？我迟疑一下说在街上。王红问我为什么又关机？我说去政府开会，屏蔽。问她什么事？她说没事。我料定她有事。我坐出租车过去，店门锁着，问她，她不说在哪儿。我问旁边的店铺，说她与人打斗，可能被打伤了。我去了附近的医院，又跑了几个小诊所，都未发现王红的踪影。如果用"发疯"来形容我找她的情形，似乎有点夸张，但我确实心急如焚。

晚上，我回到王红那儿，她正窝在沙发上看电视。我很是恼火，问她干吗关机？她更没好气，你可以关，我凭什么不可以？我说我开会，她说她也开会。我平静了一下，问她怎么了？她不理。我道歉、检讨好半天，她才说上次偷鞋子的家伙又来店里，被她认出来。她没打通我的电话，只好自己揪那个人，结果吃了亏。她摔了胳膊，去医院拍片。没有大碍，我松口气。摸着她的胳膊，说些关切的话，暗骂自己虚伪。

我以为风波就此平息。睡前，她突然说，你不想在这儿住，就明明白白说。我讨厌男人说谎。我怔了怔，厚颜无耻地说，怎么会呢？我没住够，你撵我也不走。她哼哼，转身。我从后面抱住她，摩挲一会儿，感觉竟然来了。轻轻一翻，她躺平了。我正要伏上去，她突然道，你是不是觉得，我只需要男人的身体？我怔忡间，她卷回去。我僵在那里，如丑陋的标本。

我只能说谎，如实交代，王红一脚就把我踹了。被踹也没什么，可我还没找到住处呢。就这么，能对付多久？我心里没谱。对付多久是多久吧，这个世界我说了不算。

去第十趟的时候，我发现屋里有了不小的变化。墙壁粉刷过，通体透白，正面挂了一张世界地图。换了一张新茶几。沙发的位置重新摆过。她当然不会解释，我也没敢问，轻轻把苹果袋搁茶几上。来路顺便买的。我担心她会扔出去，她扫一眼，把目光移开。她沏了茶，搁我面前。我又是一怔，往常，她骂完才给我喝水。她察觉我的疑惑，突然道，你想说什么？我啊一声，摇头。她轻轻哼哼，有话就说，别吞吞吐吐。我想想，还是忍住。她不说话，拿起苹果削起来，技术绝佳，我盯着，暗暗叹服。削完第二个，她一片一片切开。可能她没吃饭，要补充能量。骂人，很费体力的。直至吃完，她也没骂。

开始吧。我终于忍不住。我的时间不值钱，但也不能这么耗。

不骂了。她往后靠靠，平视着我。

我啊一声，出……够了？

她像计算似的，过一会儿才说，不想骂了。

我没有如释重负的感觉，笨拙地说，那好。

怎么？你挨骂上瘾？她毫不掩饰自己的嘲弄。

我说，或许吧，我这个人贱惯了。

她说，我说话算话，那笔账了了。

我起身，尽量让自己的声音真诚一点，谢谢你。

如果你不介意，再坐一会儿。话很客气，但口吻是冷的，而她的眼睛竟跳起那么一点点慌乱，转瞬即逝。如果你要走，也可以。

我坐下。我是个闲人。

她说，我猜得到，能和王小灯合得来，肯定和他差不多。

我问，你很了解王小灯？

她摇头，知道一些，不了解。我基本不和人交往。很多年了，想找个说话的人，但挺困难的。有限来往的几个人，又不能和他们说。

为什么？我终是没忍住。

她突然面若冰霜，他们不敢听。

我笑笑，恐怖故事？

她的目光利刃般逼过来，不错，你敢听吗？

我竭力做出放松的样子，我该是那个你可以说话的人。你也这么认为吧？

她审视我一会儿，我骂你这么久……

我说，该骂。

她冷声道，当然该骂！

我小声附和，那是。

她停顿片刻，情绪平缓下去。能听我骂这么久也不容易，就是骂你的过程中，我忽然感觉，你是那个我可以说话的人。

我咧咧嘴，荣幸之至。

她追问，你相信吗？

我说，你还没说，让我相信什么？

她说，你相信我才说。

这就霸道了，好像希望我求着她。可是，我只能顺着她，而且，我确实好奇。

她的目光久久定在墙上，锋利，冰冷。我想，她在酝酿情绪。片刻，她垂头丧气地说，算了吧。

我问，后悔了？

她说，你未必信。

我说，你没说呢，怎么知道我不信？

她的神情突然满是痛苦，我不知道，不知道该不该说，不知道从何说起。

我说，你随便说，我肯定烂肚里。你放心。我又强调。

她问，你要走？

我的心忽地一颤。我故意笑笑，调侃道，怎么会呢？你还没下指令。

她的目光带着嘲讽，嘴角吊起来。

我坐着，没动。我想寻个话题。哦，你咋住这么个地方？

不可以吗？她反问。

我笑笑，挺安静的，不过……你原来的楼房卖了？

她警惕地瞪住我。

我再次笑笑，我去过你家，是陪领导去的。你不可能记得我，我是个拎包的，在人群最后边。

她的目光瞬间凝固，原来……你早就认识我？

我说，当然，认识你的不是少数吧，你做过报告——

她打断我，别提这烂事——你还知道我什么？

我说，皮城大学。老师。还有，你说的那些事。

她似乎吓着了，脸色泛青。她的目光定我脸上，并没有看我，像无意中遗落在我脸上的浮尘。原来这样。她低语。

对不起。好像窥见她最幽深的秘密。如果这些犯忌的话，我不知还能说什么。

你可以走了。

我没动，不愿就此走掉，也想看看她的反应。

你没听见？想赖这儿？她的声音如子弹射过来。

我没摔跤。我发誓。但身体剧烈地晃。

九

父亲的电话再次追来。我害怕，但躲不掉。作为父亲，他这么说那么说似乎不过分，谁让他生养了我呢？谁让我的招风耳和他的惊人相似呢？我整十次形怕也难以抹掉他的印记。但我知道，我是多么害怕听到他的声音。就是普通的唠家常，他的声音也让我起鸡皮疙瘩。他的声音已经让我过敏。

我决定回去一趟。父亲说了，我再"拖"着不办，他就到皮城求我。我和前妻的婚姻还有模有样时，父亲来过一次。我不想说，说不出口。父亲不会住旅店，当然我也不忍那么做。让他住哪里？我没勇气让他住王红家。阻止他的办法，就是回去。

我们宋庄出过两个人物，我算一个，另一个叫石丑，后来他发迹，改名石抽。冬瓜脸，萝卜鼻，柿子嘴。胳膊、腿都像庄稼地长出来的。又没文化，二十几岁生了满脸的疥疙瘩，哪家闺女见他都躲。谁能想到，这么一个人见人厌的家伙，竟然成了人物。关于石抽的发迹，有几个版本，没多么传奇。他发了，这是事实。几年前，石抽把宋庄一半的土地买去种土豆，没有土地的村民争相给石抽当雇工，包括我的父母。去年，石抽借口收成不行，没发工钱，一直拖到现在。按父亲的说法，去年石抽赚得更狠。虽然遭了冰雹，并不影响收成，而且石抽因灾拿到政府许多补助。更让父亲和乡党愤怒、憋屈的是，去年没拿上钱，今年仍得给石抽打工。今年不干，去年的钱更没指望拿到。父亲就是让我替他和乡党要工钱，看起来简单，其实很难。毕竟，世道变了，确切地说，是我变了。我曾托过县上的一个旧相识，也是存了些私心，即使别人的要不上，先把父母的工钱结了，但最后没有下文。我没和父亲说这个，说也白说。因为父亲固执地相信我是他的希望。

在镇上下车，我选择步行回村。十几里，没多远，主要是想走走。在镇上读初中的三年，家里没自行车，来回都是步行。八月的坝上，阳光依然浓烈，可能因为有风，并不热。很久没闻到麦子的清香，我使劲儿抽着鼻子，如果脖子上不挂着沉重的链子，这趟旅行还是挺不错的。

门锁着，我给父亲打电话，他和母亲一先一后从地里回来。母亲满脸欣喜，而父亲寻什么似的，瞅着我身后。车呢？车回去了？我说步行。父亲的脸顿时坠下，咋能步行呢？借个车也行啊。母亲说父亲，被父亲顶回去。我带着些许恶意问父亲，丢你面子了？父亲横我一眼，目光白里透红，像吊了一长串猪头。脸是深褐色，额上的皱纹更深了，也添了许多白发。我忽然就心软了，但我不说话。父亲抻抻脖子，说平时你爱咋回来咋回来，你现在是回来办事。父亲有他的逻辑，也可以说，是整个宋庄的逻辑。不能说这样的逻辑没有道理。我不想和父亲明显对抗，只能沉默。

父亲先憋不住，问我怎么个解决法。我回来其实是想告诉父亲，我不是不放在心上，实在是能力有限。但面对父亲的询问，我不忍。父亲说石抽的车不在，他肯定在县上。我说那就等两天。饭后，我想出去走走，母亲追出来，嘱咐我别急。我笑笑，放心吧。石抽村里的房子还在，专人看守，养着狼狗，曾经有要工钱的乡党被狼狗咬伤。

两天，没等见石抽。除了那个晚上，我再没出去。母亲陪我半天，下午便急急地下地了。石抽给雇工的工钱是每天八十，母亲陪我半天，赔进去四十。尽管是账，也是钱啊，是自己挣下的。如果父母耕种自己的地，我会帮他们干。现在，我不能，那会吓坏他们，让他们颜面扫地。没事可做，我就躺在炕上睡大觉。我和王红通过一次电话，不过是传递一个信号，我惦记着她。这些小伎俩对付小女孩或许有效，对王红不会起作用，更不可能凭这个拴住她，我很清楚。但除了这个，我一无所有。我给易华发短信，告诉她我回老家了。她好几天没联系我，但我有预感，我们没有结束。不，我当然不是挨打上瘾，像王小灯那样。我和她的账已经结算。我也不是迷恋那空空荡荡的巷子和长着鲜血一样花朵的院子，我不适合那种地方。我说不清牵扯我的是什么，或许是她欲言又止的神情，或许是她特别的身份。她没回复。她阴晴不定，我也只能发个短信。

晚上，我提出去县城找石抽，父亲说这样也好，鸡不下架，就去窝里堵。父亲把写有石抽住址和电话的纸条给我，母亲再次嘱咐我小心，石抽在县城的家狼狗更多。父亲让我起早点，以防石抽回村，我去县城反而扑空。他的心思我瞧得极明白，我不痛快，但次日天蒙蒙亮就爬起来。这或许是作为儿子应尽的义务。

按照纸条上的地址，我找到石抽的家。我一直没正面和石抽接触，是十分清楚结果。不想自找难堪，自讨没趣。如果石抽认为我还是宋庄的人物，欠谁的也不会欠我父母。如果他继续耍赖，我只能下最后通牒，找律师，法庭上见。我没别的招。

在客厅等了足有半小时，石抽从二楼下来。其间，我有一搭没一搭地看着跪在地上擦地板的保姆，她很像一只长臂猴。石抽呀一声，夸张地握握我的手，柿子嘴咧得足有二指宽。似乎我是他久候的贵宾。我终于逮住机会说明来意，石抽的冬瓜脸顿时失了水分。我养活了宋庄，这么说，你不会不同意吧？……可他们怎么对我的？我很伤心，伤心透了。

我听见自己耳朵里有一种奇怪的声音，像蚊鸣。这时，一个挺着大肚子的女人走下楼梯。父亲的消息是准确的，她的年龄也就二十出头。石抽的目光从她身上掠过，声音忽然稀软了，我说是说，怎么会欠宋庄人的钱呢？我老婆要生了，我走不开，过几天我就给他们结清。我说着场面上的感谢话。石抽当下订了酒店，说中午喊几个人和我一起坐坐。

我出门，先给父亲打电话，之后在县城转了一圈，十一点左右，溜达到石抽订的酒店。石抽给我面子，让我意外。卸掉背负已久的重包袱，我确实轻快许多。服务员告诉我，房间是订过，十分钟后就取消了。我立在那儿，数不清的耳刮劈啪而下。

<h2 style="text-align:center">十</h2>

那天是王红生日，我两喝了三瓶干白。我不怎么爱喝这玩意儿，酸了吧唧的。但王红爱喝，说干白没假的，也不掺别的乱七八糟的东西。我想这是她的借口，主要原因是地下室藏着几箱干白。那位货车司机常给酒厂运货，地下室的干白都是顺手牵来的。每次喝干白总想踹那家伙一脚，他少牵一点儿，我何苦受这份罪？但几杯下肚，觉得所有的酒没什么区别，喝多头都会涨。

酒后的王红朱唇半启，目光迷离。喝多了，她不怎么说话，所有的言语都悬挂在目光上，让我想起挂着床单、被褥、风衣和胸罩的院子。我在里一层外一层的院里行走，肩膀和头顶不时碰着悬挂的床单、被褥、风衣和胸罩。那些还滴着水珠的衣物，散发出湿漉漉的香气。

我把她杯里剩的酒倒我杯里，一饮而尽。我说不能喝了，再喝什么也干不成了。她微微嗷嗷嘴，床单被风刮了似的，左右飘。我半扶半挟着她进了卧室。人不能天天醉，天天醉就成了酒鬼，但从来不醉也实在没趣，一个月醉一两次挺好。第一次和王红喝酒，就和她交流过我的醉酒理论。我对王红唯一的影响可能就是这个，自和我住在一起，她每月都会醉，确实是一两次。她的生日，醉也应该。我没给她什么礼物，自前妻的N个生日后，我不再给女人送生日礼物。但我得有所表示，必须做些什么。不能敷衍，必须好好做。我担心酒喝多做不好，所以王红躺下，我溜到卫生间用冷水冲了脸。我清醒了，但清醒过了头。格外清醒，我会被阴影罩住。我有些虚。我努力不去理会，解王红扣子的时候，手难以自控地抖。那不是兴奋，我清楚。我把她剥光，还想剥。但实在已经剥无可剥。王红闭着眼，颤抖地哼唧着。

王红睁开眼，我的前胸后背全湿着。别忙了，她说。我还想试试，我不甘心。王红推我一把，没多重，可那个时刻，她任何阻止的动作无异于利剑封喉。王红背转身，我如火炉边的冰块，慢慢化成浆水。

第二天，我没起早给王红买烧饼。烧饼拴不住王红。我甚至觉得，度过那样一个夜晚，我买的烧饼或许会让王红恶心。在这样的早上，王红肯定有话要说。我不愿意听，可终究躲不过去，是吧？那就让她说好了，我洗耳恭听。我知道王红早就醒了，我猜她在琢磨怎么说。过了很久，她什么也没说，起身进了卫生间。她在冲澡。帮我擦一下哎。我转过头。就在那个瞬间，我燃烧起来。爆竹般从床上跳起，有时候，我很容易点燃。

那个早上，我挽回颜面，但并不痛快。王红走后，我赤裸着立在阳台上，久久立着。

王小灯敞开他的秘密，而我把自己严密包裹，因为我害怕，也因为我不接受这样的自己。终究，是躲不过去的。再怎么包裹，也不能改变已成的事实。是的，我有病，和前妻在一起的后半段，我的病就开始发作。许多本该美妙的夜晚，我展演着一次又一次失败。同时，我的身体生长着难以遏制的强暴欲望。我以为症结与前妻有关，后来与口吃女人，与王红也同样。老实说吧，我强暴过前妻，强暴过口吃女人，还有王红。她们躺在我身边，我常常无动于衷，但她们干别的事，我会突然……那个口吃女人曾经摔过我一铲子，她当时正炒菜，我从后面撩起她的裙子。我就像伪劣爆竹，总在不恰当的时间、地点爆炸。对易华的那个晚上，我已经不是初犯。只是，我不认可那个称呼而已。

强奸犯！

强暴犯！！

我是强奸犯、强暴犯！！！

那个早上，我赤裸着立在阳台，第一次没再把那个可耻的词汇丢开。前妻、口吃女人选择了离开，易华选择了沉默，王红还没踹我，也是早晚的事。多年来，我一直在想自己为什么变成这样。其实，我很清楚，我被强暴了。我强暴，是因为我被强暴过。这个逻辑有点混蛋，但我不是胡扯。只是我搞不清楚，谁强暴了我，不是一点不知道，是说不清楚。那是一种渐进的难以觉察的强暴。在这点上，她们比我幸运。至少，她们知道耳刮掴谁脸上。我盯着对面的烂尾楼，试图整理出什么，但脑袋涨了，脑里还是空白。

中午，我溜达到王小灯那儿，喝酒，下棋。我心不在焉，王小灯嘲弄我魂不附体。我的魂在，是那个我从来不愿意正视的词汇压得我走了形。我其实想和王小灯说说。他敢说自己，我为什么不？可是，终究，我没说。王小灯放电影，我看不进去。

我在河边转了一圈，然后抓着一叠广告单离开。售楼的，卖墓地的，卖药的，贷款的，我随便拨一个电话，反正没人知道我是谁，胡扯呗。可那边接通，我立马挂了。没什么劲儿。这些花花绿绿的广告单，看上去什么都可以解决，从生到死，从死到生，但不能解决我的问题。

待看见那个杂货铺，我立定。易华有半个月没联系我了，从老家回来，我没再见过她。不见就不见，或许结束了呢。站到巷子口，我忽然明白，我还惦记着她。一个强暴者的惦记。她原谅了我，但我的身份没有更改。我想把我的真面目告诉她，那次绝非偶然。她最好去举报我这个被强暴的强暴者，她有这个资格，她的举报也有效。这么下去，我会烂掉。我不想烂，惩罚或许能让烂缓慢一些，轻松一些。

我坐在巷子口静等。脸一半被斜阳照着，一半埋在影子里。

黄昏时分，我突然抬起头。我没听到她的脚步声，更没什么预感，但神奇的是，就在那个时刻，我看见了她。她没骑自行车，左肩挂个黑色皮包，右手拎着食品袋。她微低着头，心事重重的样子。然后，她的目光跳了几跳，定我脸上。我招呼，她不应。我跟她身后。巷子依然空空的，她单薄的背景略有些模糊。大铁门似乎更重了，她几下才推开。红得滴血的花朵凋谢了，花枝上吊着几个勺子状的壳。

谁让你来的？她把门关在身后，质问我。她的脸倒是没怎么青，目光也没有太冷。

有些话，我必须对你说。不说不行。我有些喘，像长长的巷子耗尽我的元气。我是个烂货。这个世界最大的烂货。

她的目光渐渐冰冷，你为什么和我说这个？忏悔吗？

忏悔？这个词汇在我脑子里滑动数秒。不不。没等我再说什么，易华不容置疑道，我们已经两清。

我不是故意打扰你——

你有完没完？

我呆了一下，说，对不起。

她坐到沙发上。原来我俩一直站着。我坐她对面，突然不知说什么。无尽的沮丧漫上心头。

我已经忘了。她声音平静，冷淡。如果你是来说这个，现在可以走了。谁也别打扰谁。你我从来没有认识过，过去死掉了。

这相当于下逐客令。但我没动。既然她禁止我说，我就咽掉好了。干吗求她举报？让我烂掉吧，我早已不在乎。

我决定离开。她突然问，你没吃饭吧？我愣了一下，点点头。她说，吃过饭再走吧。她习惯了发指令，或者说，习惯了给我指令。我不知她的态度为什么突然转变。

非常简单，小米粥、咸菜，外加几块蛋糕。易华说家里没菜，多年来她晚上只吃这个。我又不是来解馋，虽然我是酒肉之徒。饭后，她削苹果递给我。然后，看定我，你来还有别的目的吧？别躲！

我也就不再躲，照直道，那天，你好像要讲什么？

她嘲讽道，装什么聪明？讲什么？跟你能讲什么？

我笑笑，我不知道啊。

她盯我一会儿，我对别人讲过，不过，没几个听得下去。我很难受。我发誓死也不讲了，烂在肚里。那天……她顿顿，你想听吗？

我点头。她太敏感，我的任何言语都可能撞着她。

她又停顿一会儿，终于下了决心似的。好吧。她说。有的过去可以死掉，有的过去无论怎样努力，都死不掉。你说，你慰问过我，关于我的事你知道一些，但有一个情况你不可能知道。说起来很复杂，当然，也就那么点事。我和他的婚姻早就出了问题。

她停下，观察我的反应。是有些意外，但也没什么，伟人的婚姻也出问题。

那天，他去那个地方是会一个女人，不是后来传说的那样。我有证据。我清清楚楚、明明白白。我什么都知道，可无能为力。哀求、咒骂、哭泣，我是大学教师，我的作为和没有文化的女人没有任何区别。那个夜晚发生了一些事，但不是报上说的那样。当他的消息传来……他们把消息带给我，我蒙了。我像个木偶，被牵着走。我明知道不是这样，可不知道怎么办。我无耻地告诉你，我拿了许多钱。我吓着你了吗？

啊？没有。我否认。可……我的眼睛一定瞪得很大。

你脸色不好看，还听吗？……我糊里糊涂，直到他们把稿子给我看，我才明白了一点点。可是已经晚了，我无路可退。我试着和照顾我的人说，可刚提个话头，就把他们吓坏了。他们说我受了刺激。我还在医院住了一阵子。我很清楚地知道，我再也没有退路。

铃声突起，格外刺耳。

为什么不关机？她毫不掩饰自己的恼火。

是王红。我没接，手忙脚乱地掐掉，连说对不起。但易华的脸已经冰冷。我试图解释，易华说，也没什么，就这点事。可是我知道，这只是开始。我还想说什么，易华已经做手势让我离开。

我给王红打电话，语气一定带着火药味。王红反问，我不能给你打电话啊？我语塞。好半天才说，我没这个意思，我有很要紧的事，找我干吗？静了一会儿，王红的声音终于传过来，像慢悠悠的老牛车，我想知道，你是不是还活着。

十一

看见没？王小灯的声音透着兴奋。

放大镜下，那枚恐龙蛋极不光滑，凹坑处颜色发暗，看不清是污垢或别的什么东西。

　　咋会看不到呢？失望时，王小灯的嘴唇像失却水分的树叶一样卷了边。但他很快为我找到理由，还没针尖大，你外行，当然不容易发现。王小灯给我讲他的浙江之行。报上说浙江一个地方发现了上千枚恐龙蛋。那些蛋里面，可能还有没变成化石的。如果有，王小灯会想办法弄到，那样，王小灯的奇迹就不是一个。很可惜，他看到的全是没有生命迹象的化石。

　　王小灯还讲了些别的事。我记不清了。我心不在焉，盯着他的嘴巴，犹疑着该不该说。父亲打过多次电话，田里的活干完了，石抽的儿子也已经满月，但只结了今年一半的工钱。找律师的提议遭到父亲强烈反对，绝不能打官司，以后还要挣石抽的钱，找律师等于自绝财路。你再想想办法，你在上面一个说话的人也找不到？我不能对咄咄逼人的父亲发火，他也顶着压力，那是半个村子的希望。我也不解释。再无能，我也比乡党说话管用。可我上面有什么？只有属于我的天空。无论我找什么理由，要不回父亲和乡党挣的钱，那是不行的。我的电话会被父亲打烂。我想到王小灯，也只能找他。与县长相关的事，王小灯一向抗拒，他不喜欢求人，尤其不喜欢求老婆。这个我知道。我和王小灯交往没有任何功利，我俩的随意与默契当然与此有关。可能，王小灯会管，也非常可能，我会失去他，我唯一的朋友。问题是，除了王小灯，我再不知能找谁。

王小灯问我怎么了？那句话几乎冲出来，又被我咬碎。我说自己没睡好。这是实话，好几天，我在黑暗中大睁着眼睛。王小灯问要不要下两盘？我无言坐在桌前，暗骂自己无能。我的棋艺不是一般的糟，王小灯略有些扫兴。我得出去一趟，不等王小灯有所反应，急走出来，去救火的样子。

到了大街，我慢下来，说不清刚才为什么走那么快，难道怕自己说出来？那不是此行的目的吗？不求王小灯找县长，怎么交代父亲？脑子大乱套。我想理理，反而越理越乱。

路过一个房屋中介，我停住。地上立着两块黑板，一块上面是出售信息，一块上面是出租信息，分别用红色和白色粉笔写着。字不怎么样，当然，字不是卖点，没必要写多么好。我写得一手好字，别人说的，不是我自吹自擂。我检索一会儿，问那个在我身边站立已久的女人，可否看看房？女人讪着脸说，没问题啦。这几天，我跑了不少中介，没找到合适的。

易华打来电话，我和女人刚进楼道。光线特别暗，墙壁基本就是广告栏。有直接印在墙体上的，有写在上面的，更多的是张贴的打印纸，花花绿绿，五花八门。我返身，女人追着解释，屋里很干净，谁也不在楼道睡。我没理她，不是故意的，她可能生气加上失望，不知嘟囔什么。

易华直立着，像削过的竹片。已是深秋，风很大，尤其是巷口。她在风中摇摆，随时可能随风而去。她照例不说话，甚至目光都没在我身上停驻。进屋，我发现她眼眶比往日大了些，但精神不错，似乎还涂了浅淡的口红。我感冒了，躺了几天。她淡然道。我略感意外，她有解释的意味。我在巷子口守了两个下午，还去过她单位。我没讲完，还听？我无言点头。

她似乎进入不了状态。大约静默了半个小时，她才开始讲述。你听过报告会？

我再次点头。

那不是我写的，是他们写好，我不过是照本宣科。你不知道，那对我是怎样的折磨。那根本不是他，但我必须照着读。那样的时刻，我比木偶还木偶。我欺骗自己，暗中为自己鼓劲，那就是他，是我不曾了解的他。每次我都哭，满脸是泪。可报告结束，我还没从台上下来，真正的他就浮出来。距我几米的地方，我甚至可以感应他的呼吸。

易华停住，我想倒水给她。水壶空着。

你要喝水吗？

我摆摆手。

那半年，我一会儿架在火上，一会儿浸到冰窟。结束了，终于结束了。我想只要结束，别人会把我忘掉，我就可以像别人，像自己过去那样正常生活。确实，没多久，我就自由了。

但是……我的麻烦接踵而来。我不停地做噩梦，不分黑夜白天地做。睡觉做，不睡也做，有时坐在公交车上，盯着某个人的脸，脑里也会冒出惊险的画面。我认为是他的缘故，搬了家，想彻彻底底、干干净净摆脱他。我丢掉和他有关的一切东西。没用。噩梦如影随形。于是，我不停地搬家。可……唉。不能正常工作，我申请调到资料室，那个地方可以随时眯一会儿。哈，看起来，我整天都在睡觉，可整天犯困。我在续接一个又一个噩梦。

她的目光在屋角停驻。那里曾经挂过蛛网，也悬挂过她的噩梦吧？

睡不着，就胡思乱想。有许多次，我深更半夜溜到大街，我想干坏事，想把自己搞臭，垃圾那样臭。我怀里还揣过水果刀，只要照哪个人捅一刀，就成了凶犯。可是，我没有勇气，后来，我盼着碰到坏人，盼着被强暴。

她瞟我一眼。彼时，我的脸滚烫，心里却想，这是用强暴冲淡被强暴，还是用被强暴掩盖强暴？

很愚蠢很可笑是不是？我就是那么想的。但真正发生那样的事，我并不好受，我当然不会感激你，打你骂你是轻的。

我感觉整个身体都烫了。

这么多年，我一直想找个说话的。找不到。我有病，但不想被当成疯子。我知道自己有病，我不停搬家，半夜去街上游荡，是想自我疗治吧？我骂你，是你该骂，对不对？

我忙着点头。我很想告诉她，在这个世界上，被强暴的不止她一个人，方式不同，结果是一样的。某种程度上，她是幸运的，因为她知道那一切是怎么发生的。

骂人也是疗治，还挺有效。真的，我身体什么地方堵塞了，骂一次，就通一点。现在，我把最隐秘的事说出来，觉得全身都通了。感谢你，似乎很荒唐。可是，确实，确实……应该……感谢你。

也该好了。我附和。真能好吗？我有些怀疑。

可能是吧。你第六次来，我就能睡着了。感冒这几天，我呼呼大睡。病没了，想法也变了。我记恨过他，现在记起他许多的好。没有谁不犯错，不过老天先把他带走了，没给他改错的机会。那些加在他身上的东西，他没做过，未必不想那样做，只是还没来得及。那是活着的人送给他的梦，对他没坏处，对别人也没坏处。怎么？你觉得不对吗？

我啊一声，不……你这样想，挺好。这不是真话，但也不是假话。释然的同时，另一种东西却堵在了心口。

沉默一会儿，她突然道，我的花结籽了。

我不解地看着她。她转身拿出一个塑料袋，张开口让我瞧。几个勺子状的花壳，褐色的皮爆开几条缝，露出炭黑色的籽。她说种了好多年，每次换地方，都把这些花移植过来。那些红得如同滴血的花朵。

我问她是什么花。她摇头，不知道，从野外移的。

她的手机响了，她进了里屋。我略有些吃惊，她有过禁令。我等她再说些什么，我一趟趟来，不就是想听她说吗？

几分钟后，我悄悄溜出来。她还能说什么呢？她从黑洞里走出来了，祝福她吧，可我的心疼得更厉害了。出院门时，又摔了一跤。头倒是没摔晕，两个膝盖像心一样痛，巷子显得格外幽深。我其实想走快一点，还有许多事等着。走至巷口，劲风几乎把我掀翻。左是路，右也是路，我犹疑着，不知往哪个方向走。

风又一掀，伴着鸣笛，更猛了一些，我没站稳，身子歪了。我没急着离开，任身体树枝般晃来晃去。

秋风杀

一

只是一把水果刀，刀柄刀把加在一起，不过一拃长，但揣在身上，就不再是普通家什了。他胆小，用女人黄桂花的话，连老鼠都不如。他不敢杀猪不敢杀鸡，就是一只麻雀，他也没胆掐。老鼠不至于怕麻雀吧？黄桂花的话是有根据的。娶黄桂花的第二年，从田里回村的路上，唐喜看见黄桂花肩膀上趴一条毛毛虫，没替她捉，反而受了惊，大叫不止。不像男人，太不像男人了。可是，谁能想到，他把那么锋利的东西揣在身上。对他而言，已经不再是水果刀，而是……凶器。这两个字从牙缝溜出来，唐喜不可遏制地战栗了一下。

太阳还在西天上晃荡，现在还不能去。唐喜在院子里转一圈，又转一圈，然后拿起那把已经退役的秃尾巴扫帚。好的那把昨天被二愣娘抄走了，同时抄走的还有铁簸箕。二愣娘还想抱走一卷被褥，被黄桂花拽住。两个女人瞪视片刻，二愣娘大约从黄桂花的泪眼中看出压抑太久的悲愤，只丢下一句警告：不把二愣的钱还上，我把你房顶的瓦揭了。揭瓦，拔锅，二愣娘不是第一个说这话的。那些动手早的，要么牵走唐喜的牛，要么开走摩托和三轮，要么捉了鸡和猪，虽然这不足以抵唐喜欠他们的债，但抄上总比没有好。动手晚的，抄走的东西就不值钱了。不值钱也要抄。像二愣娘，绝不是稀罕那扫帚和簸箕，而是心中积聚着怨和怒。辛辛苦苦赚的钱，一夜之间打了水漂，谁也受不了。他们被唐喜坑了，没把唐喜大卸八块，已经是手下留情。

扫完院子，唐喜看看天，扫完第二遍，唐喜又仰起头。太阳生了锈似的，一动不动。扫过第七遍，唐喜恨恨地骂过娘，进屋。冷冷清清，除了他还在出气，再无活物。女儿读寄宿高中，黄桂花回娘家了。这几个月，黄桂花没少和他吵闹，但每有人上门索债，她仍站在他一边，讨好、赔笑、理论、争吵，尽管她一遍遍说，这日子没法过了，但没离开他。可今天中午……唉，中午……黄桂花在床边躺着，让他拿件衣服盖住她。黄桂花的背心没系到裤子里，往上翻卷，腰尾似露非露。就是那一刹那，唐喜动了心思。自灾祸飞来，唐喜再没和女人求过欢。没有一丝欲念。可今天中午，他突然难以自控。黄桂花让他滚开，他没滚，反而下手更重。黄桂花飞起一脚，他栽到地上。老娘不和你过了，黄桂花下了最后通牒，没理地上的唐喜，像那些上门索债的人一样，怒气冲冲，摔门而去。

唐喜盯着不久前躺着的那块地方，眉头又皱起来。他仍然糊涂着……那感觉很奇怪，仿佛一百二十斤的肉身不是被女人踹下去，而是秋风扫落的树叶，轻飘飘的。飘到一半，似乎还停顿了一下。阳光从粘了胶条的玻璃透进来，将他的脸割得七零八落。他眯了眯眼，然后才往下坠。没有一点声音，也感觉不到任何疼痛，那可是硬邦邦的砖地啊。尽管看不出砖的颜色。算了，不想了，想这个问题又有什么意思呢？

唐喜追堵过乔大风十多次。像那些追堵自己的人一样，唐喜红着脖子理论过，也哀求过，但从未抄过乔大风的东西。乔大风值钱的东西可比唐喜多，据说那辆车就二十多万，更未想过动刀子。他倒是听有人威胁乔大风，少一分一刀捅了你云云。当时，唐喜还想，捅了乔大风又有什么用呢？把大家都坑了。谁想别人没动手，倒是他唐喜……他的念头滑来滑去，揣了凶器，并非一定做凶手，对不对？看见刀，乔大风的态度也许就不同了。乔大风总是诉苦，但他断定乔大风手里有钱，说不定在别处还有财产，不然，乔大风凭什么养小老婆？狡兔三窟嘛。他唐喜虽然胆小，也背着黄桂花藏着钱呢。当然，不是为养别的女人，替女儿存的。就算被那些人揭了屋顶的瓦，把房子烧成灰，女儿也不会流落街头。

日头总算沉下去。唐喜走出几步，又折回将门锁住。没有值钱东西，毕竟还有被褥，还有锅，还有半袋面。房子在村庄西南角，不用经过主街道，出院径直往南走三公里就是公路。可唐喜边走边左顾右盼，生怕被哪个眼尖的债主堵住。

雾霭从地缝爬上来，悄然吞噬着田野和树木。走了一段，没碰见人，摸摸胸口，东西还贴着。他吁口气，回头看着朦胧的村庄。谁知道呢，也许这一去，就回不来了。如果乔大风嘴巴硬，如果……唐喜的脸顿时湿漉漉的。他抹了抹，毅然转向。

唐喜胆小，但脑瓜子活，因此，在村里的地位不比村主任差，某些时候，甚至比村主任还牛，村主任也求过他。唐喜贩过牲畜，当过瓦工，种过甜菜，和乔大风就是在这个过程中认识并与他合作的。准确地说。是生意关系。唐喜种甜菜，乔大风收甜菜。乔大风把收来的甜菜卖给其表哥，其表哥开着糖厂。某一年，乔大风收了甜菜却没给唐喜钱，提出钱存他那里，付给唐喜超出银行数倍的利息。唐喜犹豫了几天，想乔大风也赖不了账。半年之后，乔大风爽快地结算了利息。唐喜的忐忑消失了，担心消失了，乔大风还是很可靠的。就这样，唐喜不但成了乔大风的客户，还成了乔大风的代理人。村民把钱贷给唐喜，唐喜再贷给乔大风，乔大风又把钱贷给表哥。唐喜吃差价，乔大风也吃差价。那些先前持怀疑态度的人，像退休在家的柳老师，最终也偷偷找到唐喜。一次，两个村民因为谁先存谁后贷，竟然在唐喜家动起了手。动手也就罢了，还撞碎一个暖壶。暖壶不值几个钱，但黄桂花不高兴了。黄桂花不高兴，唐喜也就不高兴，拒贷他俩的钱。黄桂花脸放晴，唐喜也就不再和他们计较。那真是金灿灿的日子，就在年初，乔大风还喷着浓重的酒气，拍着唐喜的肩膀，吹嘘他表哥多么多么了不起，银行还向他表哥借钱。可一夜之间……唐喜绊了一下。公路上光溜溜的，搞不清什么绊了他。

夜色中，营盘镇像一只挨了打又被涂过记号的鸡，灰头灰脸，但某个部位却闪着刺眼的光亮，很滑稽。唐喜几乎每天往镇上跑，有时白天有时夜晚，有时生病也硬撑着。不在镇上住，但对镇上的角角落落熟得不能再熟，此刻却有些陌生。香死你拉面馆是什么时候冒出来的？他竟然不知道。唐喜走进香死你拉面馆，要了面。服务员问喝酒不？他犹豫片刻，说来个小二吧。他已打定主意，并不害怕。喝点酒，就更不怕了。他不能怕，已经没有退路，还怕什么？他又摸摸那个部位，还在。他能感觉到，冷硬，锋利。

二

乔大风住的是独栋三层楼，站在楼顶，并不能望出多远。但爬到楼顶，仍是他最享受的喜好。虽然望不远，却能看到别样的风景。卖肉的怎么糊弄人，买烟叶的老汉怎么讨价还价，小偷如何把手伸进妇女的衣兜，甚至那只野猫怎么勾引发情的母猫，都会入眼。去年秋天，得手的小偷在撤离的片刻，仰起头，和乔大风的目光撞上。小偷稍一愣，很淡定地冲乔大风点点头，反而放缓步伐。乔大风先前没见过这个人，应该是个过客。乔大风盯着小偷的背影消逝，没发出任何声音。乔大风不认为自己是坏人，他不偷不抢，至于别人如何，他管不着。要警察干什么？国家又没给他乔大风发薪水。蛇有蛇路，鼠有鼠路，小偷也有小偷的难。也因此，乔大风知道许多别人无从知晓的秘密，像马裁缝和卖水果的二萍是怎么搞在一起的，柳镇长为什么喜欢去喜来饭馆，等等。乔大风看到，但绝不乱说。对于婧也不讲。于婧曾好奇地问他为什么老往楼顶跑，还跟着上来过，不到二十分钟就下去了。没意思，这是她的评语。她看不出什么，当然没意思。

当然，更多时候，乔大风看到的不是隐秘和故事，几乎是不变的单调景致：灰塌塌的街道，吆喝的贩子，斗嘴的男女，在旮旯里默默晒太阳的老汉。就是这样，乔大风上楼顶的次数也没减少。望见什么并不重要，他喜欢的是站在高处凝望的感觉。虽然只是三层楼，与二十层、五十层相差太远，可与地上的人比，他总是在高处。谁都想站得高一点，可多高算高呢？就像镇长，管着一万多人，谁见不点个头？可镇长与县长比，又算个鸟？县长与市长比呢？鸟也不算。乔大风不是富豪，也没什么特别，可走在街上，谁不对他笑？这就够了，还要怎样？他很懂这点。他当然有能力住到县城，也可以像表哥一样跑到市里。他没去。有几次，他都答应了于婧，多半是他趴于婧肚皮上忙活的时候。最终，他没犯昏。在镇上，乔大风这个名字没有锣鼓响亮，但掉到地上，是能砸出声响的，跑到县里、市里怕不如别人一个屁。土鳖。于婧这样骂他。土匪为什么占山为王，因为只有在那个山上，才是王。离开那个山头，就是一只虫。也许听了于婧的，住到县城，她就不会跑。可谁知道呢，或许跑得更快。

乔大风不知爬过多少次了，但从未如今天这样喘不上气，中途歇了两次。乔大风没照过镜子，但知道脸一定很灰。三天没洗脸、没刮胡子了。每天半上午爬上来，到黑暗压头顶后才下去。屋里已经空了，三层楼呀，那么多房间，竟然空了。电视、冰箱、洗衣机，还有他喜爱的越野车，都成了别人的。准确地说，成了债主的。那些疯子……他忘不了那一幕幕。全是一帮没良心的东西，他们不是他乔大风养活的吗？不是靠他乔大风才腰粗肚圆的吗？平时见面一个个点头哈腰，笑得没了表情，可眨眼就横眉立目，六亲不认。狗操的刘小眼，乔大风对他最好，可他放话更狠，如果乔大风三个月还不上钱，就把于婧拉去抵债。但凡良心没让狗吃掉，绝说不出这样的屌话。难道他乔大风是骗子不成？他们被坑，乔大风更惨。妈的，这帮东西，没一个体谅他。那一夜，就是被债主洗劫一空的那一夜，于婧团在他怀里，哭得不成样子。不知是害怕被刘小眼拉去抵债，还是出于对突遭不测的乔大风的绝望。乔大风被她哭烦，把藏匿的几万块钱丢给她，没好气地说我还没死，你就哭成这样？饿不死你的。后来，乔大风睡着了，他累透了。醒来，于婧已经不在。一同消失的还有那几万块钱。那差不多是他唯一的家当了。

　　一辆车驶进视野，乔大风的眼皮突地一跳，好像是他的现代越野。目光荆条一般缠过去，不错，是现代越野，但车牌不是他的。没有他的车牌号好。当初上这个车牌，他托了人，还多花三千块钱，末尾两个数是88。他深信这两个吉利数字会给他带来更多好运，也确实带来不少好运，可天有不测风云……乔大风抓一把脸。近来，他频频做这个动作，说不清楚是要把好运抓出来，还是要把背运抓出去。好运与背运，说到底是混在一起的，很难分得清。谁能想到表哥上面还有人？谁又能想到表哥上面那个人跳楼呢？表哥倒是没跳楼，可活不见人死不见尸。房塌了桥断了，不可能的事，瞬间都发生了。

我撕了你的脸……话音未落，一个男人抱着头从菜铺蹿出来。卖菜两口子又吵架了。整个镇上，这两口子吵架最多最勤。长得像一棵秧上的两颗冬瓜，初见的人都当他们是兄妹。女人管得紧，男人的零花钱多半是顺手牵。每次吵架，女人必定骂我撕了你的脸，似乎这样才解恨。当然，她一次也没撕过。男人呢，习惯了偷偷摸摸，两人吵架的结果，几乎无一例外，都是男人抱头鼠窜。遇到有人戏谑，男人也不恼。在乔大风看来，这两口子同属脑里缺弦的那种。可此时此刻，看着男人甩开胳膊，大摇大摆往东街走去的背影，乔大风突然又嫉又羡。

喵……乔大风侧过脸，看见那只长着豹纹的公猫。有些日子没见了，乔大风招招手，公猫没靠近，反往后退去。没良心的东西。这只公猫第一次蹿到屋顶时，瘦得像个骨架子。乔大风心生恻隐，把还没启封的火腿肠丢过去，它没叼着跑，而是猴子一样坐在乔大风对面，享用得干干净净。后来，这只猫就成了楼顶的常客。这家伙挺聪明，似乎晓得乔大风什么时候上来。竟然是个情场老手，那些母猫都被它勾上来。于婧经常抱怨，让他把夜里嚎叫的猫赶走。他说猫有九命，前生都是积过德的，驱不得更杀不得。他没告诉于婧实情，野猫一嚎叫，他就兴奋，像被注射了雄性激素。没有人知道乔大风和猫的关系。猫是不是知道呢？知道他一个人守着空荡荡的三层楼，所以不再嚎叫。这么说，是体恤他喽？他看着它，它也看着他。乔大风像几年前的它，瘦得只剩个骨架子。乔大风可以把火腿肠丢给它，它什么都不会给他，还躲得远远的。墙倒众人推，猫都如此。乔大风闭上眼睛。

起风了。明明闭着眼，仍感觉像进了沙粒，又痛又涩。乔大风揉揉，似乎眼睛被揉斜了，滑进视野的一切都是歪歪的，要倒的样子。野猫已经离开。它不再需要他，他也不再需要它，就像于婧。于婧选择无声无息地消逝，丢掉她让他发的那一堆誓言。他觉得很好笑，还是依她的要求做了，可……他并不意外，但仍心存幻想，她不过气气他，如往常他们拌嘴后一样，去市里玩两天，就会带着一大包东西回来。没再等到那个身影。他终于明白，这次和往次不同。她老家在驻马店，距营盘镇并不多远。他曾萌动过找她的念头，终是放弃。未必找见，就是找见，她会随他回来吗？不错，她携走他几万块钱，可哪个女孩白跟一个男人？这样也好，两清了。只是，他并不能彻底忘掉她。每次，她的影子浮上来，他的心都被盐水杀了似的。疼痛，难以诉说的疼痛。

灌了迷魂汤，早晚有一天会后悔。他和前妻闹离婚，父亲这样骂他。没有人能拦住他。他不是轻易被拦住的人。现在，他后悔吗？不知道。哪个女人会跟被红了眼的债主逼得四处躲藏的男人？如果他是女人，说不定跑得更快。于婧也介入他的业务，但落到这个地步并不是她造成的。他心灰意冷，但并不恨她。要说后悔，他倒是后悔没给前妻和孩子留点财产。现在，他已经没有任何能力。下辈子。他默念。也只能下辈子。他什么都没有了。

夕阳沉下去，天地没了颜色。贩子收摊，行人回家，嘈杂的大街瞬间冷清下来。一天就这么结束了。乔大风的一天也结束了，和他们不同，他结束的不仅仅是这一天。听到表哥上面那个人跳楼的消息，乔大风也曾跳脚骂娘，一个爷们儿，说死就死，真他妈怂包。现在，乔大风体味到那种绝望了。死不是抵债，而是生不如死。

昏暗的路灯像老天传递的信号，乔大风从怀里掏出药瓶。拧开，将瓶口对准嘴巴……稍一顿，又拿开。不能死在楼顶，野猫会把他啃得只剩骨头。三层楼都空着，哪层都有位置。他站起，突然涌上报复的快感。他能想象到他们又急又跳的样子，就像他当初听见表哥的上家跳楼的消息那样。

三

铁大门没上锁，但推不动，显然插着门闩。说明乔大风在，唐喜的牙齿碰出嘚嘚的声响，不知兴奋还是紧张。他饼一样贴在大门上，直到身体冷却。唐喜举起手，触到铁门的刹那，迅速收回。乔大风不会开门，这样相当于给乔大风通风报信。唐喜后退几步，猛往前奔，突地一跃。院墙太高，根本够不着。唐喜围着三层楼转了一圈，走出老大一截，寻见两个箩筐。

落地，唐喜没站稳，倒了。没有灯光，院里黑乎乎的，唐喜触到一个硬扎扎的东西。是个啃过的干玉米棒子。唐喜爬起来，试了试，脚没崴。这种黑夜里的勾当，唐喜曾干过。那是十多年前了，村里的人都去果树场偷苹果，黄桂花也撺掇唐喜。唐喜没这个胆子，被人逮住多没意思。可顶不住黄桂花软磨硬泡。果树场是干打垒墙，也很高，唐喜踩着黄桂花的肩膀上去。谁想里面极深，唐喜跌了个仰八叉，崴了脚。结果偷苹果的跑得都很利索，什么都没摸上的唐喜被逮个正着。挨罚不说，好多天拖着伤脚走路。黄桂花戏谑，还好没吓破胆子。她绝不会想到吧？他也会揣着刀找人算账。

屋门倒是没锁，虚掩着。唐喜定定神，眼睛适应了黑暗。这个地方，他很熟悉，当然只熟悉一楼。二层和三层，是乔大风和小老婆的私密。踏上楼梯，唐喜的心跳猛然加快。在扶手上靠了几分钟。每一次犹疑，并不能动摇他，反让他更加清醒坚定。他只是想逼乔大风还债，乔大风或许不可能把所有债务还清，还他唐喜几十万肯定没问题，瘦死的骆驼比马大。如果乔大风要横，就是同时把两个人带上绝路。

走到楼梯口，唐喜听见间断的呻吟，脑里迅速闪过乔大风和女人交欢的场景。唐喜的气就粗了，故意踩出声响。几乎在打开灯的同时，看见乔大风从床上摔下。乔大风似乎睁着眼，又似乎没睁，脸抽搐得极难看，双手夸张地抓着，忽而向前，忽而向后。

唐喜愣了片刻，突然明白了，直奔过去。乔大风抓住唐喜的裤脚，眼睛不是睁着，也不是闭着，半闭半睁，半睁半闭，歪斜的嘴巴淌着口水，很是骇人。唐喜头皮发瘆，发狠地甩腿。乔大风被甩开，半躬着伏在地上。唐喜惊恐地看着他，乔大风自己要死，与他无关。唐喜退到门口，又跳过去，抓着乔大风的领子往楼下拖。乔大风比唐喜块儿大，又抽又扭，若是平时，唐喜绝对拖不动。唐喜也不知哪来的力气，拖到院子后，他打开大门跑出去，想喊个人。街上空荡荡的，鬼影也没有。他快速折回，背起乔大风。他竟然背得动乔大风，居然能跑。唐喜单薄，黄桂花压住他的腰，他动都不能动。唐喜没背过黄桂花，没背过任何人。坐在走廊的长椅子上，唐喜还不敢相信，他把死猪一样的乔大风背到了医院。

这个结果，唐喜完全没有料到。乔大风可能耍赖，可能求饶，可能耍滑，但不管用什么招儿，不给钱，唐喜不会饶他。可是，乔大风自己要寻死，唐喜的棋路整个乱了。

戴着口罩的医生走出急诊室，告诉唐喜没事了。唐喜松口气，赔着笑连说谢谢。医生给他一张单子，唐喜明白让他交费，紧追上去，跟医生解释。医生摘下口罩，冷冷地盯着他，你什么意思？唐喜不知把表情调到什么程度合适，真的，我和他没关系。医生厌恶地皱皱眉，我还有事，要不报警？医生似乎要掏手机，唐喜急忙抓住他的胳膊，我没带钱，骗不了你的，那个人叫乔大风，你该认识吧？医生快速地说，我不认识，你交还是不交？唐喜忙说，我交我交，可……我真是没带钱，天亮，天一亮我就回去取，人在那儿躺着，跑不了的。医生抽出胳膊，要唐喜马上回去取。又说要不我派车带你去？唐喜忙说不用。

医生刚刚转身，唐喜便溜进急诊室。乔大风脸色青灰，眼睛像死了多时的鱼，圆圆的，却没有光泽。唐喜说，医院让交费，我没带钱。乔大风没有丝毫反应，就那么木然地看着天花板。唐喜再次气粗，乔大老板，医院让你交费呢。乔大风还是不动。唐喜动作生硬地在乔大风上衣和裤兜里翻，好吧，你是老板，我替你找。皱巴巴的五块钱，一张写着数字的纸。唐喜盯着纸片瞅了一会儿，问，这是什么？就这些？乔大风嘴巴倒是动了动，但没音儿。唐喜竭力让自己的声音亲切一点，钱在哪儿放着？我替你取，你总不至于连交费的钱也没有吧？乔大风闭上眼，像厌烦了。唐喜跺跺脚，大声道，乔大风，你别不识好歹，早知这样，我救你个鸟！你住着吧，欠不欠费关我屁事！

　　唐喜打算离开。报警？妈的，报一百次警和他唐喜也没关系。出了医院，在街上走了一程，唐喜停住。思忖一会儿，又返回去。乔大风欠医院的钱和他没关系，可乔大风和他有关系。乔大风是抢救过来了，可万一再寻死呢？乔大风不能死，他死，欠下的债就没了影儿。那可是他和乡邻、亲友的血汗钱呀。再简单不过的道理，他咋就蒙住了？差点犯下大错。似乎慢一点，乔大风就蒸发了。唐喜奔回去，一头撞开急诊室。乔大风完好无损地躺着，唐喜呼哧一会儿，掩上门。

　　唐喜展开揉皱的单子，走进卫生间。唐喜带着钱，不多，千数来块。内裤上有个兜，黄桂花缝的，怕他遇上打劫的。没遇上歹徒，倒是被债主搜过。好在他们还算留情，没扒他裤子。

唐喜数钱的手有点儿抖，很吃力。那个给唐喜单子的医生进来，唐喜慌忙扭身，动作慢了点儿。医生脸上显出鄙视。又不是偷的，慌个鸟？这么想着，唐喜又扭过来，只看见医生的后背。这钱不该我交的！医生的小便声突然变大，像用这种方式回应唐喜。我不该交这冤枉钱！医生那边没了声儿，但仍站着，不停地抖家伙。唐喜突然就泄了气，交就交吧，算我倒霉。

唐喜蔫头耷脑地来到收费窗口。收费员接钱，没拽动。本来呵欠连天的收费员突然怒目圆睁，松手呀，你倒是交不交？唐喜说，我没说不交，手抽筋了。用左手推开右手拇指，收费员一把夺过去。

唐喜回到急诊室，乔大风仍旧那个姿势，脸倒是不那么灰白了，微微有了血色。乔大风鼻子大，但并不坚挺，中间弯下去，形成一道弧形。乔大风曾自嘘他的运气全在鼻子上，那个凹槽相当于聚宝盆。还说他那个方面厉害，这只鼻子也是功不可没。唐喜也曾深信。那时候，乔大风说什么他都信。原来是骗人的，什么聚宝盆，分明是个陷阱。

我替你交了，总共六百三十二块一毛八。唐喜把盖了医院章的单子在乔大风眼前晃了晃。

乔大风依然没有任何反应。

又欠我一笔，你记清楚了。唐喜低下头，让每个字准确无误地击在乔大风鼻梁的凹槽里。

我前世欠了你的？你倒说说，我前世欠你什么了？你这么……唐喜顿顿，回头瞧瞧。急诊室只有他和乔大风。我真想掐死你！唐喜本来只想比画比画，伸出手的时候，忽然不能自控，两只手陷进乔大风的衣领里。乔大风的脖子很热，像刚出炉的烤肠。唐喜咬咬嘴唇，渐渐用力。乔大风的眼球终于动了。他仍不出声，但目光聚到唐喜脸上。我不会要你的命，不过吓唬吓唬你。唐喜松开手，甩了甩，我怎么会干这种事？咱们咋说也有多年交情呢。要不干吗救你？你喝水不？唐喜在急诊室转一圈，踢踢板凳，妈的，要钱的时候像阎王，连喝水的东西也不给准备。

你喝吗？我出去找找看。唐喜再次问。

乔大风看着唐喜，目光空洞。

刚才给你灌了不少吧？好死不如赖活，你咋就灌了糊涂汤？不就欠点钱吗？乔大风因为钱寻短见，传出去都是笑话。

乔大风的头稍稍摆正了一点。

别那么躺着，像具尸体。看着我！唐喜把乔大风的头扭过来，啊呀，瞧我这臭嘴，真该掴自己两下子，其实……其实……唐喜斟酌着，你不是因为钱想不开，听说那个女人卷了你的钱跑了，你对她不错是吧？可她……唉！没良心，太没良心了。这种女人跑了也好……早晚是个祸害，会把你的钱卷得干干净净，现在跑倒好。她能卷走你多少？她以为你就那么点钱，其实，你留着后手对不对？你是什么人，能让女人算计了？不过，话说回来，女人跑了，你留着钱也没多大用了。那些钱也是留给女人的对不对？女人跑了，真是没多大用了，不如还了我。我知道你也欠别人的，可哪个救你了？是我，把你背到医院，还给你交抢救的钱，就是铁石心肠也化了，对不对？

乔大风的眼球慢慢滑动，先往一个方向，又往另一个方向。

唐喜控制着表情，在什么地方藏着？

乔大风的目光定在唐喜脸上。

唐喜抓住他的手，手竟然冰凉。怎么样？告诉我吧，钱对你没用了，对我可不一样。那也不是我的钱，那是……唐喜哽咽一下。不是装的。

乔大风的目光抖了抖，轻蔑，又像嘲讽。

唐喜受了刺激，大声道，我说的不是吗？我说的不是吗？瞧瞧你这个屌样！冲动之下，再次掐住乔大风。你以为我不敢？你以为我不敢？乔大风没有丝毫恐惧，似乎还用目光给唐喜加油。唐喜僵僵，忽然松开。你他妈有种！唐喜冲那个凹槽吼了一句，跑出急诊室，蹲在门口，号啕大哭。

四

乔大风懒懒地靠在椅子上，看着满头大汗的唐喜。唐喜先前穿着褂子，后来脱了，卷起来放窗台上。这么做的时候，他冲乔大风歪歪脸，似乎须乔大风批准。但还未和乔大风的目光对接，他迅速扭回去。他不用再看乔大风脸色，在这个世界上，怕是再没有人瞧乔大风的脸色了。当然，他也不能把乔大风咋的，就算咋的，乔大风也不怕。一个死都不怕的人，还有什么怕的？所以，唐喜掐他脖子，他眼睛都不眨。

乔大风不明白唐喜干什么。就像黎明时唐喜把他从病床上拽下来，拖着他离开营盘镇一样，乔大风很是奇怪。唐喜没走主街，而是从医院东墙绕到镇后面的林带。乔大风看不清唐喜的脸，但觉出他的鬼祟和紧张，好像还有捡了元宝的兴奋。一天没吃饭，又被医生洗了肠，乔大风没有一点力气，只好被唐喜半拖着。中途绊了一下，两人同时倒下。乔大风倒没什么事，唐喜的脸被干树杈划出很长的口子，再往下点儿，没准嘴还扯了呢。唐喜龇着牙，拍着脸说没事没事，好像是乔大风的脸划着了。他再次拽乔大风，乔大风抱住一株碗粗的杨树。想要赖？你以为你是谁？唐喜顿时粗声粗气的。乔大风不理。乔大风落魄了，但不是被人拖拽的狗。唐喜猛弯下腰，乔大风以为唐喜要扇他，下意识地挣了下脸……唐喜折了腰，却没有甩胳膊的动作。我最近睡不好觉，老是想发火，怎么也控制不住，你别计较。不知是唐喜出乎意料的话，还是他带血的笑，乔大风身体的某个部位突然抽搐一下。秋天潮气大，这么躺着，会躺出毛病。唐喜伸出手，乔大风也伸出手。待看见村庄，乔大风总算明白了，同时也更疑惑了。

乔大风想问问，懒得张嘴，也无力张嘴。唐喜偶尔问话，乔大风不答，唐喜也没打算让他答吧，自言自语。他猜得没错，唐喜神情里是隐着兴奋的，与昨天夜里判若两人。莫不是脑子出问题了？这么一想，屁股和腰错位地扭了一下。乔大风虽心如死灰，可不想落在一个脑子出了问题的人手里。

你要什么？唐喜抬起头。

乔大风木然地摇头。

你要什么？尽管说话。我的家就是你的家。比不上你的三层楼，东西也让抄得差不多了，可怎么也是个家对不对？唐喜抬起胳膊蹭蹭下巴，咱俩打了多年的交道，你别见外。

和他一样，唐喜也被洗劫了，其实进门乔大风就看出来了。他俩都是一根绳子上的蚂蚱。但说到底，唐喜和他不一样，唐喜是靠他挣钱。唐喜套进去了，并不是他乔大风的错。

唐喜那几个钱算什么？

唐喜钉的时候，乔大风明白过来，唐喜要安插销，竟然是双插销，亏他想得出来。怕他逃？可笑。不是不想逃，而是无路可逃。乞讨过活？他不敢想。装好插销，唐喜开始往窗户上钉木档。这是防止他破窗。别费那个劲儿了，乔大风真想告诉他，但飘出嘴的只是一丝冷笑。

唐喜边穿裤子边说，你别不高兴，这是为你好。我把你请过来，就得对你负责。你该清楚，你欠了别人的钱，他们就在这个村住着。他们没文化，脾气躁，动起粗，肯定你吃亏。缺个胳膊少个腿，就是脸上留道疤，也不好，是不是？我咋说也念过书，他们那是真不讲道理。我不是吓唬你，真的，他们什么都干得出来。再说，找你要账的不是一个两个，我敢保证他们找不到这儿，几个月内他们肯定找不到，没有比我家更安全的地方了。乔大老板，你是我的恩人，我不会害你，你好生待着，有人敲门，千万别应，不然出事我可不管。我去把女人接回来，让她给你做饭。她跑娘家去了，我得把她请回来。女人们眼皮薄，男人挣回钱眉开眼笑，有个意外脸就铁板一块。我也是有脸的男人，不想惯她这赖毛病，可是，为了给你做饭，我必须舍下脸，去请她。

唐喜像打过腹稿，在乔大风印象中，唐喜不是能说会道的人，尤其在酒场上，几乎一言不发，还有几分腼腆，没想到是个废话篓子。为了他好？乔大风脑子是空着，但还没进水。

乔大风仍旧那个姿势，像失了水分的萝卜缨子。心气一泄，人整个就垮了，半年前，他还生龙活虎的。尤其喝了酒的晚上，于婧脱光的时候。一次于婧走嘴，说他四十多岁的人了，比毛头小伙厉害好几倍。在他追问之下，于婧招认在他之前，和男友同居过半年。乔大风并不在意于婧的过去，谁还没个过去？于婧正是因为有了过去，才知道什么是真正的威猛。他以为自己狂到六十岁不成问题，唉……身板只是个货架子，里面一空，整个就空了。不是唐喜，他早到了地府，架子都没了。不过一把灰。但他并不感激唐喜，喝药加洗肠，让他活受两茬罪。刚刚苏醒那一刻，他还有点恨唐喜。当然没持续多久，一个空身子什么都存不住，无怨无恨无悲无喜。活着难，死更难。他原以为一口吞下去，彻底了结，魂儿像浮云一样飞向天空。唐喜根本不用如此隆重地给他造监狱，让乔大风跑，他也不跑。至少现在不会。乔大风不知道接下来该怎样不该怎样，脑子和身体一样空。

这也算活着吗？

乔大风睁着眼，并没刻意看什么，在他看来，什么都是一个样子。他厌倦了，也疲惫了，眼皮没粘到一块儿，却打出轻鼾。被惊醒的时候，他栽到地上。咚，咚……乔大风听听，断定是石块敲击大门的声音，轻一下，重一下。乔大风绝不害怕，可奇怪的是，心跳如鼓。好一阵子，没声儿了。乔大风爬起来，从被木板条割成各种不规则形状的玻璃望出去，一个女人正在翻越墙头。先是两只手，再是一条腿，随后整个人骑到墙上。她没有马上翻进来，而是躬着腰，一点点儿挪着。她腰粗，屁股也大，显得极为笨拙。她往下瞅着，显然在寻找落脚点。她终于停住，两腿慢慢往下探。落到地上，女人似乎长出一口气，还挥手扇扇脸。裤子似乎松了，她往上提，突然迅速地，她脱下裤子，蹲在墙角。乔大风移开目光，很快又滑回来。女人怪异的举止激起他的好奇，她干什么？干吗爬进院子撒尿？女人系裤子，怕系不牢吧，很用心地低着头。年轻时，乔大风和其他青皮一起听过房，但目睹一个陌生女人小解，还是第一次。乔大风的好奇越发重了，肯定不是唐喜女人。那么，她是谁？她还要干什么？

女人大摇大摆地在院里蹓着，看得出来，年纪不小了，似乎在寻找什么。她进了西房，出来时，手上多了一把茶壶，一个牛角。茶壶是白铝皮的，可以烧水的那种。牛角不长，颜色发暗。女人忽而用牛角戳着墙角，忽而扎向地面。

乔大风脑里的电路突然接通，他猜到了女人的身份，也猜到了女人跳进院子的用意。他似乎也明白了，女人为什么要在院里撒尿。那不是简单的一泡尿。虽然明白了，乔大风却合不上嘴。他惊着了。

女人好像猛然发现西屋窗户钉了木条，她怔了怔，慢慢走过来。看到屋里的乔大风，她骇然地往后一跳。站稳后，又一步一步靠近窗户。乔大风看着她，她也看着乔大风。夹白的头发，苍老的面颊，目光却没有老人应有的温和，冷硬、尖锐，含着审视和疑虑，仿佛要把乔大风钉在什么地方。乔大风没有躲避，审视的意味比她更重。老女人撑不住了，尽管转身的动作很慢，乔大风还是看出她有些慌。老女人并没有把茶壶和牛角丢掉，而是扔出院外，回头看看乔大风，竟然很利索地爬了出去。

乔大风久久地在窗前站着，直到苍蝇的嗡嗡声响起。个头不小的家伙，不知刚才在什么地方躲着。苍蝇飞一阵，便扑到玻璃前，左撞一下右撞一下，落到窗台上，马上又飞起。乔大风盯了一会儿，有些烦，想找个东西抽它。转了一圈，最终还是脱下鞋。抽了几下，没抽着。苍蝇却不见了。乔大风有些恼火，难道连一只苍蝇也对付不了？他开始找，还吹了两声口哨，折腾出一身汗。算了，秋天的苍蝇，没几天活头了。再次坐下，觉出饿了。开始只是那么一点儿，随即如暴雨中的危墙，轰然倒下来。数不清的嘴巴噬咬着他的内脏。他本来想爬到床上，挪了没两步便歪下去。

乔大风听见唐喜的声音，但是睁不开眼。唐喜边叫边掐他人中，声音都走调了。是不是又喝药了，女人的声音。不可能！唐喜话音未落，一阵更为尖锐的痛。乔大风啊一声，往外一挺，然后摸住自己的人中。黏黏的，竟然出血了。他瞪唐喜一下，唐喜倒乐了，我还以为……吓我一跳。乔大风又把眼皮合上，他实在没力气睁了。

八成是饿了。女人的声音。乔大风嘴角动动，还是女人心细。乔大风真想冲他们喊，我他妈两天没吃东西了。唐喜说可能吧，那也得先把他弄床上去。

香气钻进鼻孔，乔大风注射了兴奋剂似的，没等唐喜扶便爬起来，接过碗搁腿上。面条，飘着黄色的油花和碧绿的葱叶，顶上卧个鸡蛋。很烫，乔大风吸一口，龇一下牙。唐喜让他慢点，乔大风也想慢，可……如果不是烫，他会扯大嘴巴直接倒进去。把汤喝干净，女人接过碗。乔大风抬起头，一个壮实的女人，脸黑黑的。

我老婆，黄桂花。茶饭不错的，吃香了吧？唐喜道。

乔大风没答，黄桂花端过第二碗，他很小心地接了。吃得慢了些，确实，手艺不错。

好死不如赖活，你这么想就对了。钱算什么？女人算什么？仿佛怕乔大风听不清楚，唐喜把椅子拉到床前，坐下。

乔大风没吃过这么香的饭，唐喜倒是有口福。他前妻茶饭也不错，做红烧肉尤其是一绝，比饭馆强一百倍。于婧就不行了，只会拌凉菜。世上的事难得十全，享一种福，另一种福就丢了。吃喝完，乔大风再次把碗伸过去。黄桂花接了碗，说只做了这些。唐喜怜恤地看着他，吃太多身体受不了，明天还给你吃，到了这儿，饿不着你。乔大风往后一倒，很享受地摸着肚子。唐喜说，人这辈子就为肚子活着，各人装的东西不一样，可不管什么总得装满。乔大风闭了眼，不想听唐喜胡扯。他再死一次，也轮不到唐喜教训、开导他。

入夜，唐喜替乔大风拉开被子，解释说是家里最好的一床被子。乔大风缩了肩，想随便对付一夜。唐喜劝他脱了睡，我家就是你家，客气什么？脱了睡得舒服。乔大风坐起，将衣服扒去。如果不脱，这家伙可能还要唠叨。唐喜把乔大风的衣服一股脑抱起，很体贴地说，有点脏了，让我老婆洗洗。乔大风没理他，听到插门闩的声音，兀自冷笑。

五

唐喜和黄桂花把乔大风的内裤上上下下检查个遍，甭说暗兜了，洞都没有一个。唐喜不死心，使劲抻着缝线处，仿佛那里藏着机关。黄桂花嘲弄，你就是钻进去也是白搭。唐喜不理会，抻了个遍，又闻了闻，泄气地丢在一边。他那小老婆别看脸白，比你差远了，那小妖精只会往他腿上骑，她不会针线活，也难怪。黄桂花拧他一把，好像你见过。唐喜仄起眼，怎么没见过？那小娘们儿不避人的，那次，乔大风喝醉，我扶他回去……黄桂花打断他，行了行了，说正事吧，瞧你牙酸那样，有本事，你也弄个小妖精回来。唐喜掏出一个纸片，说是从他兜里搜出来的。黄桂花瞅半天，不就个烂纸片吗？你脑子是不是进水了？唐喜来了气，你知道什么？上面有几个数字，没准是银行卡密码。乔大风是什么人？能不留一手？黄桂花咬咬嘴唇，说出自己的怀疑，他要是有钱，还寻什么短见？唐喜说，这不仅仅是钱的事，那小娘们儿丢下他跑了，他受了打击，能人也有能人的短处。

　　黄桂花问，你觉得他还有多少钱？能不能把你那六十多万还上？唐喜慢条斯理道，肯定在什么地方藏着钱，多少我不敢说，超过六十万也有可能。黄桂花追问，万一没有呢？唐喜说，怎么会没有？那些当官的，哪个不家里院里藏点钱？有的还把保险柜埋在地下，有的把钱藏在鱼塘，你想不到的办法，人家都能想到，乔大风藏多少钱说不好，但肯定藏了。为了让黄桂花相信，唐喜讲了自己为女儿存钱的事。你以为天塌了，还远着呢，你想想，我都懂得留一手，乔大风能是大白痴？黄桂花说，谁让你瞒着我？甭说乔大风，我都有死的心。虽是责怪的语气，但已经露出喜色。唐喜说，我又不是胡嫖乱搞，没跟你说，是怕你说漏。就算嘴上不说，脸上难免露出，让那些人瞧出来。你想想，我不是吓唬你，连你三舅都六亲不认，何况别人？他们知道我藏了钱，不把房子拆了才怪。黄桂花被吓住，这该咋办？我都知道了呀。唐喜死盯住黄桂花。昨天黄桂花一脚把他踹地上，像个母老虎，此刻则像被老虎追到墙角的兔子，惊慌，胆怯。黄桂花说，你老瞪我干吗？我又不是傻子，还真能说漏？唐喜一字一顿道，你可听好了，脸要热，心要冷，尤其对你那些个亲戚，说漏，我不活，你也甭活。黄桂花说，我记住了，不过……六十多万呢，想起来我就头大。唐喜说，只要乔大风在咱手里，总会有办法。我也蒙住了，忘了早点把乔大风弄过来，现在，咱俩的首要任务是看好他，不能让他跑了。黄桂花问，这么关着他，不犯法吗？唐喜凶道，好吃好喝侍候他，怎么叫关？行了行了，我昨儿个一宿没睡，困死了。

　　黄桂花衣服没脱完，唐喜就把她撂倒了。黄桂花脸上飞起一抹红，你不是累了吗？唐喜说反正是累了，不差这一点儿。黄桂花擂他一拳，又哎哟一声。

　　唐喜确实累了，从黄桂花身上下来，不等一分钟，就扯起鼾。迷糊中，黄桂花推他一把，唐喜哼哼，没睁眼。黄桂花拧他鼻子，唐喜往旁边挣挣头，干吗呀？黄桂花听见西屋有响动，让唐喜去瞧瞧，乔大风是不是跑了。唐喜没好气，乱操心，睡你的觉！黄桂花催促，看看放心。唐喜说，他长翅膀也飞不出去。狠狠转过身。黄桂花说，看看又能咋的？唐喜说，要看你看。黄桂花果真爬起来。没一会儿，黄桂花回来，跨在床边。唐喜问，你不睡了？黄桂花说，我确实听见声音了，你进去瞅瞅，别出什么事吧？这大半夜的，你还真让我去呀？唐喜说，我说没事就没事。可是他始终不踏实，爬起来。乔大风在他家有个三长两短，就惹出大麻烦了。

　　唐喜推开门，拉着灯，盯着乔大风看了一会儿，又将门反锁。黄桂花急切地问，咋样？唐喜打个呵欠，说，比猪睡得还死。黄桂花问，不是装的吧？唐喜反问，干吗装？在这儿没人逼他要钱，他享大福了。

　　唐喜刚迷糊着，黄桂花又捅他一下。唐喜不耐烦地问，又怎么了？黄桂花说，我睡不着。唐喜说，那是你不瞌睡，我瞌睡死了。黄桂花说，我害怕。唐喜挖苦，你不是成天骂我胆小吗？我不害怕，你怕什么？黄桂花说，就因为你胆小惯了，你做这个事才让我害怕。唐喜彻底醒了，反问，我做的什么事？

我做的什么事？黄桂花问，真不犯法？唐喜静了几秒，抱住黄桂花说，咱不打他不骂他，有吃有喝的，犯什么法？乔大风求之不得呢。就算有个什么，我顶着。睡吧，别乱操心了。

黄桂花似乎没有睡的打算，长吁短叹的。唐喜说，你甭憋着了，还想问什么？

黄桂花说，我老是担心他寻短见，死在咱家，那可咋办？

唐喜抽搐一下，很坚定地说，我拿脑袋担保，他不会。想死的人能一口气吃两碗面条？以后变着花样做饭，有钱人，不能委屈嘴。

黄桂花问，他跑不了？

唐喜说，从现在，咱俩保证有一个人在家，说是看守，但也好生对他，不能和他闹翻。他有什么要求，只要不过分，尽量应他。

黄桂花问，关多长时间？

唐喜恼火地说，别说关好不好？咱是请他住。

黄桂花说，那要……住……多久？

唐喜说，到时候看情况，他妈的，咱这样侍候他，他就是长了阎王爷的心，也该温热乎了吧？利息可以不要，本钱一定要拿回来。话虽如此，唐喜心里并没底儿，但不能让乔大风离开，更不能让他死，只要乔大风活着，希望总是有的。

黄桂花说，睡吧。

唐喜却睡不着了。他前前后后思量，估摸自己胜算的可能。无论如何，这招还是对的，是没有选择的选择。

清早，唐喜将衣服丢给乔大风，说没有换的。停停又道，改天我去镇上买套新的，不能委屈你。乔大风没吱声，唐喜也不等他答，轻轻出去。

唐喜环视着院墙，寻思要不要加高或拉上铁丝网，不能总把乔大风关在西屋，总得出来透透气，不到两米高的院墙，挡不住他。就算寸步不离，万一他突然发飙呢？唐喜不能老跟着，看守任务有一半得落在黄桂花身上。又得花钱，唐喜暗暗骂娘。

敲门声突起，唐喜被咬了似的一跳。这么早，又擂得这样理直气壮，不用说，又是追账的。有时，多半夜了，还有人上门。有什么办法呢？谁来，唐喜都得扮笑脸。

唐喜硬着头皮打开……一半是他开的，一半是被二愣娘撞开的。二愣娘显然嫌唐喜开得慢，腔调不怎么正，我手都敲麻了，唐喜，你耳朵没出毛病吧？唐喜赔着笑，二婶起得早，我刚刚爬起来。二愣娘不屑地哼一声，我早从门缝瞧见你了，我这手是关节炎，好几年没犯了，今年要是敲你家的门犯了，你得给我治。唐喜真想照她的粗腰踹一脚，耍横也不是这么个耍法，可脸肌硬了硬，还是挤出笑。越是粗人，越讲不出道理。

唐喜稍稍弯了腰，二婶疼的时候喊我，我给你按摩。二愣娘冷了脸，我这把岁数了，你还想占我便宜？唐喜忙道，不敢不敢，瞧我这嘴，又惹二婶生气。

唐喜邀二愣娘进屋，说黄桂花准备烙油饼。二婶，我记得你最喜欢吃黄桂花烙的油饼。二愣娘仿佛为了防止体内的气往上蹿，两手紧紧交叉搭在肚子上，声音里火气依然不小，你们倒是享受，大清早就烙油饼，全不管别人在雪窟窿里折腾。唐喜低下头，一只黑铁牛疾速地窜过，他狠狠踏上一脚，又踏一脚，再用脚尖拧了几拧，抬起头时，额上多了几滴汗，亮亮的。唐喜说，瞧二婶这话说的，我也着急呢，再急也得吃饭，对不对？犯人也不能饿着肚子。二愣娘马上顶回来，我可没说不让你吃饭，我是嫉妒你胃口好，能吃能喝的，我不行，吃不下睡不着，这不，接了二愣个电话，昨晚又一夜没睡。二愣问贷款的事，他女人又要离婚呢，要不回钱，这媳妇是肯定打水漂了。二愣怪我不跟他商量就把钱贷出去，我想你唐喜做人正派，办事稳当，哪想……唐喜，不是二婶要和你翻脸，那可是二愣的辛苦钱，你脑子活，没出过外工，不知道在外打工的辛苦。挣的是血汗钱，实实在在的血汗钱呢。我给你说，有一回……

唐喜的脑门被捏了似的，又疼又麻。每次索债，二愣娘都要讲二愣和二愣媳妇的辛苦、不容易。他们确实不容易。二愣呢，像蜘蛛吊在绳子上给大楼外墙刷涂料，二愣媳妇在饭馆洗盘子。可他唐喜就容易了？哪天晚上不盯着计算器算了又算？灾祸并不是唐喜造成的，他和他们一样是受害者。当然，和他们说不清，尤其二愣娘，几乎没一分钱道理可讲。二愣娘口口声声钱是她瞒着二愣贷出去的，仿佛这样就有了逼唐喜的理由。唐喜明白，二愣不点头，她有一百个胆子也不敢，八万块钱，不是小数目。但问题不在于钱是怎么来的或是当不当紧，谁的钱不当紧？问题是……到了二愣娘这儿，讲什么都没用。

二愣娘还在说，唐喜只好听着，边听边扫着西屋的窗户。这会儿，乔大风该起了吧？二愣娘停住，继而又问来了什么客人？唐喜如逢大赦，讲了乔大风的身份。二愣娘问，你说钱都是贷给了那个大鼻子的家伙？唐喜点头，你见过他？二愣娘似乎慌了一下，将手移开，很快又搭回肚子上，我听说他长个萝卜一样的鼻子。唐喜说，晓得了吧，我和你们一样着急，现在，他在咱手里，这事就好办了。二愣娘瞅瞅钉满木条的窗户，问，你把他关起来了？唐喜皱着眉，也不能叫关……他又不是坏人，也不是仇人，只不过是不让他离开，好吃好喝侍候着他。实话跟二婶说，乔老板想寻短见，让我救下了。你想想，他两眼一闭，咱的钱彻底要不回了，到时……哭天哭地，哭塌脑子也白。只要乔老板不死，只要在咱手里……二婶，你

284

得缓我个工夫，有了钱，先给你还不成？二愣娘像在河床上折腾得几近窒息的鱼忽然掉进水里，张大嘴，睁大眼，笑得满脸裂纹，你不糊弄我吧？唐喜说，人就在屋里，你可以去瞅瞅嘛。二愣娘仍盯着唐喜，你是说，有钱先给我？唐喜说，我说话算话，你和他们不一样，你是背着二愣的，因为这个二愣两口子闹离婚，这个罪我担不起。二愣娘重重拍唐喜一下，二婶信你。

二愣娘去西屋看过乔大风，离开了。唐喜嘱咐她不要给外人讲，乔大风在别的村也欠了债，若被他们知道，把乔大风抢去，要钱就没指望了。二愣娘再三保证，甚至开玩笑道，你要不放心，把二婶的嘴缝了。

过了没二十分钟，唐喜和黄桂花正陪乔大风吃饭，二愣娘又来了，一手拎着扫帚、簸箕，一手拎着牛角铝壶。唐喜认出都是自家的东西。二愣娘没有一点不好意思，说，还给你们吧，我不用了。变戏法似的，从腋窝掏出个蓝布袋。唐喜问，这是什么？二愣娘看乔大风一眼——乔大风仍旧沉着头——今年的新大豆。唐喜和黄桂花对视一下，黄桂花问，二婶种大豆了？二愣娘说，在别人家地里捡的。黄桂花哎呀道，二婶留着自己吃吧。二愣娘冲乔大风努努嘴，我岁数大了，咬不动。不就几斤大豆吗？缺什么东西，跟二婶说。

唐喜似乎呛着了，突然咳起来。

六

两天了，乔大风除了方便，在院里站一小会儿，基本在西屋待着。太阳让他眩晕，云彩让他眩晕，连排成行的大雁都让他眩晕。好多年没见过雁阵了，还以为大雁绝种了呢，这年头绝种的东西太多了。屋里好一些，也好不到哪儿去。除了吃，要么在椅子上发呆，要么在床上窝着。唐喜根本没必要上锁，他能去哪儿呢？没地儿去。在这儿，至少有吃有喝。乔大风没什么盼头，如果说有盼头的话，就是盼着黄桂花做饭，这女人确实荼饭好。乔大风去过数不清的饭馆，啃过的骨头能装半车厢了，但没有哪家饭馆的菜一整天一整天勾引他的胃。他引以为傲的鼻子突然异常灵敏，能从门缝挤进来的味道嗅出黄桂花做的是炒土豆丝还是油泼捞面，能嗅出黄桂花做到哪个步骤。在黄桂花端上饭的那一刻，因自己准确的判断，会有一丝小小的得意。但也就这样了，肚子装满，看什么再没意思。

晚饭之后，唐喜照例问，咋样？吃得还行吧？乔大风不理，目光也不朝他脸上落。但唐喜热情不减，开始说好死不如赖活之类的废话。这两天，唐喜反复在他耳边唠叨。显然，唐喜不光防他逃跑，还防他寻死。那样，唐喜就没了追债对象。

没良心的货！他，他们，只想着自己的钱，为什么不替他想想？这一切是他造成的吗？他现在有什么？什么都没了。唐喜好歹还有个女人。

闭上你的臭嘴，让我安静一会儿。乔大风实在忍不住了。

唐喜偏偏脑袋，仿佛被抽了嘴巴子，旋即眼睛油菜花一样灿烂起来。乔大老板，你总算说话了，我还以为……这么长的夜，又没个电视，你不想说说话啊……你不想听，我就不说了。要点儿什么？

乔大风做了个抽烟的手势。

唐喜稍显意外，烟？我记得你戒了，我还以为……好，我去买。

唐喜旋风一般，很快就回来了。村里就这个牌子，你凑合着抽。紫钻，也就四五块钱吧。唐喜极恭敬地给乔大风点上，抽了两口，乔大风剧烈地咳嗽起来。

喝口水，喝口水冲冲。唐喜神情急切，看不出是装的。

乔大风摆手，猛地低下头，突然又仰起来。

好久不抽，不习惯了吧？

乔大风点头。遇到于婧的第二年，他戒掉了烟。他的许多习惯在于婧的训导下改掉了，比如边看电视边抠脚丫子，比如用特大号玻璃杯泡茶。你可以土，但不能土得掉渣，于婧有许多这样的训诫。乔大风不是耳朵软的人，但乐于向于婧投降。

我原来也抽的，后来老咳嗽，就戒了。其实，戒了也好。

怎么？心疼了？乔大风直视着唐喜。

唐喜受辱似的梗直脖子，怎么可能？乔老板，你这是寒碜我。虽说我现在啥也没有了，管你抽烟还不成问题，打这么多年交道，你知道我是什么人。

乔大风说，我不知道。

唐喜更急了，你不知道？你怎么会不知道？

乔大风面无表情，我不知道。

唐喜盯住乔大风，你家被搬光，我没拿一件，这是事实吧？

乔大风说，你把我关在这儿，比他们更狠。

唐喜眼睛又红又硬，你咋说这么没良心的话？不是我救你，你早就……他紧紧咬住嘴，仿佛嘴里含了利箭，稍一松弛，就会将乔大风射穿。

乔大风冷笑，这么说，你是我的恩人喽？

唐喜说，是不是恩人，我不敢说，但总不是仇人吧？难道我救了你，还犯了滔天大罪？

乔大风说，我没让你救我，你黑天半夜跑我家，也不是打算救我去的。

唐喜说，甭管咋说，我救了你，这是事实。

乔大风问，你要关我多久？

唐喜说，怎么是关？这是为你好。要账的那么多，要说他们扒你的皮抽你的筋，可能有点过，可他们绝不让你有好日子，你躲这儿，他们寻不到的。

乔大风哼哼，躲？是你把我弄来的，你这是非法拘押。

唐喜面色涨红，有吃有喝，你去哪儿找这么好的地方？

乔大风说，我不稀罕。

唐喜语速变快，不稀罕你就走，我他妈图什么?!

乔大风站起，唐喜顿时慌了，你干什么？黑天半夜你干什么？

乔大风冷然道，走开！

唐喜横在门口，不能走，我绝不让你走。

乔大风问，你要和我来硬的？

唐喜和乔大风对视片刻，目光面条一样耷拉下去，笑容重新回到脸上，乔老板，是我不对，我不该惹你发火。你消消气。你不能离开，就当住旅店吧，条件差了点儿，我不收钱，你将就几天。

乔大风追问，几天？

唐喜躲闪着，住一阵，等咱俩聊够了，你就走，咋样？不早了，你歇着吧。不等乔大风说什么，唐喜溜出去。

乔大风落到椅子上，又点了一支烟，他并没有离开的打算，他能去哪儿？躲也好关也好，对他都一样，但他反感唐喜以恩人自居。恩人？可笑。

第二天中午，饭桌上多了两瓶啤酒。唐喜的神态谦恭许多，边倒酒边说，昨儿个我说错话了，乔老板别计较，我这不是急吗？一急脑子就乱。我给你倒杯酒，赔个不是。我知你酒量大，两瓶酒不够……实在是没钱，这两瓶也是赊的，多了赊不出来。这世道！过去，赊个小卖部也不成问题，现在不行了……唉！

乔大风也不客气，乜着唐喜，你不喝？唐喜摇头，两瓶酒还不够你塞牙缝儿呢。黄桂花把盘子朝乔大风挪了挪，他喝酒过敏，半盅酒脸就成了鸡冠子。唐喜沾酒脸红，但并不是过敏。乔大风和唐喜喝过不止一次，像唐喜这样的代理人，哪年不请乔大风几次？唐喜致歉，黄桂花也在一边说唐喜的不是。几个月来，乔大风第一次享受这种礼遇。

行了，没必要这么客气，乔大风制止，咱俩多年的交情了。唐喜感激涕零的样子，乔老板，你这么说，我就踏实了。想吃什么，只要我老婆能做，把这儿当成你自己的家。

两瓶啤酒确实只够塞牙缝儿。乔大风最猛的一次喝了十五瓶啤酒。但这两瓶酒冲淡了乔大风的阴郁，他的脸不那么死僵死僵了。唐喜递上烟并为他点着后，他享受地吸一口，慢悠悠地说，我知道你心里想什么，我不想骗你，兜个实底儿给你，那些债，我还不上了，你现在喝了我的血，把我煮了喝汤，我也还不上。你把我当皇帝一样供着，我也还不上。我不想骗你，真的不想骗你。

唐喜的脸顿时难看，像蹭了锅灰。黄桂花则闪出泪花，她用袖子蹭蹭，转身跑到院里。

那不单是我的钱，我没那么多钱。唐喜声音细微，撑不住似的。

乔大风说，不是谁的钱的问题，唐喜，你该明白的，不是我不还。我愿意以死抵债。

不。唐喜声音马上高了，你千万别这么想，我没逼你。活着，总有办法对不对？有了办法，什么都会有的。你比我欠得多，可你的办法也比我多。

乔大风摇头，我没一点办法。

唐喜说，慢慢来，你造化大。

乔大风问，你不相信我？

唐喜害怕似的往后缩缩，目光却往前伸着，如奇形怪状的藤条。藤条缠着乔大风的臂膀，缠着乔大风的脸颊和颈项。乔大风感觉出上不上气，但还是追问，你不相信我？

唐喜蠕动着嘴唇，听不清说什么。藤条噼噼啪啪爆裂成一堆尖刺，直往乔大风肉里钻。

七

已经很久，唐喜没在街上露面了。十几个债主，在村子不同方位住着，往哪个方向去都有可能碰上。只要他们吆喝狗似的吆喝一声，唐喜的脚就得牢牢钉住，听他们诉苦、质问、威胁。哪怕他们数落得嘴唇发麻，或者在唐喜家赖了半天刚刚离开，但转个身，眨个眼，他们的舌头又会上下飞舞，说过几百遍的脏话狠话再次泼给唐喜。某天黄昏，唐喜给黄桂花买止泻药，他本来低着头，走得又急，还是瞥见在墙角撒尿的尹骡子，踢碎唐喜家暖壶那个。尹骡子叫一声，唐喜假装没听见。那天，尹骡子抱那台二十九英寸的电视，有福上去抢夺，被尹骡子击了一拳。这等又粗又蛮的人，唐喜更是巴不得躲两万五千里。但尹骡子追上来，边系裤子边质问唐喜为什么躲他？唐喜再三说没躲，还是被尹骡子揉了一把。尹骡子把唐喜审了一遍，刚放唐喜走，王秋女人又从那边过来。村庄，对于唐喜，不再是飘着炊烟身心放松的地方。突然间，唐喜感觉自己成了案板，只要露头，谁都敢剁几下。

在这个风和日丽的上午，唐喜决定去街上走一遭。唐喜嘱咐黄桂花看护好乔大风。大白天，把乔大风锁屋里，不怎么合适，不能让乔大风有被关押的感觉。但不锁门，乔大风就有可能去院里溜达。去院里溜达就有可能翻墙而去。寸步不离，晓得不？唐喜面目近乎狰狞。黄桂花很紧张，要是我拽不住呢？要是……唐喜恶狠狠地，拽不住也要拽，绝对不能让他跑了。黄桂花仍然担心，唐喜做个抹脖子的动作，他跑了，你我谁也甭活。唐喜从未有过地凶，黄桂花也从未有过地乖。如果是过去，唐喜哪里敢？黄桂花沉下脸，唐喜玩笑都不敢开。

走出院子，唐喜终是不踏实，又折回去叮嘱黄桂花一番。黄桂花没烦，鸡啄米一样点头。

夜里下了一场小雨，路边落下不少黄叶，浮在软泥上。整个街道，如巨大的地毯镶了金边。踩上去，又柔颤又舒服，像专门为唐喜铺的。一场秋雨一场冻，但在这个上午，这句话经不起验证。偶尔飘过一阵烂白菜味，唐喜不觉得难闻，反贪婪地翕动着鼻孔。

那天，二愣娘不但把抄走的东西送回，还捎带几斤豆子，把唐喜搞蒙了。当然，唐喜毕竟是唐喜，瞬间，心底就一片通亮。他的话起了作用，换个说法，乔大风起了作用。二愣娘之后，陆续有人上门，抄走的东西一件件回到原位：筛子、木锨、自行车、电动剃须刀……起初，唐喜脸上还挂着笑，生怕对方难堪，生怕说出什么不妥当的话伤了和气。不知不觉的，笑脸冷却，言语也不再顾忌，这是我的东西？哎呀，我都想不起来了，从哪儿拿的搁哪儿吧！或者，你怎么不用？这么个破东西，还值得送回来？你留着吧，我打算买新的呢。他越是没耐心，对方态度越好。

到昨天晚上，只有三件大东西还没有归回。唐喜当然记得谁抄走的。唐喜暗忖，他们也该上门了吧？他倒要看看，他们能撑多久。他没打算上门要，如果对方态度蛮横，不好下台阶，等待也是战术。一夜之后，唐喜改了主意。他决定主动出击。

唐喜径直往十字街走去，地里该收的收了，没收的，刚下过雨，也没法收。在这样的上午，人们常常聚在十字街，闲聊、吹牛或发布消息。

已经站了不少人。扫过来的目光不是一束一支，而是成捆成捆的。瞥见人堆里的尹骡子，唐喜的心扑棱了一下，腿有些软，步子跟着放缓。说实在的，他没有把握。但唐喜没有停下，不可能再折回去。硬着头皮也得过去。他不看别人，直直地盯着尹骡子。尹骡子也不躲避，目光坚硬如石。唐喜在人堆站定，尹骡子的嘴稍稍抽了一下。就是尹骡子这个一闪而过的表情，使唐喜没做任何铺垫，直杵过去，老尹，什么时候还我的电视？整个十字街刹那间寂静无声。尹骡子反应也快，你什么时候还我的贷款？唐喜大度地笑笑，我不还贷款，你就不还电视是不是？好，你愿意这样，我没意见，我不是朝你要，随便问问。你留着看吧。

唐喜转身离开。目的达到，没必要再理论。尹骡子哎一声，唐喜没有回头。尹骡子追上来，拦住唐喜。唐喜直视着他。尹骡子胡子总是剃不干净，一半脸光光的，另一半脸东一根西一根，像粘上去似的。你什么时候还我的钱？尹骡子并不示弱，唐喜没有马上回答，又盯他一会儿，缓缓地笑了，老尹，现在还不上，反正电视在你手里，你怕什么？尹骡子说，一台破电视值几个钱，你欠我五万，五万呢！他竖起五根手指，仿佛唐喜耳朵不好使。

唐喜说，五万算什么？尹骡子叫，五万算什么？我病了，去疼片都舍不得买，攒五万容易吗？唐喜皱皱眉，你没刷牙吧？稍稍往边挪挪，谁的钱也不是大风刮来的，都不容易。我容易吗？尹骡子说，钱是从你手里出去的，不跟你要跟谁要？唐喜说，我没逼你吧？是你上赶着求我的，吃了利，眉开眼笑，有了风险，立马翻脸，你凭什么？凭你洗不净的脸？钱是从我手里出去的，可我骗过你没有？你凭什么把所有责任推我身上？说搬电视就搬电视？尹骡子语气泥一样软了，搬东西的又不是我一个人。

唐喜再次笑笑，电视你留着吧，不就几千块钱吗？我还没穷到那份上，不过是不舒服，你觉得痛快，你就留下。尹骡子扯住唐喜，哎，别走。唐喜横他一眼，尹骡子马上松开，你还没说什么时候还我的钱。唐喜说，我不知道，什么时候能还什么时候还，你可以告我去，你明儿把我剁了煮汤喝，我也没意见，什么时候还钱，我还真没法说。风中再次荡过烂白菜味，唐喜狠狠吐了一口。尹骡子掏烟给唐喜，唐喜摆手，我五百年前就戒了，抽不起。尹骡子问，听说，你把那个姓乔的弄回来了，有指望吗？唐喜似笑非笑地盯着他。尹骡子说，这又不是秘密。唐喜说，他要自杀的。他死了会有什么后果，你清楚吧？你的钱永远要不回了。尹骡子夹烟的手颤抖着，现在呢？有指望吗？

唐喜滑开目光，很快又转回来。尹骡子半路娶妻，还是个病女人，犯病就抽羊角风。尹骡子粗野，对女人却出奇地好，攒钱只有一个目的：给女人看病。如尹骡子自己所言，确实不易。但……谁容易？谁又容易呢？这么一想，唐喜的气就粗了，说不好，我没法保证。尹骡子却从唐喜的话里嗅出味道，有了钱，能不能先还我？我的钱都是有用的。唐喜差点笑喷，心想什么鸟话，谁的钱没用？尹骡子甚是急切，真的，能不能先还我？唐喜说，看看吧，如果有可能……我不保证。尹骡子往前一凑，又突地扭转嘴巴，兄弟，你别和我计较，我是粗人，没脑子，电视，我现在就给你搬回去。唐喜说，算了，你留着看吧。尹骡子受辱似的大步离开，高声叫着，我现在就搬回去。

唐喜噘起嘴，哨音滑出，他突然咬住，又突然松开。口哨不成调，但蜿蜒向前，如寻找食物的蛇。

王秋女人从街角闪出，差点撞了唐喜。啊哎，唐喜，我找你呢。她眼睛亮亮的，整张脸被映得熠熠生光。唐喜哦一声，王秋女人截住他的话，昨儿个就想找你的，牛病了，去镇上请了赵兽医，刚把牛放出去，瞧这破天，滑了两跤。王秋女人指着膝盖给唐喜看。她穿一双蓝色雨鞋，半挽着裤角，露出白白一截腿。王秋女人捏着膝盖说，疼得很，不知摔青没有。唐喜把目光从她那截白腿上移开。她肯定在墙角躲了很长时间，唐喜和尹骡子的对话她肯定听到了。他猜到她要说什么，他正要去她家的。唐喜漫不经心地问她有什么事？王秋女人问，唐喜，你不是记我的仇吧？唐喜装糊涂，你我有什么仇？王秋女人神情松弛下来，我想你也不会和我计较。洗衣机我一次也没用，擦得干干净净的，还套了罩子，我一个人搬不动，你辛苦一趟吧。唐喜做恍悟状，这个啊，你留着用呗，嫌破呀？王秋女人急得直摆手，别别别，那天见别人都去你家抢东西，我跟着犯浑，你知道的，我的钱是怎么来的。唐喜哼哼，你们都不容易，我知道。王秋女人眼睛更亮了，语气透着亲密，跟嫂子走一趟？唐喜迟疑间，王秋女人拽他一把，帮帮嫂子呗。

唐喜跟在她身后。少费口舌也好，这个女人……唐喜不知怎么评价。王秋不在家，唐喜常帮她。别人翻脸也就罢了，她做出这等事挺让他伤心，毕竟……所以，她还东西的方式也和别人不同。搬不动？鬼才信。唐喜清清楚楚记得，她是一个人搬走的。她当时的神情和气势，搬两个洗衣机似乎都不成问题。现在归还，突然就搬不动了？

被牵着走的愤怒拱上来，唐喜站住。王秋女人问他怎么了？唐喜说，我得赶紧回去。王秋女人还欲问什么，唐喜已转身。他疾步如飞，要救火的样子。甩开王秋女人，他痛痛快快地舒口气。然后慢慢悠悠地踱到小卖部。得给乔大风买条烟。必须给乔大风买条烟。

八

乔大风不想骗他们，是两口子忙前忙后的侍候感动了他，还是酒后控制不住地想吐真言？是因为他本质上没那么坏，还是因为他烂透了，盼着他们和他一样陷入绝望？说不清的。但乔大风确实不想骗他们，如果世上有什么镜子能照见心底的秘密，他会毫不犹豫地站在镜子前。

但，显然，唐喜不相信他。尽管有那么一瞬间，唐喜受到重挫般一脸死灰，可他的眼睛很快布满疑云。乔大风本来还想再说些什么，以证明自己没钱也没还钱的可能，唐喜的眼神让他把话吞咽回去。很难受，像吃了苍蝇。乔大风有受辱的感觉。交往多年，没有友情，还有交情，唐喜竟没有丝毫信任。唐喜靠他吃饭，他不是唐喜的贵人，至少也是恩人，可……他妈的！

乔大风并不想报复谁，如果算账，也只能和表哥算，而不是唐喜。听到表哥失踪的消息后，乔大风奔到市里。他想从表嫂嘴里探听一下虚实，他猜表哥不过是躲避索债的那些人，暂时耍的计谋。表哥不是一般人，甭说跌十跤二十跤，跌一百跤也会东山再起。表嫂肯定知道表哥的去向，她可以不告诉别人，不至于不告诉他。到了表哥家，乔大风的心顿时从山尖坠到谷底。准确地说，那已不是表哥的地盘。两个追债的人为占据表哥二百平方米的房子争执不休，表嫂蜷坐在门口的地板上，神情呆滞，似乎这一切与她无关。她的耳坠不见了，脖子上金灿灿的链子也不知去向。乔大风把表嫂带到饭馆，边诉苦边套问。表嫂失声痛哭。乔大风不死心，哪怕有表哥一点点消息。表嫂负气地号，你把我拉去抵债吧，反正我也不想活了。表嫂的话是枪，乔大风没有一枪毙命，但血流不止。是表嫂先离开的，还是他先离开的，他都忘记了。

可是，唐喜硬要这般地羞辱、激怒乔大风，乔大风索性入戏。你说我有钱，那就有钱好了，你说我有能力还，那就有能力好了。乔大风倒要看看，唐喜能怎么着。乔大风不是猫，唐喜也不是鼠，现在，是唐喜逼他玩这出猫吃鼠的游戏，怪不得他。

看了多半夜电视，清早脑袋昏沉沉的。唐喜接电视的时候，说放贷的村民听说乔老板大驾光临，立马就把电视送回来了。信号不怎么好，唐喜去镇上买了新线。要说，唐喜挺为他着想的，但乔大风能感激他吗？绝不！早饭吃到一半，乔大风把碗搁下了。唐喜和黄桂花相视一眼，问他怎么了？没睡好，所以没胃口。但乔大风不想这么说。既然他们不相信他，为什么要说真话？他皱着眉说，粥太稀，跟清水一样，还不如喝水。唐喜马上附和，我也觉得稀！随即质问黄桂花为什么不多放米？黄桂花解释小米没了，又怕乔老板喝不惯二米粥。唐喜训了黄桂花，又给乔大风道歉。乔大风离开饭桌，嘴上说着没事，脸色没那么好看。他很想瞧瞧两口子的反应，但他忍住没回头。意外的是，唐喜追进来，说委屈了他什么的，问他中午想吃什么？那样子，仿佛他是掌握唐喜生死大权的皇帝，虽然唐喜不是战战兢兢，但毫无疑问，不是一般地在乎他。乔大风冷冷地说什么也不想吃，只想一个人待会儿。

恹恹的，什么也不想干。当然，也没什么可干。他靠在床头，很快就迷糊了。被声音惊醒时，他正梦见教儿子开车。他听了听，下床，快步走到窗前。唐喜站在院里，正指挥人加高院墙。一色的新砖。这是防他逃跑的，乔大风暗自冷笑。如果他想离开，唐喜能拦住他？休想！他实在是没地方可去。唐喜如此防范，毫无必要。加吧，看你能造个监狱。可转念一想，不能这么由着唐喜，他又不是犯人。

日光扑过来，如一群发疯的蝴蝶。乔大风抬手遮挡了一下，狠狠打出两个喷嚏。唐喜和蹲在墙上的人都看他。乔大风问唐喜这是什么意思，唐喜眯了眼说，防止别人害他。这不像你的三层楼，鸡都能跳进来，乔老板，你住我这儿，我得为你负责。乔大风说，你少来这套，我不是白痴，你这是造监狱。唐喜嘿嘿笑着，你这是哪里话？监狱是关坏人的，你又不是坏人，你要是坏人，早让砸破头了……日头太毒，乔老板还是回屋吧。乔大风说，我不怕你加院墙，你就是垒到天上，我也不怕，但你得打个招呼。唐喜说，这是我家呀。乔大风说，我不高兴。唐喜说，我在我家……乔大风打断他，我说了，我不高兴。有那么片刻，唐喜的目光琴弦一样直直的，但很快绷断了，东一截西一截耷拉下来。好吧，实在是对不起，下次和你商量，你还是回屋吧。乔大风盯了唐喜一会儿，又一一从那几张脸上掠过，踱进屋。

黄桂花问乔大风想吃什么，她好准备。黄桂花脸黑，但长相还看得过去，胖了点，但挺匀称的，不是一身赘肉那种。乔大风盯得时间长了点儿，黄桂花的脸映出红色，她稍稍扭过脸，又问乔大风想吃什么？声音里透出紧张，乔大风嘿嘿笑了。他说要吃饺子。黄桂花问，韭菜鸡蛋，还是西葫芦鸡蛋？乔大风硬邦邦地，肉馅。黄桂花意外地，肉？家里只有……乔大风沉下脸，我要吃肉。黄桂花退出去，唐喜进来了。他的额头湿漉漉的，像刚从水缸拎出来。唐喜解释，村里没有卖肉的，买肉得去镇上，我实在是走不开。如果唐喜不解释，乔大风也不会犯拧，可唐喜如此说，乔大风反而非吃肉馅饺子不可。唐喜又拿出理由，没钱买肉。声音可怜兮兮的，但又隐隐透着锋利，乔老板，能吃饱就不错了。乔大风说，别和我来这套，除了肉馅，我不吃，你看着办。唐喜抓抓自己的脸，离开。有钱买砖加院墙，没钱买肉？糊弄鬼去吧！

终究做了肉馅饺子，肉是怎么来的，乔大风不知，也不想知道。就算是唐喜从自己大腿上拉下来的，也与乔大风无关。唐喜要把他供起来，他就得要点性子。肉馅饺子给乔大风一个人，唐喜和黄桂花吃剩饭，等于给乔大风开小灶。他们吃与不吃更是与乔大风无关，他有油水就行。

胃就像良家女子，本来正正经经的，被勾引过一次，就再也不能安分。哪个部位都痒，越控制越痒。黄桂花茶饭好，乔大风先前觉得吃着天下最香的饭。一顿肉馅饺子把乔大风所有的馋虫捅醒了。手艺再好，也不可能把素菜做成荤菜。胃和心一样贪，连吃三顿肉馅饺子，乔大风没那么香了。他问黄桂花放没放肉？黄桂花说放了。乔大风夹开一个，把馅摊到桌面上，让她指出哪块是肉。黄桂花顿时语塞，瞅唐喜。唐喜赔着笑解释，肉都剁碎了，除非用显微镜看。乔大风让黄桂花下次包纯肉饺子。唐喜笑得就有些苦，乔老板，你将就一些吧。乔大风轻嘘一声，能花几个钱？你心疼成这样？唐喜叫，几个钱？就这我还是借的。乔大风不想争执，搁下筷子站起，下了最后通牒，我只想吃纯肉饺子。

下次吃饭，甭说纯肉了，一丝荤腥都没有。一碟咸菜，一盘馒头。面没揉开，馒头上到处是发黄的碱疙瘩，如被烫伤的脸，有些惨不忍睹。唐喜狠狠咬了一口，乔大风明白，这是故意给他颜色看。可他是随意被涂抹的人吗？乔大风直视着黄桂花，我要吃肉馅饺子。黄桂花目光垂下去，像一道厚实的帘子阻挡他进入。唐喜说你把钱还我，我给你摆八大碗，连摆五天。嘴里嚼着饭，唐喜的声音有些含混。乔大风提高声音，我要吃肉馅饺子。唐喜没好气，爱吃不吃，就这。

乔大风绝食抗议。不给他吃肉，胃不干，他也不干。他绝不能被唐喜压住，压住第一次，就有可能压住第二次。那就真是坐监狱了。肚里叽里咕噜的，睡了一觉，稍好些。唐喜喊他吃晚饭，他不应，眼都没睁。据说饿七天人就没命了。死了倒好。如果撑不住，第三天进食，撑三四天应该没有问题。

根本没用三天，半夜，唐喜叫醒他，举着猪肘子在他眼前晃。乔大风吸吸鼻子，说，你这是戏耍我？唐喜亲昵地拍他一掌，什么呀，给你的，黑咕隆咚的，我跑到镇上，好说歹说才赊的，他妈的，落坡的凤凰不如鸡，过去赊十顿二十顿饭都不成问题。乔大风不想听他废话，一把夺过去。啃了两口，问唐喜有没有酒？唐喜几乎哭了，乔老板，你行行好。乔大风说，有肉没酒，实在是可惜。唐喜要逃的样子，你慢慢吃，别噎着。乔大风喊住他，说，你去赊几瓶，算我头上，以后顿顿上酒，都算我头上，日后连利息一块还你，行吧？乔大风用的是商量口气，唐喜服软，他就不用再强硬。唐喜眼睛亮了一下，很快暗下去，如被风刮散的灰烬，不好赊啊……这么晚了。乔大风说，你带我去，我就不信赊不出来，晚怕什么？怕女鬼拽了你？唐喜说，好吧，我去试试，乔老板，我侍候我爹都没这么尽心，我爹病了三年……

吃了肉，还喝了酒，乔大风从未有过地痛快。白天睡饱了，再无睡意，乔大风打开电视。唐喜像个丫头一样立在那儿，既不走也不坐。乔大风明白唐喜有话要说。等了一会儿，唐喜却不开口，目光游荡不定。一会儿滑到电视上，一会儿滑到乔大风脸上。乔大风心生恻隐，说，你不用陪我，陪你女人去吧。唐喜说，睡不着。乔大风哧一声，有女人陪还睡不着？你别不知足。唐喜叹息，我老婆一夜一夜地哭，我烦得要死，又心疼她，不知咋个才好。乔大风说，你娶个好女人，没丢下你跑了。唐喜说，说的是，所以，听着她哭，我伤心得不得了。乔大风点一支烟，陷入沉思。

唐喜解释白天的事，说并不是想给他脸色看，确实是没钱买肉。后来一想，我求爷爷告奶奶，也不能委屈了你，你是享惯福的，不像我们。乔大风点头，我知道，你有难处。唐喜说，你这样想就好，打这么多年交道，你清楚我是什么人，但凡有一点儿办法，绝不亏待朋友。乔大风再次点头。唐喜说，我知道你也有难处，但你的能耐比我大得多……乔大风制止，你不用说了，我明白你的意思，我欠你多少？唐喜双眼通了电似的，本金六十五万。乔大风沉吟一会儿，就算我能还你，也没意义，我欠得太多了。唐喜的眼睛瞬间被炭火灼红，对我有意义呀……还一笔少欠一笔，能减轻多少压力呀。乔大风说，你不是大头，如果被他们知道，会扒掉我的皮。唐喜突然举起胳膊，我发誓，绝对不会说出去。乔大风哼哼，没有不透风的墙，你不说，难保垒墙那些人不说。唐喜死死盯住乔大风，要把乔大风钉在那儿的样子，你说，你让我怎么办，我就怎么办。乔大风听见心里一阵杂音，像狂风刮起的石粒在乱撞。问题是……乔大风停顿一下，目光从唐喜脸上拽开，我手里没钱。

九

唐喜想求欢，被黄桂花推了一把。唐喜刚加完账，挺兴奋的。每天晚上，唐喜都要捋一遍，像糊涂账，怎么也捋不清。其实清楚得很，每一笔都在心上刻着。多年的习惯了，改不掉。更重要的是他看到希望了，那些数字不再是恐怖的妖魔。

唐喜再次拱过去，黄桂花又推他一把。咋？唐喜不高兴了。这一阵子，黄桂花特别听话。你还有心思干这个？你听听！先是机枪扫射，接着是爆炸声。乔大风每天看电视到半夜，声音调得很高。唐喜叹口气，说忍忍吧。黄桂花憋着火，要忍到什么时候？你看他那样，倒像咱欠他的钱，全颠倒了。确实，乔大风得寸进尺。现在，每餐有酒有肉，嫌烟次，由紫钻换成金钻，茶叶也不合口味了，唐喜按照他的要求买了一斤好茶叶。唐喜怎不恼火？可不忍又能咋办？乔大风有耍脾气的资本，就冲他敢耍脾气这一点，唐喜断定他私藏着钱。唐喜把自己的推断和黄桂花说。不是第一次说了，黄桂花像个有沙眼的轮胎，唐喜得不断给她打气。

黄桂花不那么生气了，却忧心忡忡的，时间长了，咱耗不起啊，他一天的花销够咱吃半个月了。唐喜安慰道，舍不得孩子套不住狼。其实，唐喜比黄桂花还心疼。他对乔大风说东西全是赊的，哪有那么好赊？他已经动用存折了。唐喜终于劝得黄桂花摊开身体，他却兴奋不起来了。

第二天，红着眼睛的唐喜把十几个债主召集在一起，话音未落，尹骡子扎了钉子一样跳起来，给你钱？一分没要回来，再给你钱？休想！尹骡子的话像导火索，把众人的嘴巴炸开。石头瓦块脏水污泥雨点一样卷裹住唐喜。唐喜早已料到，并不意外。他眉头半蹙，恼火的样子，但绝不反驳，谁说话就盯着谁。他们憋着怨气，总要释放一下。

声音渐弱，唐喜环视一圈，没话了？我接着讲。钱是乔大风欠的，不是我唐喜，如果是我欠的，你们剐了我，我认。要剐，也只能剐乔大风。可是，剐了乔大风，谁来还钱？你们都知道了，乔大风寻短见，是我救下。他能死吗？他该死，但不能死。我好吃好喝侍候他，图什么？你们不会不明白。看见我的眼睛了吧？怕出意外，每天夜里我都起两三趟。受累也就算了，他那张嘴每天要吃掉好几十块。凭什么让我一个人开销？他又没欠我的钱。话是撂这儿了，你们掂量着办，你们不掏，我养不起，只能把他放了。

静默了一会儿，二愣娘问乔大风手里有没有钱？到底能不能要回来？别栽了跟头再闪了脚。唐喜心中已然有数，反问，你说呢？二愣娘又把球踢回来。唐喜说，我不是他肚里的蛔虫，这是押宝，你们愿意押咱就押。人心都是肉长的，咱们当亲爹亲娘一样侍候他，他不会不感动，就算全还不完，还一半总比一分不还划算。有人嘟囔，一户出一千，太多了。唐喜说，那么多钱在他手里抓着，一千算什么？你以为我从中牟利呀。养活的是老板，不是要饭的。你们可以去检查，看他每天吃的是什么，喝的是什么，抽的是什么。随后，唐喜有意无意地瞟着王秋女人。王秋女人目光跳了跳，猛一跺脚，不就一千块钱嘛，我出。唐喜竭力忍着，不让兴奋跑到脸上，淡淡地说，自愿，你们可以拿，可以不拿。

王秋女人把钱交到唐喜手上，已有两户先她交了。王秋女人不信，她不过喂个猪的工夫。唐喜摊开本让她瞅。其实，这也超出唐喜的想象。王秋女人吃多大亏似的，和唐喜争执，是她第一个答应交钱的，理应把她的名字写最前面。唐喜说一样的一样的。王秋女人不干，说如果不把她写前面，她就不交。我就不信你还别人的钱，不还我的。唐喜冷冷地说随你。王秋女人态度马上变了，好吧好吧，就记第三，这破猪喂的。唐喜记账，王秋女人挤过脸，几乎挨住唐喜。唐喜的手不由一抖，字写得歪歪扭扭。王秋女人说有点儿活，问唐喜能不能帮她？唐喜问什么活？王秋女人轻轻扫他一眼。他问：现在吗？王秋女人反问，你现在没空？唐喜迟迟疑疑地，有……有。

深一脚浅一脚随王秋女人去了。

也就是帮她干干活，唐喜对自己说。帮过她那么多，现在干一次也不会咋的，唐喜又说。欠她七万多，也该帮她干点活，唐喜再说。洗衣机是王秋女人送回的，他已经损够她，不能再生气。她第一个答应交钱，与那些人比起来，她毕竟和他走得最近。唐喜寻了一百条理由。日光松鼠般跳跃，毛茸茸的爪子挠着唐喜。

没什么重活。过去确实有她干不了的力气活。干完，王秋女人没让唐喜走，家里有一块腌肉，他得帮着吃吃。唐喜就帮着吃。他整天侍候乔大风，为什么不能让人侍候他一回？听着王秋女人嗞啦的炒菜声，唐喜喝着小酒，有一种快意。这样的礼遇不是没享受过，但从未这样痛快。喝酒不过是开始，是序曲，就从这一点，他比乔大风还牛。记忆不时冒出……除了喝酒，他能干得很多。他心里干了不下二百次，但没有行动。他胆小，不敢轻易迈那一步。为了壮胆，他总是拼命喝酒，往往胆子没壮起来，他已经醉得不成样子。事后，唐喜会后悔好几天，可又庆幸没那么做。万一王秋女人不是那个意思呢？万一被黄桂花发现呢？万一是王秋女人和王秋设了陷阱敲诈呢？万一……循环往复，他和王秋女人始终处在这种半朦胧半透明的关系中。

今天不一样，他是另一个唐喜，已然看透的唐喜。他那么帮她，他和她就差那么一层窗户纸，他和她暧昧得不能再暧昧，如果不是唐喜顾忌太多，他和她……可她说翻脸就翻脸，比别人逼得还狠。只想着她的钱，从未替他考虑，那钱又不是他坑的。如果他没有把乔大风带回来，她绝不会这么待他。现在，她有求于他。不同的是，以往他不敢不还，现在他有理由拒还，硬邦邦的，让她无话可说。他看得透得不能再透，她不是冲他来的。唐喜的快意中挟着悲愤，洪水一般。他控制不住，也不想控制。

王秋女人炒完菜，嫌唐喜喝得慢，自己倒满，和唐喜干了两杯。唐喜窃喜，她等不及了。嫂子的手艺咋说？她赤裸裸地盯着唐喜。唐喜说好。那你多吃点儿，夜里睡不好，瞧瞧你瘦的。好。王秋女人给唐喜夹肉，唐喜适时地握住她的手腕。肉墩墩的，很烫。你……王秋女人惊乍乍地叫着，猛缩回去，似乎不是她烫了唐喜，而是唐喜烫了她。唐喜蒙了，手还伸着，像雪地冻僵的狗爪。我洗洗手。王秋女人挑起门帘，出门那一刻，回头冲唐喜笑笑。似乎还挤挤眼，也可能没挤，是笑容把她的眼睛挤小了。

唐喜突然心生慌乱，没等脚完全伸进鞋里，就急往外走。拐过墙角，他狠狠扇自己个嘴巴子。丢人死了。真他妈丢人死了。他还以为……他一碰她就倒在怀里呢。她怎么会没意思呢？唐喜嘀咕一会儿，似乎明白了点儿。她不是没意思，是不想让他瞧出她有意思，如果他坚决点儿，她肯定会顺水推舟。他形势把握不够。真他妈的，他又扇自己一掌。愠怒再次没过头顶，她明明有意思，却要伪装。非要在那层纸上糊塑料布。日光抽着他的脸，火辣辣地疼。他低头疾走，不知是喝晕了，还是抽晕了，摇摇晃晃。他又开始庆幸，没发生最好，万一王秋女人翻脸咬他呢？万一……但庆幸并没让唐喜的情绪变好。

可能是这个缘故，那天晚上，他和乔大风发生了争吵。唐喜绝无招惹乔大风的意思，乔大风是手里的牌，讨好还来不及，怎么敢触怒他？唐喜不过诉诉苦，被坑成那样，还不让他诉苦？但乔大风咬定他才是真正的受害者。乔大风说过几次，可那天满含怨恨，仿佛这一切是唐喜造成的。唐喜压了再压，火气还是窜出来。两人各不相让，坚持自己才是受害者，而且第一次爆了粗口。乔大风摔了杯子，怒冲冲地说，你这么没良心，白长一堆烂肉！唐喜眼睛撑得又硬又大，我天天省吃俭用，还不如喂狗呢，养狗还知道报恩。

黄桂花把唐喜拽出去，好一通责备。冷静下来，唐喜后悔了，小不忍乱大谋，乔大风是他手里的王牌，怎么可以激怒王牌？唐喜再次进去，给乔大风赔礼道歉。唐喜把自己声讨到体无完肤，乔大风才转过脸色，得寸进尺地提出一个要求。

唐喜如遭重击，呼吸几乎停止。乔大风步步紧逼，应，还是不应？

十

乔大风终于敢坐在院子里了。在与唐喜两口子较量的过程中，晕眩症不治而愈。挺奇怪的，他不晓得怎么回事，懒得想，也没时间想。除了吃饭睡觉，除了回想那些七勾八扯的事，他所有的剩余精力都用在唐喜两口子身上。乔大风变着法提要求，或者是吃，或者是喝，或者是抽。不错，很多时候，乔大风是故意的，就是想戏弄唐喜。在对唐喜的戏弄中，乔大风找到一点点乐趣，愤懑得到一点点缓解。

黄桂花距乔大风几米远，正削芥菜上的根须和泥土。乔大风没腌过菜，但熟悉腌菜的过程。前妻腌得一手好菜，除了芥菜，她还喜欢腌萝卜、芹菜。她特别钟爱花椒，一缸菜，差不多要搁一斤花椒。因此，咸菜有一股奇特的香味。好多年，乔大风没闻过那香味了，是他把香味踢开的。于婧在乔大风身边那些时日，乔大风很少想起前妻，偶尔滑进脑子，很快就滑出去。被唐喜囚禁这些天，乔大风总是不由自主地想起她。他挺对不住她的，当然，说这些已经毫无意义。离婚不久，她嫁到另一个镇。那天，他突然冒出看看她的念头，不干什么，也不可能干什么，就是想看看她。唐喜被他的要求惊着，眼睛瞪得那么大。乔大风也觉得有些过分，他不但要看前妻，还让唐喜准备五千块钱。既然提出来，乔大风就不会让唐喜回绝。几个回合之后，唐喜愤怒而无奈地答应了。那个下午，唐喜拉着乔大风和黄桂花去看望乔大风的前妻。半路，乔大风改了主意。他已经落魄，何必给自己难堪？

黄桂花收拾芥菜，但乔大风知道，她时刻提防着他。一边看守一边干活，不像纯粹干活那么自然放松。她的身子绷得过直，连同她的表情，都像套在模具里。乔大风觉得好笑，虽说院墙加得比房还高，大门也紧插着，若他想离开，她绝对拦不住他。或许是他在院里坐着，唐喜又不在家，她紧张成这样。但不管怎么说，她像唐喜一样不信任他。不，她的不信任超过唐喜。

如果说她身上还有松弛的地方，恐怕就是她的乳房了。她每次弯下腰抓芥菜，那个部位便往身体两侧滑动，仿佛两个水囊。她似乎注意到乔大风的目光，扯过筐，横在她和乔大风中间，尽管这并不足以遮挡住她。乔大风的脸不由一热，她的动作无异在骂他下流。几乎是突然之间，愠怒撑胀乔大风的身体。他决定戏戏她，于是，他咳了一声。

黄桂花抬起头，询问地望着他。

乔大风做个抽烟的动作。

要烟？黄桂花问。

乔大风点头，在窗台上。

黄桂花拍打着身子站起来，却没有移步。她显然在犹豫。

乔大风催道，没听清？把烟取来！

黄桂花环视一圈，小心地往家门口走，仿佛怕滑倒。

乔大风明白，她其实在听身后的动静，她挺有心的。乔大风挂出一丝冷笑。待她走至门口，乔大风突然跃起，大步奔向院门。乔大风抓住插销的同时，黄桂花已经冲到身后，紧紧抱住乔大风。你不能走！黄桂花的声音紧张得变了调。乔大风不说话，拼力往外拔插销。乔老板！乔老板……黄桂花的声音有了哀求的意味，但双臂死死箍住乔大风，乔大风猛往外挺，可更大的力扳回他。两人倒在地上，准确地说，是乔大风仰砸在黄桂花身上。乔大风不再动，黄桂花没有放手，气喘吁吁地说，乔老板，你不能走。乔大风心想，我当然不走，凭什么走？她的乳房顶着他的后背，他感觉到了气囊的弹性和力度。几分钟后，乔大风问，抱够了没有？两道箍突然断开。黄桂花在乔大风站起的同时，从地上爬起。乔大风说，我不过开个玩笑，瞧瞧你吓的。黄桂花嘴唇乌紫，脸和脖子却像裹了红绸。

　　晚饭如往常一样准时准点，乔大风吃到一半，唐喜回来了。唐喜是给乔大风前妻送钱去的。乔大风不见她，钱还是要给的。唐喜邀功似的汇报，找见乔大风前妻了，已把五千块钱如数交给她。乔老板，只此一次，下不为例，我没开油坊，再榨就榨出骨髓了。乔大风盯住唐喜，好半天不说话。唐喜咦一声，我说错了吗？乔大风问，你把钱给她了？唐喜受辱似的，你怎么不相信我？为了找她，我饭都没吃。乔大风缓缓地点头，这钱会还你。唐喜转过脸色。如果唐喜说找到了前妻，但她不要乔大风的钱，乔大风会相信，但唐喜这样说，乔大风断定他说谎。前妻脾性甚倔，乔大风几次给她钱，她都不理。现在唐喜代他给，她会接受？哄鬼去吧。乔大风这么做，不过是想告诉她，他从未忘记她。没什么目的，他落到这个地步，还有什么目的？但通过这件事，乔大风对唐喜看得更清楚了。

　　乔大风打开电视不久，唐喜进来。唐喜瞪着乔大风，一副公牛抵架的样子。乔大风视而不见，不理。足足一刻钟。唐喜开始来回踱步，每迈一步，脸肌一抽，像犯了痔疮。乔大风忍不住了，他一张嘴，唐喜机关枪似的射回来，我想晃我愿意晃你管得着吗？人立住，目光仍如劲风中的柳条左右横飞。唐喜狂怒，乔大风很是解气。他浅浅一笑道，你想跟我吵架？唐喜反问，你说呢？我哪点对不住你？乔大风嘲讽地笑了，你的意思，你是我的恩人喽？唐喜说，你自己掏良心说吧，我救了你，给你住给你吃给你喝，还得给你女人送钱，你要走，总得和我打声招呼吧。乔大风问，我现在打招呼，你让我走吗？唐喜猛一挥手，你爱上哪儿上哪儿。乔大风抓起褂子，唐喜马上拦住他。乔大风沉下脸，怎么？唐喜让乔大风把这几天的开销还了。乔大风说还不了，他又没逼唐喜，是唐喜把他关押在这儿的。唐喜说乔大风耍赖，乔大风横横的，我就是耍赖，你咋的吧？

　　僵持一会儿，唐喜折断脖子似的，脑袋软软地垂下去。似乎要笑的，脸肌抽动几下，好容易挤出稀稀拉拉的几粒，如面馍上的麸皮，看上去甚是怪异。乔老板，我说笑的，你怎么当真了？我家就是你家，你随便住。乔大风盯住他，不算账了？唐喜脸上突起更多的麸皮，你不至于经不住玩笑吧？乔大风说我经得住，不过，我确实不想住了。麸皮突然抖干净，唐喜语速极快，那不行！脖子梗梗，又软下去，乔老板，你不能走，绝对不能走。乔大风略显无奈道，好吧，我不走。不是我赖着不走，是你不让我离开，旅店费我横竖不出。唐喜说，不让你出的，我对得住你，你不能见死不救啊。乔大风暗暗冷笑，没良心的东西，绕了半天，又绕回来了。乔大风摇头，说救不了唐喜。唐喜说，你救得了，你乔老板大富大贵，没什么难得住你……乔大风长叹一声，也许……可能……再说吧。乔大风故意说得模棱两可，他明白越这样，唐喜越相信。不是他想欺骗唐喜，是唐喜逼他欺骗。果然，唐喜喜形于色。

深夜，乔大风关掉电视，隐约听得墙那边有声音。没有细听，细听也听不清。这声音并不影响睡觉，但突然让他感到孤寂。起先是一点，像水珠在心底滑动，很快，水珠涨大，涨成一片汪洋。乔大风整个身子被浸没。同时，愤怒火苗般自下而上游窜，烧得哧啦哧啦响。他睡不好，他们也休想安宁。

乔大风奋力捶着门板。

十一

上车时，黄桂花再次问，要是他跑了呢？

唐喜的目光牢牢地抓着大铁锁，除非他长出翅膀。

黄桂花欲言又止，万一……

唐喜说，放心吧，他想死早死了，瞧瞧那张脸，油光得都能照人了。

唐喜和黄桂花没到镇上，而是去了一百公里外的邻县县城。给乔大风采买东西。乔大风拉了一个清单，除了烟酒，还有牙膏、牙刷、洗发膏、洗面奶、剃须刀、棉被。乔大风特意强调棉被不要太空棉的，睡不惯。唐喜说现在盖的被子是家里最好的，乔大风说被子有股馊味，影响睡眠。不就一床被子吗？能花几个钱？乔大风很是不屑，唐喜的喉咙几乎爆裂，却不敢与乔大风争执。溃败的总是唐喜。

买齐全，快中午了。黄桂花连声喊累，没怎么费力，可从里到外，没一处不累。唐喜瞧着黄桂花瘦下去的脸，心像被踩的薄冰，咔嚓一声。他问她想吃什么？黄桂花想吃碗荞麦粉。唐喜酸楚地说，瞧你这点儿出息……今儿请你吃顿大餐。不由分说，拽黄桂花走进对面的红双喜酒楼。黄桂花再三阻拦，唐喜还是点了八个菜。服务员都说多了，吃不了的。唐喜不听，甚至有些粗暴地训斥服务员。服务员退出，黄桂花骂唐喜疯了。唐喜说，他花得，咱为什么花不得？黄桂花说他胡吃海花，咱没办法，咱不能呀。唐喜说，又不是天天这样，吃不好睡不着没人慰劳，自己慰劳自己一次，还过分了？

钱是大家凑起来供养乔大风的，除了那一千块，唐喜各又收了五百。当然没那么顺利。唐喜不像第一次那么好脾气，他替他们要钱，他们凭什么不出血？就是养一口猪，每天也得喂十斤饲料，何况一个人？何况是乔大风？

钱不是唐喜的，并不意味着唐喜大手大脚，故意糟蹋。唐喜没那么缺德。老天做证，每次花钱他都心疼。心疼也得花，乔大风的要求花样百出。因此，唐喜心疼的同时，又很愤怒。就算愤怒得能把天捅个窟窿，也不敢戳乔大风一指头。唐喜能做的，敢做的，不过是照自家的后墙猛踹几脚。唐喜点八个菜确实想慰劳黄桂花，更重要的原因是他的愤怒抑制不住了。

菜次第上桌，个个都是硬菜：酱大骨、脆皮鸭、东坡肘子……热气腾腾，香味缭绕。黄桂花青着脸不动筷子。唐喜劝了好一会儿，黄桂花神色好容易活泛了一点，问要不要给乔大风打包两个？唐喜没了好气，别惦记他，饿不着他的。

两人吃得打嗝，也没吃一半。服务员给打包，唐喜暗想，又便宜了乔大风。这么一想，被大肉压下去的愤怒又丝丝缕缕翻上来。

花了二百九十二块，黄桂花心疼得直吸气。唐喜再次劝慰，钱是因为乔大风花的，自然要算乔大风头上，权当公款吃喝。黄桂花问，万一乔大风真拿不出钱呢？唐喜的反击快得出奇，他拿得出，绝对拿得出。随后，唐喜一一举证。给黄桂花打气，更是给自己打气。话虽如此，唐喜并不那么踏实，一旦……他们非吃了他不可。事已至此，没有任何退路，唯一的路在乔大风身上。

走了一段，唐喜停下来。黄桂花问怎么了？唐喜说，车坏了。其实没坏，唐喜不想过早回去。他想治治乔大风，不能事事让乔大风如意。硬的不行，就来软的，饿他狗日的一顿。当然不能饿坏他，饿一阵算一阵。唐喜修了半个多小时，走了一阵，又坏了。黄桂花不悦，问唐喜怎么回事。唐喜说，问你三舅去。黄桂花不言声了。三轮车被黄桂花的三舅开走两个月，如果唐喜没把乔大风囚住，黄桂花的三舅断然不会归还。别人抄东西也就罢了，他可是黄桂花的亲舅舅啊。

离村还有十多里，车再次熄火。没油了。真是没油了。两人合力推着，到家快半夜了，都湿得不成样子。唐喜顾不得换衣服，直奔乔大风的房间。

乔大风仰躺着，唐喜俯下身，他才缓缓拉开眼皮。饿了吧，乔老板？唐喜关切地问，实在对不住，车坏了，我和黄桂花推回来的。唐喜指着湿漉漉的衣服让乔大风瞧，乔大风根本不看，目光只在唐喜脸上划拉，像鸡爪子，看上去软软的，却挠得唐喜火辣辣地疼。

我从饭店买了菜，让黄桂花热热。来，先喝罐啤酒。唐喜拧开，乔大风顿顿，接住。依然躺着，似乎没了坐立的力气。唐喜扶他。黄桂花端过盘子，乔大风的身子马上竖直。不看唐喜，也不看黄桂花，眼球黏住肉食，双手并用往嘴里塞。慢点，别噎着。唐喜小声劝，你吃饱，我和黄桂花再吃，我俩也没吃呢。确实，唐喜也饿了。乔大风不说话，风卷残云，那么多，竟然吃得干干净净。

乔老板，好歹给我和黄桂花留点啊。唐喜抱怨。

乔大风揩揩油乎乎的嘴巴，你俩吃剩的吧？

唐喜叫，乔老板，你说话要掏良心！

真没吃？

唐喜噌地拽起衣服，要不要划开看看？

乔大风嘿嘿笑了，我信我信。

唐喜明白乔大风并不相信，那又怎样？乔大风没有理由指责唐喜。

第二天，唐喜将买来的东西交给乔大风点验后，说乔大风要什么，只要他有一点点办法，绝对办到。乔大风点头，目光却有些怪异。唐喜硬邦邦的，你剖我的心，我眼都不眨。乔大风再次点头。乔老板，我对得住你，你不能见死不救啊。唐喜的声音软下去，可怜巴巴的。这是他每天的功课，不同的腔调，不同的语气，相同的内容，相同的目的。

你说什么都答应我？乔大风的目光束紧了。

唐喜说，当然，只要你……

乔大风盯住唐喜，一字一顿。

唐喜的眼球骤然变硬，你说什么？

乔大风不紧不慢地重复。

唐喜两腮的肉突突地抖着，你这个……你这个……

乔大风满脸嘲讽。

休想！你休想！！唐喜跳起来，咚咚地踢着床脚。脸青一阵紫一阵地鼓凸着，仿佛有什么活物要钻出来。而后，他疯子般冲出屋，狠狠将门插住。你死在里边吧！

黄桂花从东屋探出头，惊恐地瞪着唐喜。唐喜风一样卷进去，砰地关上门。动作过猛，几乎将黄桂花撞倒。

咋的啦？黄桂花想揪住唐喜的目光，唐喜却不看她。唐喜晃着头，生怕目光落在哪个地方。"畜生"两字在嘴唇边沿噼噼啪啪起落，蝗虫一般。

急死人了，咋回事？黄桂花握住唐喜的肩。

畜生，彻头彻尾的畜生，天天好吃好喝招待他，他……

黄桂花终于揪住唐喜的目光，他要干什么？

他……唐喜顿住，别问了，他是个畜生。

但黄桂花明白了。她的眼神显然是明白了。她摇晃着往后退退，扶住墙。脸被充了气似的，膨胀着，像紫色的气球。

唐喜把能想到的脏话骂了个遍。黄桂花往下缩去，显然站不住了。唐喜忙搬个凳子给她。桂花，你别吓着，他妈的，我捅了他。

捅了他，谁来还钱？

唐喜没防住黄桂花说话，愣怔一下，恶声恶气道，不要了，老子不要了。

你欠别人几十万。黄桂花声音仍然很轻，但每个字都锋利如刀。

唐喜叫，我不还了，大不了一死。

黄桂花的神情满含悲伤，你死了，别人怎么办？

唐喜大声道，我不管，爱他娘的……唐喜咬住嘴，黄桂花的目光像看什么恶心的东西。

桂花……

唐喜看着她，既不点头，也不摇头。黄桂花的脸不那么紫了，像敷了厚厚的石灰粉。

只要他还钱……她咬牙切齿。

　　缺不了啥的……她站起来，唐喜想拦她，但被她弓箭一样的目光定住，动弹不得。走到门口，黄桂花站住，像耗尽了力气。然后，她回过头，看了唐喜一眼。

十二

　　乔大风再次厌倦了。没意思，实在没意思透了。吃没意思，喝没意思，戏弄的快意荡然无存。乔大风不忍再和唐喜两口子玩这个无聊的游戏，有些可怜他们。那天，乔大风那样说，只是想试探一下唐喜两口子的底线。对他的恶，他们能容忍到什么程度。没想到……乔大风不是驴，见了女人就上。他的恶是装出来的，就像女人脸上的脂粉，涂得再厚，也不会长在脸上，成为脸的一部分。归根结底，他不是恶人。

　　阴郁浸泡着乔大风的双目。活着没意思，干吗还要活着？其实，死也没意思。不同的是，死了眼睛能闭上。闭上眼睛，就不用再看这个世界，还有……死了，不会有人找他索债。一了百了，乔大风太清楚那些人为什么选择那样的路。只有绝望到极点的人才会领悟吧。

　　绕了一圈，还是绕回来。这道坎，终究是迈不过去的。

　　连着几天，乔大风都在琢磨怎么离开。他不想死在这儿，不想给唐喜添麻烦。他不想因为他的死连累任何人。那些人因他欠债，但追根溯源，不是他造成的。死就不同了。不管怎么说，两口子好吃好喝侍候他这么多天。两人看守得紧，乔大风找不出任何机会。一天晚上，乔大风装病，让唐喜拉他去医院。唐喜摸摸乔大风的头，不知从什么地方搬来医生。那个扁嘴医生给乔大风检查一番，没说乔大风什么病，却开了个方子。第二天，黄桂花开始给乔大风熬中药。乔大风这辈子还没喝过中药，一口下去就直吐出来。唐喜和黄桂花轮番劝，乔大风再次动了恻隐，硬着头皮端起碗。

逃是没有可能了。乔大风不得已，在唐喜又一次套他话的时候，说我不能全部还你。唐喜眼睛一亮，急切地问，能还多少？乔大风说，顶多一半。唐喜说，一半也好呀，什么时候还？乔大风顿顿说，我得回趟家。唐喜当然要跟。乔大风说，随便。乔大风真的不想骗他，可有什么办法呢？

两人走着去的，唐喜没开三轮。坐车也好，步行也好，乔大风无所谓。乔大风奇怪的是，唐喜恨不得一步跨到镇上，为什么坚持步行？

唐喜不停地恭维乔大风，一副谄媚的样子，似乎一不小心，乔大风就会让他人头落地。但很巧妙地，唐喜穿插着自己的不幸。那是唐喜从未透露的私密，闻知出事，他便阳事不举。于是谄媚像溢出河渠的水，转眼漫成一洼洼凄苦，仿佛天底下的灾难，都浓缩在那里。

乔大风突然明白了唐喜步行的用意。唐喜把十几里的路当成舞台，时间拉长，才能充分表演。为了套乔大风的话，不惜糟蹋自己。乔大风答应"还"一半，唐喜仍不知足。如果乔大风确实能还一半，且有这笔钱，这个时候乔大风会改变主意。还一半与不还一样，唐喜不会感激他。

天气已经转凉，风不大，但挟裹着秋末特有的寒意，看着绵软，柔韧，劲道却足，贴着皮肤游走，见孔就钻。树上的叶子已所剩无几，勉强挂着，瑟瑟地抖。

如果我全还你，你怎么谢我？乔大风站住，直视着唐喜。

唐喜像飓风中的树叶，颤抖得瞬间失去形状。好一会儿，他才定住扭曲的身子，目光灼灼，乔老板，你要我怎么谢，我就怎么谢！

乔大风说，你讲！

唐喜嘴唇哆嗦，眼珠子乱窜，惊喜来得突然，仿佛把大脑捣混了。

乔大风离他更近了点儿，如果我一分还不上呢？

唐喜再次扭起来，脸却风干了一样，硬僵僵的。怎么会……你不会……乔老板……你开哪门子玩笑……你是大富大贵……

乔大风说，我没开玩笑，现在我一无所有。

唐喜似乎在往小缩，就冲你这鼻子……

乔大风下意识地吸吸，猛然发狠，你掐死我吧！

唐喜叫，别，乔老板，我……是不是我说错什么了？

乔大风反问，你说呢？

唐喜的目光撤离乔大风的眼睛，沿着鼻头、嘴巴、下颏，一直滑下去，垂落到地上。能还多少还多少，我没指望你还完。

乔大风说，世上倒霉人多的是，但最倒霉的不是你。你的老二没用了，还有个女人。

唐喜猛仰起头，显然要争辩，触到乔大风的眼神，艰难地滑出一个"是"。

乔大风听出他的不甘。这没良心的，还觉得自己是受害者。乔大风是死过的人了，他连寻死的念头还没有，竟然认为自己受了天大的冤屈。就算是装的，唐喜终是低了头，乔大风的愤怒平缓许多。

就这么走走停停，到营盘镇已是黄昏。紫红色的大铁门竟然锁着，乔大风愣愣，旋即明白了。乔大风说你下手晚，其实你可以锁起来。唐喜受辱地说自己绝对干不出这等……他咬住话头，跑到一边搬来两个箩筐。两人越墙进去。乔大风扫视着残破的院子，唐喜追着乔大风的目光。乔大风偶尔有停顿，唐喜的眼睛便亮亮的。我要是藏钱的话，你觉得会藏在哪里？乔大风问。唐喜摇头，小心翼翼地说，我脑子笨。乔大风说，如果你猜对……唐喜紧张地堆起满脸笑，乔老板，我真的笨。乔大风叹口气，算了，何必呢？

乔大风爬上楼顶，唐喜尾随。风，更大，也更硬了些。乔大风问唐喜自己几号离开的？今儿是什么日子？唐喜作答，为证明，从怀里拽出一个小本，巴结地一笑，说他天天记着。自己活得混混沌沌，而唐喜在数着指头过日子，对唐喜而言，似乎更难熬。乔大风本来想告诉唐喜，叫他找镢头把院角挖开，以便自己脱身。此时心中某个部位突然柔软。虽说骗了这么多天，再骗一次也无妨。可……乔大风怎么也张不开口。

乔大风慢慢走至楼顶边缘。营盘的大街尽收眼底，菜摊、肉铺、行人……一切依旧。我撕了你的脸……一个男人抱着头窜出菜铺，乔大风不由笑了。男人看见楼顶的乔大风，也笑笑，没有任何尴尬。他似乎一点儿没有意识到，乔大风失踪一月有余了。对于一个人是天大的事，对另一个人什么也不是吧？就算他永远地离开这个世界，也没人在意。唐喜在意，是因为欠他的钱，这么一想，心生悲凉，再也站立不住。

　　唐喜猛拽乔大风一把，然后拦腰抱住他，大叫，乔老板，不能啊！

　　乔大风不说话，拼力往外挣。

　　在秋风杀面的黄昏，两个男人，在楼顶，就这样开始了……

图书在版编目（CIP）数据

风止步 / 胡学文著 . — 北京：作家出版社，2017.2
（名家小说集）
ISBN 978-7-5063-9381-2

Ⅰ. ①风… Ⅱ. ①胡… Ⅲ. ①中篇小说－小说集－中国－
当代 Ⅳ. ①I247. 5

中国版本图书馆 CIP 数据核字（2017）第 042137 号

风止步

作　　者：胡学文
策 划 人：杨晓升
责任编辑：张　平
装帧设计：薛冰焰
出版发行：作家出版社
社　　址：北京农展馆南里 10 号　　　　邮　　编：100125
电话传真：86-10-65930756（出版发行部）
　　　　　86-10-65004079（总编室）
　　　　　86-10-65015116（邮购部）
E-mail：zuojia@zuojia. net. cn
http：//www. haozuojia. com（作家在线）
印　　刷：北京盛兰兄弟印刷装订有限公司
成品尺寸：130×185
字　　数：148 千
印　　张：10.5
版　　次：2017 年 7 月第 1 版
印　　次：2017 年 7 月第 1 次印刷
ISBN 978-7-5063-9381-2
定　　价：48.00 元